Bertold Ulsamer

Mit sich selbst in Einklang

Bertold Ulsamer

Mit sich selbst in Einklang

Denk-Anstöße für Manager über 35

Mit 20 Illustrationen
von Martin Brosch

ECON Verlag
Düsseldorf · Wien · New York · Moskau

Wenn Sie Fragen, Anregungen oder Beschwerden haben, rufen Sie uns bitte an: ECON Verlagsgruppe, Telefon 02 11/4 35 96, Fax 02 11/ 4 35 97 68

Die Deutsche Bibliothek – CIP Einheitsaufnahme

Ulsamer, Bertold: Mit sich selbst in Einklang : Denk-Anstöße für Manager über 35/Bertold Ulsamer – Düsseldorf; Wien; New York; Moskau; ECON Verl., 1994. ISBN 3-430-19239-0.

Illustrationen: Martin Brosch, Berlin. Lektorat: Holger Strecker. Gesetzt aus der Century, Linotype. Satz: Formsatz GmbH, Diepholz. Papier: Papierfabrik Schleipen GmbH, Bad Dürkheim. Druck und Bindearbeiten: Ebner Ulm. Printed in Germany.
ISBN 3-430-19239-0.

Inhaltsverzeichnis

Kapitel 5

Kapitel 6

Kapitel 7

Kapitel 8

Kapitel 9

Was dieses Buch will

Vielleicht geht es Ihnen, lieber Leser, inzwischen auch so wie mir, wenn wieder mit der Post vollmundige Ankündigungen eines Buchs oder Seminars mit Titeln wie »Turbo-Power auf der Stelle!, »Erfolg 150 %ig!«, »Die absolute Nr. 1 werden!« ins Haus flattern. Der Prospekt wandert ohne einen zweiten Blick in den Papierkorb.
Denn die »gnadenlose« Erfolgsmasche, möglichst aufreißerisch verkauft, läuft sich tot und nervt inzwischen nur noch. Bitte nicht noch mehr dieser griffigen und glatten Erfolgsrezeptsammlungen!
Dabei will ich nicht abstreiten, daß sich in den immer aufwendiger geschnürten und neu garnierten Erfolgspackungen tatsächlich viele nützliche und praktische Anregungen verbergen (zumal ich selbst der Autor eines sogenannten »Erfolgstrainings« bin). Ich schätze und nutze eine Menge dieser Ideen für mich selbst und für andere. Gerade auch für den »Nachwuchs« ist das Vertrautwerden mit den Gedanken, was zum Erfolg beiträgt, wichtig. Nicht umsonst werden die meisten der »Erfolgsbücher« an die Jungmanager zwischen 20 und 30 Jahren verkauft. Denn kaum einer von uns hat in der Schule oder Universität brauchbare Anregungen bekommen, welche Fähigkeiten erforderlich sind, um in einem Unternehmen Erfolg zu haben.

»Wenn Sie nicht zufrieden und glücklich sind, dann müssen Sie nur richtig denken – und schon wird Ihr Leben

eine einzige Erfolgskette!« Solche Patentrezepte werden Sie in diesem Buch *nicht* erhalten.
Meine Arbeit als Seminarleiter und Coach von erfahrenen Managern und Führungskräften zeigt mir immer wieder, daß sie genügend Wissen besitzen, um Leistungen zu erzielen und Ziele zu erreichen.
Jenseits davon aber tun sich neue Fragen auf. Diese Fragen sind persönlich und individuell. Es sind Fragen nach menschlichen Werten und nach dem Sinn des eigenen Tuns. Es geht dabei um Beziehungen und Gefühle, um Abhängigkeit und Freiheit.
In der Vergangenheit existierten – weit mehr als heute – allgemeinverbindliche, von vielen anerkannte Regeln über die Lebensgestaltung. Normen und Pflichten waren vorgegeben, an denen sich jeder ausrichten konnte.
Der Weg durchs Leben glich einer Autobahn, auf der viele in die gleiche Richtung fuhren, ohne vom Gegenverkehr behelligt zu werden. Wer besonders unternehmenslustig und mutig war, der wagte sich auch auf die Landstraßen hinaus, um mit Hilfe einer Landkarte einen weniger befahrenen Weg zu suchen.
Heute gleicht der Lebensweg immer mehr einer Expedition durch einen Dschungel. Zwar existieren an der Seite immer noch breite Einbahnstraßen. Aber die (historisch interessanten) Ziele, zu denen sie führen, verfallen langsam und verlieren an Anziehungskraft. Zudem erkennen die Benutzer sehr schnell, daß die Straßen dahin brüchig geworden sind und eine Menge Schlaglöcher enthalten. Und wer einmal voller Schwung in einem dieser Schlaglöcher gelandet ist, reibt sich den angeschlagenen Schädel und hat die innere Sicherheit verloren, daß dies der einzig wahre Weg ist.
Dann fängt er an, den Dschungel, der um ihn herum ist, ins Auge zu fassen, und muß erkennen, daß der Weg in den Dschungel hinein- und vielleicht hindurchführt.

Das Schwierige: Es gibt keine verbindlichen Landkarten! Zwar begegnet man nach den ersten Schritten ins Unbekannte immer wieder kleinen Karawanen mit Führern, die behaupten, sie würden den einzig richtigen Weg durch das Unterholz kennen.
Aber wer hinterherstolpert, für den stellt sich bald heraus, daß er im Kreise geht und seinen eigenen Weg anders suchen muß.
Denn es gibt keinen einheitlichen Weg. Es gilt, die eigene Entdeckungsreise anzutreten. Jeder von uns steht in seinem Leben woanders. Für die Schritte, die für einen persönlich Sinn machen, gibt es keine Vorschriften und allgemeingültigen Wegweiser.

Dieses Buch will dennoch Orientierungsmöglichkeiten aufzeigen. Jeder hat schon eine große Ausrüstung im Rucksack mit dabei, die er allerdings oft nicht genügend nutzt. Wenn ich schon einen Kompaß in meinem Gepäck trage, lohnt es sich zu wissen, wie er funktioniert und wie ich ihn einsetzen kann. Auch wenn es leider keine Sicherheit gibt, daß die Gebrauchsanweisungen wirklich für jede Situation und jedes Stück des Weges passen.
Deshalb ist es der Sinn der folgenden Kapitel, Gedankenanstöße zu geben.
Anstöße sind nur dort spürbar, wo Widerstand besteht. Wenn Sie also bei einer der kommenden Thesen, Aussagen und Ideen einen inneren Widerstand spüren, dann ist gleichzeitig ein Anstoß darin enthalten. Ein Anstoß, neue Gedanken an sich herankommen zu lassen und zu überdenken. Ein Anstoß vielleicht auch zum Tun.
Sie finden nicht *den* Anstoß. Sie finden viele Anstöße aus verschiedenen Richtungen und in verschiedene Richtungen.
Lassen Sie sich von denen bewegen, die sie berühren!
Vermessen wäre es von mir, wenn ich mit dem Anspruch

aufträte, Ihnen als Vordenker lauter originelle, bisher noch nie gedachte Gedanken vorzutragen. An vielen Stellen sprießen heute gleichzeitig Ideen in gemeinsame Richtungen. Lassen wir uns von ihnen anregen!
Dabei sind neue Gedankengänge oft Vertiefungen und Erweiterungen alter Einsichten. Denn das Wesentliche ist einfach und schon seit Tausenden von Jahren bekannt. Aber für jeden neu gilt es, dieses Wissen immer wieder auf das eigene Leben zu übertragen. Deshalb ist in meinen Augen die kleine konkrete Veränderung weit mehr wert als der große nie angepackte Lebensentwurf.
Denn wir bewältigen unser Leben nicht, indem wir endlos philosophieren, sondern indem wir handeln.

Das Buch richtet sich an »Manager über 35«. Es befaßt sich mit den Fragen, die sich diejenigen stellen, die manche, viele oder alle ursprünglichen beruflichen Ziele erreicht haben. Diese Fragen tauchen ab einem bestimmten Alter wie von selbst auf. Der eine mag vor den Themen des Buchs mit 45 stehen, für viele ist der 40. Geburtstag ein entscheidender Einschnitt.
Die Begeisterung an der Leistung als Selbstzweck wird schwächer, und Fragen tauchen auf, welchen persönlichen Stellenwert das bisher Erreichte hat und was jenseits dieser Leistung liegt. Jeder erkennt irgendwann, daß die Phase der jungen Jahre vorbeizieht und sich ein neuer Lebensabschnitt anschließt.
Dieses Buch will keine umfassende Darstellung aller Fragen der »Manager über 35« sein, sondern es ist eine persönliche Auswahl von Themen. Diese Themen begegnen mir bei meiner Arbeit als Seminarleiter und Coach. Sie begegnen mir aber auch unmittelbar in meinem eigenen Leben. Ich bin auf Entdeckungsreise – genauso wie Sie!
Bewußt habe ich mich bei meinen Ausführungen an den

Lebensläufen und Problemstellungen männlicher Führungskräfte orientiert.
Männer haben an wichtigen Standorten Fragen, Sichtweisen und Probleme, die sich von denen der Frauen unterscheiden.
Da ich überwiegend mit Männern arbeite, habe ich mich daher, nicht zuletzt wegen der besseren Übertragbarkeit meiner Praxiserfahrungen, allein auf die Zielgruppe »Mann« beschränkt.

Kapitel 1
Der Karrieremythos bröckelt

Wenn Sie als Leser zu den über 35jährigen gehören, dann haben Sie sich entweder den Themen dieses Buches zum »Einklang mit sich selbst« schon gestellt – oder Sie sind sehr nahe daran. Sie werden hier nur wenig über »Leistung« hören. Darüber wissen Sie genug. Es geht um das, was jenseits von Leistung liegt.

Über den Einklang mit sich selbst erwerben Sie nicht automatisch Wissen, wenn Sie in einem Unternehmen tätig sind. Im Gegenteil. Sie mögen selbst so manches abschreckende Beispiel sehen, bei dem Sie ausrufen: »So nicht!« Ein einziges Mal habe ich in einem Seminar erlebt, daß eine junge Führungskraft voller Begeisterung davon sprach, welches Vorbild er fachlich und menschlich in seinem Chef gefunden habe. Den anderen Teilnehmern gingen hier vor Staunen Augen und Ohren auf: Solche Begeisterung schien ihnen völlig fremd.

Schneller als früher tauchen heute die Fragen nach dem Sinn des eigenen Tuns auf. Eine *Focus*-Titelstory: »Krise mit Dreißig. Partnerprobleme, Karriereknick, Zukunftsangst. Noch nie waren sie so frustriert wie heute: Die Generation der Dreißiger zelebriert die Midlife-crisis«. Ein Untertitel: »Der 30. Geburtstag – Viele Freunde verkriechen sich an diesem Tag. Ich habe die Panikphase schon erlebt«.

Beruflicher Erfolg, Aufstieg und Karriere – diese für Männer bislang unangefochtenen höchsten Lebensziele werden plötzlich in Frage gestellt. Die eigenen Bedürfnisse *in*

der Arbeit und *außerhalb* davon und nicht mehr nur *durch* die Arbeit rücken in den Vordergrund.
Eine Untersuchung des BAT-Freizeitforschungsinstituts ergibt, daß für zwei Drittel aller Befragten bis 34 Jahre Karriere vor allem heißt, eine Arbeit zu haben, die Freude macht. Wichtiger als die Höhe des Gehalts ist ihnen eine sinnvolle Arbeit. Und 76 Prozent der europäischen Wirtschaftsstudenten suchen »ein Leben mit dem Gleichgewicht zwischen Familie, Arbeit und Freizeit«.
Wie kann dieses Gleichgewicht aussehen? Oder noch wichtiger: Wie kann ich persönlich meinen Weg dahin finden?
Die Antworten von überlieferten Autoritäten wie den Kirchen erreichen die meisten nicht mehr. Könige und Kaiser gibt es schon lange nicht mehr. Ihre Nachfolger, die Politiker, haben den denkbar schlechtesten Ruf. Und der Muff unter den Talaren der Wissenschaft ist schon sprichwörtlich. Wenn die traditionellen Lebensprogramme nicht mehr taugen – woher dann die neuen nehmen? Die Suche danach ist in vollem Gang.

Fragen an Sie:

- Machen Sie Karriere, weil alle es machen (wollen)?
- Was wollen Sie in Ihrem Leben?

Mein Vorschlag: Bringen Sie den Mut auf, sich ihr eigenes Lebensprogramm ... – »zu erarbeiten«?
Nein, nicht zu erarbeiten! Arbeit ist zuwenig, greift zu kurz. Wenn wir arbeiten, dann strengen wir uns an, geben uns Mühe. Meist nutzen wir nur Kopf und Hände. Wenn es um unser Leben geht, müssen wir aber alle Quellen anzapfen, alle Möglichkeiten ausschöpfen!
Intuition und unsere Gefühle erschließen sich nicht durch

Arbeit, sondern durch Aufmerksamkeit nach innen und in der Entspannung.
Vielleicht ist das für Sie ein frustrierender Gedanke, wenn Sie im Laufe Ihrer Karriere gelernt haben, daß Sie sich alles erarbeiten müssen und können. Aber es gibt Situationen, wo Arbeit eher schadet als nützt!
Haben Sie den Mut, einmal *nicht* zu arbeiten!
Die wertvollsten Dinge im Leben lassen sich sowieso nicht erarbeiten. Sie sind Überraschungen und Geschenke. Oder haben Sie sich die Liebe Ihrer Frau »erarbeitet«?

Thesen:

- Es gibt Situationen, wo Arbeit eher schadet als nützt!
- Die wertvollsten Dinge im Leben lassen sich nicht erarbeiten.

Es gibt viele Möglichkeiten, zu versuchen, übers Meer zu neuen Ufern zu gelangen:

- Man startet peitschenschwingend mit einer Galeere von Rudersklaven.
- Man probiert es auf einem Kohlendampfer und hofft, genügend Brennstoff für die Reise zu haben.
- Man nimmt ein Segelboot und vertraut sich dem Wind an.

Wer von den dreien kommt an?
Ich weiß es nicht.
Ich hoffe, lieber Leser, Sie sind von meiner Antwort nicht enttäuscht. Für welches Transportmittel Sie sich entscheiden, ist ganz allein Ihre Sache. Es gibt keine Garantie, welches das richtige ist. Mir persönlich ist das Segelboot sympathisch (und zur Sicherheit noch einen kleinen Hilfsmotor).

Werden wir ein Stück konkreter! Was wollen Sie wirklich, wenn Sie Ihr Leben insgesamt ansehen?
Vier Bereiche sind von Bedeutung. Sie greifen ineinander und stehen untereinander in Verbindung:

① *Leistung:* Nutze ich mein ganzes Potential? Setze ich mich ganz und gar in meiner Arbeit ein? Erfüllt mich meine Arbeit?
② *Körper:* Sorge ich für mich, meinen Körper und meine Gesundheit?
③ *Kontakt:* Habe ich genügend mitmenschliche Beziehungen, die mich befriedigen? Am Arbeitsplatz? In der Freizeit? Stimmt es mit meiner Partnerschaft und in meiner Familie?
④ *Sinn:* Finde ich mein Leben sinnvoll? Meine Arbeit? Mein Privatleben? Lebe ich nach meinen Werten?

Jeder Mensch entwickelt zwischen diesen vier Bereichen seine eigene höchstpersönliche Balance. Wer einen Konzern leitet, unterscheidet sich in der Balance vom Sachbearbeiter, dessen Interessen auf die Zeit nach 17 Uhr gerichtet sind. Wer Landwirt ist, hat eine andere Balance als der Sozialarbeiter, den seine Klienten bis Mitternacht beschäftigen.
Die Balance kann den einzelnen zufriedenstellen oder, weil zu unausgewogen, ihn frustrieren. Sie ist wie ein Mobile, das auf jede Veränderung insgesamt reagiert.
Sie ändert sich stetig, von Lebensalter zu Lebensalter. Wer das erste Mal verliebt ist, vergißt darüber alle Studienbücher. Wer den ersten Schritt auf die Karriereleiter im Unternehmen geht, für den ist die Frage nach Freizeit drittrangig. Wer viel von dem erreicht hat, was er sich vorgenommen hat, für den taucht auf einmal die Frage nach dem Sinn auf.
Hier noch ein paar weitere Anstöße durch Meinungen und

Der Karrieremythos bröckelt

Hier noch ein paar weitere Anstöße durch Meinungen und Erfahrungen anderer:
Professor Baumgart, der führende amerikanische Altersforscher, beschreibt in »Die wilden 40er« von Peter Roos die mittlere Lebensphase der Manager so:

»*Zwischen 40 und 50 herrscht ein seltsamer Idealismus bei den männlichen Individuen, daß man mit harter Arbeit dorthin komme, wohin man wolle. Die Konkurrenz ist hart. Es ist der letzte Kampf im Leben. Wie geht man damit um? Zeiht man sich zurück? Tröstet man sich mit Alkohol? Schlägt man die Ehefrau? Verläßt man die Familie? Oder wird man, speziell als End-40er, der großzügige Vater, der gute Ehemann? Nebenbei: In den 40ern muß man es geschafft haben, wenn man im Wirtschafts- oder überhaupt im Leben etwas darstellen will, denn die Firmen wollen keinen 50 Jahre alten Mann in den Krieg schicken, sondern einen Kerl mit 40 – da wird nämlich mit allen Mitteln, mit harten Bandagen gekämpft.*«

Dieser Beschreibung sei gleich als »Gedankenanstoß« eine Beschreibung von Männern durch Erika Fischer angefügt:

»›*Sie sind wirklich so platt, wie sie aussehen*‹, *sagte mir eine Therapeutin, die es wissen sollte,* ›*du wirst nichts finden.*‹ *Und wenn ich mir die meisten Männer ansehe, muß ich ihr recht geben. Der Einheitsanzug bei internationalen Kongressen und im Parlament, der steife körperlose Gang, die ausdruckslosen, unbeweglichen Gesichter, die Sprachlosigkeit angesichts von allem, was lebendig ist, die Derbheit ihrer Witze, die dümmliche Sicherheit, mit der sie sich in dieser Welt als der ihren bewegen, und die große Angst vor allem, was Frau ist, vor allem, was anders ist als sie selbst, die Hohlheit und Geschwätzigkeit ihrer Worte, hinter denen sie sich verschanzen, und die Starrheit der Systeme, die sie geschaffen haben. Was ist anziehend an solchen Menschen?«*

Fragen an Sie:

- Wie reagieren Sie, wenn Sie die Beschreibungen von Erika Fischer lesen?
- »Irgendwo hat sie schon recht, aber Gott sei Dank bin *ich* anders.«
- »Bitte nicht schon wieder diese feministischen Attacken!«
- »Was soll ich nur tun? Ich bin nun manchmal so.«
- »Die Frau hat ja keine Ahnung von uns Männern!«
- Oder wie?

Ähnliches, mit einfacheren Worten, teilte mir eine junge Kollegin mit. Sie arbeitet seit einem Jahr in einem Beratungsunternehmen und hat mit den verschiedenen Hierarchiestufen in vielen Unternehmen zu tun.

»Ich bin enttäuscht von der Leblosigkeit und Starrheit dieser Männer. Gut, ich war jetzt vorher einige Jahre an der Uni in der Forschung, wo es einfach lebendig war und viele Ideen hin und her gingen. Aber so schlimm hatte ich mir den Kontrast zu den Betrieben nicht vorgestellt. Dabei habe ich den Eindruck, daß die Leute direkt an der Maschine noch offener sind und mehr wissen, was Sache ist. Die Manager in der Mitte dagegen schotten sich nach unten ab und orientieren sich eifrigst

nach oben. Sie tun so, als ob sie alles wüßten und im Griff hätten. Dabei wissen sie überhaupt nicht, was in der Ebene unter ihnen gedacht und gesprochen wird.«

In den USA hat die Psychologin Jan Halper über 4000 Direktoren, Manager und leitende Angestellte interviewt. 78 Prozent der Befragen sind demnach in hohem Maß von ihrer Arbeit abhängig. Sie sind geradezu arbeitssüchtig und fühlen sich nur während ihrer Arbeitszeit wohl und lebendig. Am Wochenende und vor allem in den Ferien erleben sich viele als leer, nutzlos und verloren. Unter der Oberfläche von Erfolg und Macht fand die Psychologin Unsicherheit, Ziellosigkeit in persönlichen Belangen und latente Depressionen. Diese Männer wissen nicht mehr, wer sie sind, wenn man ihnen ihre Arbeit wegnimmt.
Auch für Deutschland ergibt sich hier ein nahezu identisches Bild: Nach sämtlichen Untersuchungen der letzten Jahre ist für viele Topkräfte die Arbeit das wichtigste Mittel, um die männliche Identität aufrechtzuerhalten.

These:

- Wer nur an die Karriere denkt: ein Mann mit einem Stückchen Leben, das sich ausdrückt in viel Ehrgeiz, Leistung und Einsatz, abgespalten und eindimensional.

Es wird allmählich Zeit, daß der Karrieremythos bröckelt.

Kapitel 2
Lebensmitte – Das heikle Thema

Lebensmitte – ein heikles Thema. Heikel deshalb, weil die Erkenntnis reift: Der Anfang, die Jugend, ist vorüber, die Mitte ist jetzt erreicht. Und wo es Anfang und Mitte gibt, wird irgendwann auch ein Ende kommen.

> Frage an Sie:
>
> ■ Ist Ihnen das Thema unangenehm?

Das Besondere an dem Gefühl, jung zu sein, ist die Vorstellung, daß es ewig dauert. Es ist nicht einmal ein Gedanke oder eine Idee, denn die könnten ja reflektiert oder diskutiert werden. Es ist mehr ein Lebensgefühl, ungetrübt durch jede gegenteilige Erfahrung.
Zu dieser Einstellung gehört die klare Aufteilung und Trennung in »jung« und »alt«. Zum Beispiel sind Autoritätspersonen wie Eltern oder Lehrer in einer anderen Kategorie angesiedelt und gehören daher von vornherein zu den anderen, zu den »Alten«. Das war einmal symbolisiert durch den Spruch »Trau keinem über 30!« Spätere Generationen haben die Grufties, die Mumies und andere schreckliche Gestalten, die älter als 20 sind, entdeckt.

> These:
>
> ■ Älter werden ist erstrebenswert, alt werden jedoch ist schrecklich!

Da die Natur keinen verschont und alle älter werden läßt, findet sich jeder irgendwann in einer dieser Altersgruppen wieder, die vormals jenseits seines Vorstellungshorizonts lagen. Damit setzt ein Wandlungsprozeß ein. Die starren inneren Trennlinien zwischen »jung« und »alt« fangen an, sich aufzulösen.

Irgendwann in der Mitte des Lebens taucht die Erkenntnis auf – entweder allmählich oder als plötzlicher Schock –, daß jeder dieser »wirklich« Alten vor gar nicht einmal allzu langer Zeit zu der eigenen Altersgruppe zählte. Wir entdecken, daß wir uns im Kopf und Herzen jung fühlen können, auch wenn die körperliche Fassade das nicht ausreichend widerspiegelt. Der Gedanke wird wach, daß sich jener Mitmensch, der sich gerade mit offensichtlich gebrechlichem Körper über die Straße quält – vielleicht –, ebenfalls noch jung im Kopf und Herzen fühlt. Und all das ist gar nicht mehr so unendlich weit entfernt ...

So habe ich mir gut ein »Geheimnis« meines inzwischen lang verstorbenen Vaters gemerkt, das er mir vor vielen Jahren anvertraut hatte: »Man fühlt sich eigentlich immer jünger, als man ist.«

Neue Aufgaben

Gerade der 40. Geburtstag ist für viele ein Einschnitt, der zu verarbeiten ist. Eine typische Aussage:

»Entscheidend war nicht der 40. Geburtstag selbst, sondern in den Monaten nach dem Geburtstag, daß man sich mehr orientiert ›aus der Mitte des Lebens heraus‹ als ›in die Mitte des Lebens hinein‹. Man kann ab jetzt nicht mehr davon ausgehen, Jugendlicher zu sein, der ein Erwachsener wird, sondern ich bin mitten im Erwachsenenleben drin. Vorher hat man sich als junger

Mann gefühlt – das hat sich massiv geändert. Ich bin nachdenklicher geworden, habe gemerkt, daß ich an Grenzen stoße, daß nicht alles gestaltbar ist, daß nicht alles in meiner Macht steht« (Roos).

Wo steht »Manager Schmidt« mit 40 im Berufsleben? Er hat einen Teil seiner Ziele erreicht und kann jetzt Bilanz ziehen. Die 30 sind vorbei – es geht jetzt auf die 50 zu. Das Finanzielle stimmt. Die Karrierefrage ist: Geht es weiter? Kann ich noch einmal einen Sprung machen? Soll ich? Die Kinder sind langsam erwachsen. Mit meiner Frau habe ich mich auch zusammengerauft. Wie soll es weitergehen?
Natürlich ist auch die Negativversion denkbar: Schmidt kämpft angestrengt um die letzten Karriereschritte, wobei er Familie und Freunde vernachlässigt. Zwischendurch macht ihm sein Herz zu schaffen, und er stellt sich die Frage, wozu das alles gut ist.
Kein Wunder, daß dem Manager in dieser Zeit viele Gedanken kommen, die er bis dahin unter den Tisch hat fallen lassen. Das zeigt das populäre Schlagwort von der »Midlife-crisis«.
Der amerikanische Psychoanalytiker Daniel J. Levinson hat in Langzeituntersuchungen festgestellt, daß bei 80 Prozent der befragten Männer immer die gleichen Krisensymptome auftraten. Es scheint gar nicht möglich zu sein, die mittleren Jahre ohne zumindest eine kleine Krise zu überstehen.
Beim Übergang zur Lebensmitte beginnen viele erfolgreiche Männer plötzlich damit, das Erreichte zu hinterfragen: ob und welchen Wert es für das eigene Leben und für die Gesellschaft hat, ob es den ursprünglichen Erwartungen entspricht und wie es in Zukunft weitergehen soll. Dabei werden eine Menge Illusionen deutlich: Selbsttäuschungen, Einbildungen und unrealistische Wünsche. Viele haben den Eindruck, ihr Leben bisher verschwendet

zu haben. In den verbleibenden Jahren wollen sie daher mehr als bisher tun und mehr sein, um ihrem Leben mehr Gewicht zu geben. Selbst der Erfolgreiche ist vor krisenhaften Erschütterungen nicht sicher, wenn er plötzlich erkennt, daß ihm der ganze Erfolg nichts mehr wert ist. Altersforscher Baumgart beschreibt die mittlere Lebensphase der Manager so:

»*Viele Männer in diesen Kreisen schwenken radikal in einen neuen Lebensstil um, meist verbunden mit der Suche nach einer jüngeren Frau: They go after youth. Aber das ist nur ein anderer Ausdruck für die Konfrontation mit dem Tod. Der 40er spürt, daß das Sterben näherrückt, vor allem der End-40er; er will sein Leben, vor allem seine Jugend, erhalten, um jeden Preis. Wer sieht schon gerne dem Tod ins Gesicht? Diese Lebensphase ist sehr dramatisch, und darüber zerbrechen Ehen und Karrieren. Nur weil der 40er mit allen Mitteln die goldene Antwort auf die Frage finden will: Wie verlängere ich mein Leben? Aber es gibt diese Antwort nicht. Der Tod rückt näher, Minute um Minute. Jede Stunde sterben wir in diesem Alter schneller.*«

Für den Außenstehenden scheint es wie eine Phase plötzlicher Verrücktheit, wenn der Manager um die 40 anfängt, abrupte Veränderungen in seinem Leben vorzunehmen. Der erfolgsorientierte, knallharte Geschäftsmann denkt plötzlich ans Aussteigen, der jahrzehntelang treue Ehemann stürzt sich in verrückte Liebesaffären, der von allen wegen seiner Rationalität anerkannte Wissenschaftler richtet seinen Blick plötzlich hin zu esoterischen Weisheiten.
Bei anderen verlaufen die Übergänge ruhiger, meist eingebettet in berufliche Herausforderungen und eine tragfähige Partnerschaft.

Lebensmitte – das heikle Thema

Ob als Krise oder als langsamer Übergang – die mittleren Jahre sind eine Zeit der Um- und Neuorientierung. Auf der anderen Seite wollen die meisten Männer gerne 40 Jahre alt sein. Das wenigstens haben deutsche und amerikanische Untersuchungen herausgefunden. Die jüngeren freuen sich, wenn sie sich dieser Zahl nähern, die älteren tun so, als ob sie die Vitalität dieses Alters festhalten würden. Die meisten der Befragten empfinden die Jahre um die 40 als angenehme Zeit. Sie loben ihre finanzielle Situation, die Geborgenheit in ihrer Familie, den erreichten beruflichen Erfolg und die Zeit, die sie für Partner, Kinder und Freunde haben.

Frage an Sie:

■ Worin sehen Sie das Besondere der mittleren Jahre?

C. G. Jung spricht von der Lebenswende, dem Mittag des Lebens. Der Beginn, der Morgen des Lebens, dient dazu, daß das Individuum sich entwickelt. Es baut sich sein Leben auf und sorgt für Nachkommen.

»*Aber wenn dieser Zweck erfüllt, ja reichlich erfüllt ist, soll der Gelderwerb, die Weitereroberung und die Existenzausdehnung über jeden vernünftigen Sinn weitergehen? Wer solchermaßen das Gesetz des Morgens, also den Naturzweck, in den Lebensnachmittag ohne Not hinüberschleppt, muß es mit seelischen Einbußen bezahlen, genau wie ein Junger, der seinen kindischen Egoismus ins erwachsene Alter hinüberretten will, seinen Irrtum mit sozialen Mißerfolgen begleichen muß.*«

Vergleichbar hat die östliche Philosophie die Vorstellung entwickelt, daß in der ersten Hälfte des Lebens bis zum 42. Lebensjahr die Energien natürlicherweise nach außen

gehen. Nach außen, damit ist gemeint, in Gestaltung und Produktivität, in Leistung und Kreativität.
Dann setzt dem natürlichen Rhythmus nach eine Wende ein, und die Energien gehen nach innen. Nach innen, das heißt zu den Fragen nach der eigenen Identität, nach dem Ziel des Lebens und dem Sinn der eigenen Existenz. »Wer bin ich?« – eine solche Frage rückt nun in den Vordergrund.

> These:
>
> ■ In und nach der Lebensmitte steht es an, den Blick mehr auf sich und seine persönliche Entwicklung zu richten.

Eine derartige Vorstellung liegt unserer modernen westlichen Gesellschaft sehr fern. Hier herrscht die »kapitalistische« Vorstellung. Zunächst ist harte Arbeit gefragt, um das Kapital aufzuhäufen. Später können dann die Erträge genossen werden. Natürlich muß man für den Ruhestand noch lernen, sich über die Arbeit hinaus sinnvoll zu beschäftigen. Aber damit hat es sich auch schon. Daß es über das Genießen hinaus noch eine eigene Aufgabe in der persönlichen Entwicklung geben könnte, ist ein fremder Gedanke.
Denn der Blick der ganzen Gesellschaft richtet sich nach außen. Zufriedenheit und Glück sind die Ergebnisse äußerer Ursachen. Warum sollten wir sonst so nach äußeren Dingen jagen? Wenn ich unzufrieden bin, muß ich etwas außen finden, das mich von der Unzufriedenheit befreit. Von einer natürlichen Wende um die Lebensmitte nach innen haben wir uns weit entfernt. Kaum jemand unterstützt den Blick nach innen und die Auseinandersetzung mit sich selbst. Der einzelne sieht sich mit seinen Fragen allein gelassen oder mit platten Antworten abgefertigt.

In mir selbst Antworten suchen? Von der Oberfläche in die Tiefe gehen? Mich mehr entdecken? Will ich das? Lohnt sich das?

Leben nach dem Trichtermodell?

Geschockt hat mich das »Trichtermodell« aus einem Lehrbuch der Persönlichkeitspsychologie. Es fiel mir in die Hände, als ich 25 Jahre alt war, und schien mir wie eine Beschreibung meines kommenden Lebens.
Das Modell sieht so aus: Wenn jemand geboren ist, hat er unzählige Möglichkeiten vor sich. Der Trichter ist ganz und gar offen. Er könnte sich in jede Richtung weiterentwickeln. Mit jedem Lebensjahr fallen Entscheidungen, und der Trichter wird ein Stückchen enger. Und so geht es von Jahr zu Jahr. Die Fülle der Möglichkeiten wird immer geringer, das Leben immer enger, die Freiheit der Wahl immer kleiner.
Das Modell erschreckte mich, weil ich darin eine nüchterne Beschreibung der Lebensführung vorfand, wie ich sie eigentlich überall betrachten konnte. Mein Eindruck war, daß mit ein paar Entscheidungen zwischen 20 und 30 das ganze Leben entschieden und festgelegt ist. Die Entscheidungen sind: zum einen die Wahl des Studiums und des Berufs und zum anderen die private Entscheidung für die Partnerschaft und Familiengründung. Und damit ist das Leben mehr oder weniger gelaufen – so kam es mir wenigstens damals vor.

Frage an Sie:

- Trifft das Bild vom Trichter, der langsam enger wird, auch auf Ihr Leben zu?

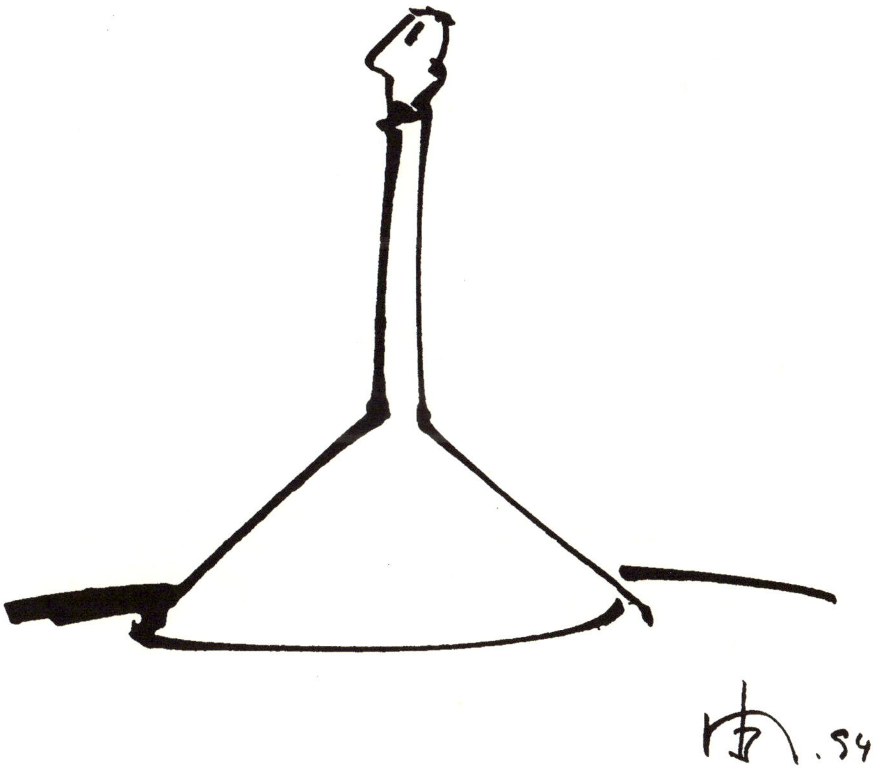

Leben nach dem Trichtermodell?

Den drohend enger werdenden Trichter erfuhr ich am eigenen Leib. Mitte 20 tauchte der Wunsch in mir auf, einmal für drei Monate nach Südamerika zu fahren. Nur hatte ich keine Zeit! Ich studierte damals im 6. Semester Jura.

Mir wurde bewußt, daß ich, wenn ich mein Leben im gleichen Stil und auf die »übliche« Art weiterführte, nie mehr in meinem Leben vor meiner Pensionierung drei Monate Zeit für eine Südamerikareise hätte. Denn als nächstes wollte ich ja schnell mein Examen machen. Danach plante ich den nahtlosen Eintritt in den Referendardienst, um gegenüber den Kollegen zeitlich nicht ins Hintertreffen zu kommen. Und schließlich würde ich mich dann mit dem Examen in der Tasche sofort um eine Stelle bemühen, um ja keine Zeit zu verlieren. Eine Stelle in einer Behörde schien mir damals erstrebenswert. Die Konsequenz daraus: Mein Lebenszug wäre auf ein festes Gleis gesetzt – und er rollt und rollt und rollt. Was alle zeitaufwendigen Träume betraf, hätte ich diese bis zur Pensionierung auf dem Wartegleis abstellen müssen.

Bei diesem Gedanken kam ich in leichte Panik. Um das Ganze zumindest noch etwas hinauszuzögern, beschloß ich, noch ein Zweitstudium Psychologie anzuhängen (natürlich, um keine Zeit im Konkurrenzkampf zu verlieren, wieder möglichst schnell ...).

Fragen an Sie:

- Machen Sie das, was Sie wollen?
- Sind Sie bereit, Ihr Leben zu ändern, wenn Sie etwas anderes wollen?
- Oder fühlen Sie sich gefangen in den Ketten alter Entscheidungen?

Um freier zu werden, sind nicht immer radikale Schnitte erforderlich, sondern viele kleine Entscheidungen. Große Entscheidungen sind dann eine natürliche Frucht der kleinen Schritte.
Dabei ist jeder Moment gut genug, um die Richtung zu mehr Freiheit hin einzuschlagen!

Frage an Sie:

- Was wäre für Sie ein kleiner Schritt zu mehr Freiheit?

Kapitel 3
Männer und Gefühle

Männer und Gefühle – lohnt sich dafür ein eigenes Kapitel? Sind wir Männer doch dafür bekannt, daß wir – im Unterschied zu vielen Frauen – unsere Gefühle unter Kontrolle haben. Und selbst wenn wir es nicht immer schaffen, so geben wir uns doch wenigstens reichlich Mühe! Aus der Sicht des weiblichen Geschlechts sieht das natürlich etwas anders aus:

»Die meisten Männer sind Gefühlskrüppel! Tut mir leid, aber es ist die Wahrheit. Sie ziehen sich auf die Rolle des Machers zurück, schaffen Kohle, Zaster, Knete, Mäuse heran und spielen ansonsten den Boß. In ihren Lebenswaagschalen liegt auf der einen Seite ein dicker Aktenordner und auf der anderen Seite – ja, was? Es ist so klein, daß ich es kaum erkennen kann. Vielleicht ist es ihr Gehaltsscheck, mit dem sie glauben, sich von allen Verpflichtungen im Privatleben loskaufen zu können« (Sabine Asgodom).

Die hier recht drastisch angeprangerte männliche Gefühlsarmut spiegelt sich oft auch in den typischen Beziehungskonfliktmustern wider. In den Seminaren für Paare, die ich durchgeführt habe, beklagten sich die Frauen regelmäßig darüber, daß sich ihre Männer den Gesprächen über Gefühle versperrten. Die Männer beklagten sich auf der anderen Seite, daß sie mit derartigen Gesprächsaufforderungen unter Druck gesetzt würden. Sie blockten unter diesem Druck dann jegliches offene Gespräch ab. Männer und Gefühle – nach diesen Erfahrungen also ein zwiespältiges Kapitel.

Im Zwiespalt zwischen Verstand und Gefühl

Beginne ich mit den eigenen Gefühlen: Wenn ich zurückblicke, dann war ich (typisch Mann?) eigentlich immer bestrebt, »vernünftig« zu sein. »Vernünftig«, damit meine ich, ich wollte immer das Schlaueste, das Effektivste und gleichzeitig das von anderen Leuten Anerkannte und Respektierte tun. Gefühle waren dabei entweder störend oder eine unwichtige Randerscheinung. Das Sicherste für den Umgang mit Gefühlen war: Der Verstand hatte die Kontrolle.

Zwar war mir – vom Verstand her – klar, daß erst Gefühle lebendig machen. Gilt doch die Gleichung: gefühllos = abgestorben. Doch Vorsicht: Ja nicht zuviel von diesen unberechenbaren Gefühlen an sich heranlassen, die Beherrschung könnte verlorengehen, der Lebensentwurf und das Selbstbild ins Wanken geraten.

Eine kleine Spielwiese fürs Gefühl, ein bißchen dosierte Verrücktheit und Lebenslust, soviel sollte der Verstand unbesorgt freigeben – aber ja nicht mehr!

Vielleicht war ich mit dieser Ansicht schon ein Stück weit mutig. Denn, schaue ich mich um, ist mein Eindruck, daß bei vielen Männern selbst diese Spielwiese weniger als einen Quadratmeter groß ist.

Frage an Sie:

- Wie groß ist Ihre Spielwiese, die Sie den Gefühlen lassen?

Um die Spielwiese möglichst klein zu halten, haben die meisten von uns ein Gefühlskontrollsystem installiert. Es funktioniert automatisch und mühelos.
Aufkommende Gefühle werden augenblicklich gecheckt: Ist es vertretbar, dieses Gefühl durchzulassen? Ist das Gefühl unpassend oder zu heftig, kommt der automatische Befehl: Sofort mit voller Kraft stoppen! Ausblenden! Gefühlen besser aus dem Weg gehen!
Für mich war das erste Studium, an das ich mich wagte, die Juristerei. Ihre Logik zog mich an. Ich wollte gerne lernen, wie man mit *vernünftigen* Argumenten »recht« behält. Doch selbst hier schlichen sich mitunter Gefühle ein. Als ich in höheren Semestern zwei mißlungene Klausuren aus dem öffentlichen Recht analysierte, stellte ich als Fehler fest: Ich hatte von meinen Gefühlen her auf seiten des Bürgers gegen den Staat gestanden. Das hatte mich der notwendigen juristischen Objektivität beraubt. Also hieß es zu lernen: noch mehr Gefühle weghalten!

Der Psychologe Jens Asendorph beschreibt zu diesem Phänomen der emotionalen Verdrängung nachfolgendes Experiment. Und zwar sollten die Versuchspersonen spontan Einfälle zu vorgegebenen Sätzen assoziieren. Dabei gab es harmlose Sätze wie »Er fuhr in die Sommerferien« und bedrohliche wie »Er schlug ihm in den Magen« oder »Nach der Operation war er impotent«.
Viele Versuchspersonen gaben bei der Befragung zu, daß diese Sätze für einen Moment beängstigend waren. Außerdem ließ sich die Angst durch die Messung des erhöhten Herzschlags feststellen sowie durch minimale beobachtbare Spannungsveränderungen im Gesicht, dem ängstlichen Gesichtsausdruck.
Interessanterweise kristallisierte sich eine Gruppe von Männern heraus, die hinterher angaben, keine Angst empfunden zu haben. Trotzdem hatte sich laut Messung

ihr Herzschlag erhöht, und uneingeweihte Beobachter hatten den minimalen ängstlichen Gesichtsausdruck erkannt. Diese Männer wurden im Experiment als »Angstverdränger« bezeichnet, weil sie es geschafft hatten, ihre Angst vor sich selbst auszublenden.
Überraschend für mich persönlich war im Laufe des Lebens festzustellen, daß ich keineswegs der rationale Mensch war, den ich versucht hatte, aus mir zu machen. Im Gegenteil! Ich stellte mit der Zeit immer mehr fest, wie viele und wie heftige Gefühle in mir kommen und gehen, mich munter machen, deprimieren, verwirren oder blockieren.
Mir scheint es manchmal eine verzwickte Aufgabe, Gefühle so weit »in Form« zu bringen, daß ich sie ausdrücken kann. Heftige Gefühle haben die Fähigkeit, zu überwältigen und zu überschwemmen. Und wer nicht aufpaßt, ertrinkt vielleicht darin. Kein Wunder, daß es mir jahrelang lieber war, all das ganz zu unterdrücken!
Ein Beispiel für die Gefährlichkeit von Gefühlen: In meiner Studienzeit war in Würzburg ein aufsehenerregendes Verbrechen geschehen: Ein junger Richter hatte sein zweijähriges Töchterchen in der Badewanne ertränkt. Seine Frau hatte sich von ihm trennen wollen, das hatte er nicht verkraftet.
Nun kam er bei seiner Verurteilung mit einer relativ geringen Strafe davon. Nicht weil eine Krähe der anderen kein Auge aushackt, sondern: Die Richter konnten die Tat nicht nachvollziehen. Sollte es etwa möglich sein, daß auch in Juristen solche heftigen Gefühle wohnen und nicht beherrscht werden können? Das durfte nicht sein. Also war die Tat »wesensfremd«. Der arme Mann konnte infolgedessen nichts für seine Tat und mußte so gering wie möglich bestraft werden. Wehe ihm, er wäre etwas weniger kultiviert gewesen und vielleicht vorher schon einmal mit Aggressionen aufgefallen!
Sind Männer wirklich rationaler, weil sie so gern ihren

Verstand gebrauchen? Möglicherweise trifft das für eine Menge Männer zu. Eine andere Erklärung ist: Männer entwickeln deshalb stark ihren Verstand, weil ihr Gefühlsleben archaischer und chaotischer ist. Denn Gefühl ist eine Sache des Körpers. Der Bioenergetiker Alexander Lowen hebt den Körper als Grundlage aller Gefühle hervor:

»Emotionale Gesundheit zeigt sich in der Fähigkeit, die Realität zu akzeptieren und nicht vor ihr wegzulaufen. Unsere grundlegende Realität ist unser Körper. Unser Ich ist kein Bild, das wir uns im Kopf machen, sondern ein realer, lebendiger und pulsierender Organismus. Um uns selbst zu kennen, müssen wir unseren Körper fühlen.«

Männer sind ihrem Körper ein Stück weit fremder als Frauen. Frauen sind dadurch, daß sie gebären können, ein Stück mehr mit ihrem Körper verbunden. Sie sind vertrauter mit den Empfindungen ihres Körpers, den unterschiedlichen emotionalen Nuancen und Schattierungen.

Männer sind weiter weg von diesen Empfindungen. Sie sind ihnen zunächst ferner. Deshalb haben sie auch oft mehr Schwierigkeiten, damit umzugehen.

Thesen:

- Viele Männer sind nicht deswegen so rational, weil sie sowenig Gefühle haben.
- Sie sind deswegen rational, damit sie von ihren Gefühlen nicht überwältigt werden.
- Ihre Gefühle sind oft so ungeformt und elementar im »Bauch«, daß sie keinen Weg wissen, sie auszudrücken.

Gefühle sind für Männer nicht selten wie ein fremder, gefährlicher Dschungel. Entdeckungsreisen ins Unterholz scheinen bedrohlich. Sümpfe tun sich auf, Tiger lauern, aus harmlosen Lianen werden Schlangen. Viele Männer wollen diesem unwägbaren Gefühlsdickicht lieber nicht zu nahe kommen. Aus Angst davor belassen sie es bei flüchtigen Abstechern.
Vielleicht lassen sich Gedanken der Chaostheorie (die ja heute geradezu inflationär so ziemlich auf alles angewendet wird) auch auf das männliche Gefühlsleben übertragen. Die Chaostheorie zeigt, daß in der Natur eine solche Fülle von Vernetzungen aller möglichen Einflußfaktoren vorliegt, daß die Gesamtauswirkung nicht mehr überblickt und daher auch nicht vorhergesagt werden kann. Zwar besteht zwischen allen Faktoren eine Ursache-Wirkung-Beziehung, das Ausmaß aber läßt sich nicht mehr erfassen. Das sogenannte »Chaos« ist also nicht zufällig, sondern das Ergebnis einer Ordnung.
Diese Auffassung spiegelt sich auch in dem folgenden Bild wider:
Der Schlag eines Schmetterlingsflügels kann ursächlich für einen späteren Orkan sein. Darüber hinaus ergeben sich immer wieder bestimmte ähnliche Muster, so daß unscharfe Vorhersagen durchaus möglich sind.
Je kleiner der zu überschauende Zeitraum ist (z. B. das Wetter für den nächsten Tag), desto wahrscheinlicher ist das Eintreffen des prophezeiten Zustands. Je größer der zu überschauende Zeitraum wird (z. B. das Wetter in zwei Wochen), desto mehr vorher unberechenbare Faktoren wirken sich auf die Prognose aus.
Unser Gefühlsleben entspricht dem grundsätzlich unvorhersagbaren Wetter. Beim Wetter kennen wir gewisse regelmäßige Abfolgen und erkennen bestimmte Gesetzmäßigkeiten. Wenn auch an keinem Tag genau das gleiche Wetter ist wie am vorhergehenden, so gibt es doch

Frühe Erfahrungen prägen uns

genügend Ähnlichkeiten, um das Wetter in Kategorien (bewölkt, Sonnenschein, Regen usw.) einzuordnen. Darüber hinaus gibt es Meteorologen, die für das aktuelle Wetter immer eine Fülle von Erklärungen haben, wie und warum es zu diesem Wetter kommen mußte.

Wie das Wetter, so entstehen und vergehen auch unsere Gefühle. Wir möchten sie beeinflussen (»Wettermacher«), schaffen es bisweilen – und sind ihnen doch immer wieder ausgeliefert. Denn wenn sich einmal ein Sturm mit Donner und Blitzen zusammenbraut, dann erkennen wir, wie ohnmächtig wir gegenüber den Mächten der Natur sind. Unser Verstand ist hier mit dem Meteorologen vergleichbar, der uns hinterher die Gefühle erklärt.

Frage an Sie:

- Wie erleben Sie das Zusammenwirken von Verstand und Gefühl in Ihrem Leben?

Vor über 15 Jahren hatte ich ein Schlüsselerlebnis, das mir aufzeigte, wie meine eigene Beziehung zwischen Gefühl und Verstand aussieht. Obwohl diese Situation schon so lange zurückliegt, zehre ich in kritischen Situationen immer noch von ihr.

Es war eine Übung zu mentalen Bildern in einer kleinen Gruppe. Jeder lag entspannt auf einer Matte, während der Leiter in den Entspannungszustand führte und dann weiter Anregungen gab. Wir sollten für unser inneres Erleben eigene Symbole aufsteigen lassen.

Die erste Anweisung war: »Finde ein Symbol für deinen Verstand und beobachte, wie du damit umgehst.« Sehr schnell tauchte in meiner Phantasie ein Schwert auf. Es fegte kampfbereit umher und stieß ständig Drohungen aus wie: »Kommt mir nicht zu nahe. Ich bin gefährlich und verletze euch.«

Die nächste Anweisung war: »Finde ein Symbol für dein Gefühl und beobachte es.« Jetzt tauchte eine Schlange auf, die regungslos auf dem Boden lag. Dann kam als Vorschlag: »Bring beide Symbole zusammen, und schau zu, wie sie miteinander umgehen.« Als Schwert und Schlange zusammen in einem Bild auftauchten, stieß das Schwert in meiner Hand Drohungen gegen die Schlange aus. Sie lag am Boden und blieb ungerührt. Plötzlich jedoch fing sie zu wachsen an, wurde größer und größer. Dann machte sie einfach ihr Maul auf und verschluckte das Schwert. Ich konnte es in dem immer noch wachsenden Inneren der Schlange in der Ferne verschwinden sehen, immer kleiner werdend, aber immer noch Drohungen ausstoßend, die langsam unhörbar wurden.

Dieser »Tagtraum« offenbarte mir nie vorher gedachte Zusammenhänge. So also sah die Verbindung zwischen meinem Verstand und meinen Gefühlen aus! Für mich ergab sich daraus, daß ich weit mehr meinen Gefühlen vertrauen konnte, als ich bisher angenommen hatte. Bei diesem eindrucksvollen Machtverhältnis!

Dabei fand jeder in der Gruppe für sich eigene Symbole. Fasziniert war ich beim anschließenden Austausch in der Gruppe vom Symbol einer Teilnehmerin, das sich so ganz und gar von dem meinen unterschied. Sie hatte einen Schlüssel als Symbol für ihren Verstand. »Der Verstand ist ein Schlüssel, der mir dazu dient, Unbekanntes zu erschließen und besser zu verstehen«, meinte sie. Was für ein Unterschied zum Schwert, das in erster Linie der Verteidigung dient.

Methode: Symbole für Verstand und Gefühl.

- Nehmen Sie sich ein paar ungestörte Minuten Zeit, entspannen Sie sich, und schließen Sie die Augen.

① Was für ein Symbol für Ihren Verstand fällt Ihnen spontan ein? (Zensieren Sie nicht Ihre Ideen!) Wie begegnen Sie diesem Symbol?
② Was ist das Symbol für Ihr Gefühl? Wie begegnen Sie dem Symbol?
③ Bringen Sie beide Symbole zusammen, und beobachten Sie, was geschieht.

Symbole, die aus unserem Unbewußten kommen, sind eine große Kraftquelle. Über das tatsächlich Abgebildete hinaus entwickeln sie für uns Bedeutung. Diese Bilder berühren uns tiefer als Worte. Dabei gibt es übergreifende Symbole, die viele ansprechen, und Symbole, die nur für den einzelnen von Bedeutung sind. Um der Unterschiedlichkeit von jedem einzelnen gerecht zu werden, ist es sinnvoll, daß jeder seine ganz persönlichen Symbole findet.
Wichtig ist bei dieser Art von Übungen, nicht gleich in die übliche Form der Analyse zu gehen. Das heißt, wenn Sie symbolische Bilder gefunden haben, dann zerbrechen Sie sich bitte nicht den Kopf nach der Bedeutung. Denn es geht nicht darum, etwas zu »zerbrechen« und in seine einzelnen Teile aufzulösen, um es so zu begreifen, sondern darum, zunächst allein ein Bild auf sich wirken zu lassen. Spüren Sie die Wirkung Ihrer Bilder! Aus dieser Wirkung heraus ergeben sich dann Einsichten. Manches wird klar, und »es fällt einem wie Schuppen von den Augen«.

Frühe Erfahrungen prägen uns

Wie stark sich frühe Erfahrungen auf unser späteres Verhalten und Gefühlsleben auszuwirken vermögen, ist den

meisten nicht klar. In der Kindheit werden jedoch bereits die Grundmuster für spätere Erfahrungen gelegt.
Langzeitstudien, die die Wissenschaftler Karin und Klaus Großmann mit Kindern im Alter von ein, fünf und zehn Jahren durchgeführt haben, erhellen einen wichtigen Bereich unseres Lebens. Untersucht wurde die innere Sicherheit, die Kinder durch eine verläßliche und einfühlsame Bezugsperson erlernen.
Ein Kind muß lernen, eine ungeheure Vielzahl von neuen Eindrücken zu bewältigen. Es muß also Neugierde zeigen, um neue Reize zu verarbeiten. Neugierde ist aber eine äußerst nervenaufreibende Angelegenheit, weil ein Kind nie weiß, wie seine Erkundigungen ausgehen. Die Bezugsperson – in den meisten Fällen die Mutter – stellt dabei eine Art Sicherheitsbasis dar, von der das Kind ausgeht und zu der es zurückkehren kann, immer wenn die Verunsicherung die Neugier übertrifft.
Wie – und wenn, wie schnell – reagieren Eltern, wenn ein Kind durch Rufen, Weinen, Anklammern und Protestieren zeigt, daß es Zuwendung braucht? Sind sie geduldig, ärgerlich oder lenken sie ab? Sagen sie: »Spiel doch lieber allein!» »Du hast doch noch deine Geschwister« – oder sinngemäß: »Ich weiß, daß du mich vermißt. Wie können wir uns besser trennen?»
Bereits bei 12 Monate alten Kleinkindern ist die Sicherheitsbasis unterschiedlich stark ausgeprägt. Ein Experiment hierzu: Die Mutter verläßt den Raum, läßt ihr Kind allein zurück und kommt kurze Zeit später wieder. Die natürliche Reaktion der Kinder, die den sicheren Kontakt zur Mutter wiedergewinnen, ist folgende: Wenn sie allein sind, vermissen sie deutlich ihre Mutter und krabbeln erfreut oder weinend auf die Mutter zu. Diese Reaktion zeigen mehr als die Hälfte der Kinder.
Andererseits gibt es Kinder, die tun so, als würden sie ihre Mutter weder vermissen noch bemerken, wenn sie

ins Zimmer zurückkehrt. In Wirklichkeit senken sie, wenn sie die Mutter erkennen, den Blick und richten ihren Körper dann so aus, daß sie nicht in Verlegenheit kommen, mit der Mutter Kontakt aufnehmen zu müssen.

Wenn uneingeweihte Beobachter diese Videoaufnahmen sehen, dann reagieren sie – interessanterweise vor allem in Deutschland – positiv. Sie halten es für wunderbar, wie unabhängig diese Kinder sind. Doch dies ist ein großes Mißverständnis. Was hier als Unabhängigkeit interpretiert wird, ist oftmals ein Zeichen unsicherer Bindung. Denn alle Kinder entwickeln im ersten Lebensjahr eine Bindung zur Mutter und benötigen diese als Sicherheitsbasis. Hat das Kind im ersten Jahr jedoch oft erfahren, daß die Mutter ärgerlich oder abweisend reagiert, wenn es weint oder die anderen Bindungsverhaltensweisen zeigt, dann traut es sich nicht, diese in einer fremden Umgebung zu zeigen, aus Angst, daß die Mutter es wieder allein lassen wird.

Die gleichen Kinder wurden als Fünfjährige im Kindergarten beobachtet. Beide, die *sicheren* (die Kinder, die Angst zeigten, als die Mutter weggegangen war) und die *unsicheren* (die Kinder, die die Angst versteckten), waren in gleich viele Konflikte mit anderen Kindern verwickelt. Allerdings war der Umgang damit anders.

Die *sicheren* Kinder gerieten meist in einen Konflikt, wenn es um die Selbstbehauptung ging. Konnten sie sich in der jeweiligen Situation behaupten, war der Weg zur Einigung mit dem anderen Kind wieder offen. Den Streit auf diese Weise selbst beilegen konnten die *unsicheren* Kinder hingegen nicht. Sie stritten, aber meistens, weil sie etwas haben wollten. Wenn die Sache für sie nicht gut ausging, zogen sie sich entweder zurück oder petzten bei der Kindergärtnerin. Manchmal versuchten sie auch, schwächeren Kindern unvermittelt zu schaden.

Den Kindern wurden in einem weiteren Experiment Bilder eines sozialen Wahrnehmungstests gezeigt, auf denen Kinder zu sehen waren, die anderen Schaden zugefügt hatten. In einer Situation geschah das unabsichtlich, in einer anderen absichtlich, und in einer dritten ließ es sich nicht zweifelsfrei entscheiden. Die Kinder sollten nun herausfinden, in welcher Situation absichtlich und in welcher unabsichtlich Schaden entstanden war. *Unsichere* Kinder sahen sehr viel häufiger als die *sicheren* Kinder auf den Bildern übelwollende Absichten. Das bedeutet: Wenn das *unsichere* fünfjährige Kind auf ein anderes zugeht, dann ist die Wahrscheinlichkeit groß, daß das *unsichere* dem anderen unterstellt, es habe schlechte Absichten. Seine Reaktion wird ganz anders sein als die eines *sicheren* Kindes, das sich wahrscheinlich freut, daß jemand mit ihm spielen will.
Daß solche Grundeinstellungen sich nicht einfach durch ein Mehr an Lebensjahren auflösen, leuchtet ein. So zeigten sich auch 5 Jahre später, als die Kinder 10 Jahre alt waren, deutliche Unterschiede im Sozialverhalten. Die Kinder wurden etwa gefragt, wie sie Kontakte knüpfen. Zum Beispiel: »Wenn du mal mit den Schularbeiten nicht weiter weißt, kannst du dann einen Freund anrufen?» oder »Wenn du mal nicht allein ins Kino magst, kannst du dann einen Freund fragen?«
Die *sicheren* konnten klar sagen, was sie tun. Wenn der Freund keine Lust hat, mit ins Kino zu gehen, dann rufen sie eben einen anderen an und gehen mit dem. Wird jedoch ein *unsicheres* Kind von einem Freund abgewiesen, geht es mit großer Wahrscheinlichkeit in sein Zimmer, ist traurig und vergeht gelegentlich vor Selbstmitleid. Selbstmitleid ist im Grunde ja ein Baden in negativen Gefühlen, die sich losgelöst haben von zielorientiertem Verhalten.
Das Forscherduo Großmann stellt hierzu fest:

»Wenn unsere Gefühle gut funktionieren, dann stehen sie im Dienste der Auseinandersetzung, die man mit anderen Menschen oder Gegenständen hat. So bedeuten uns ungute Gefühle, daß etwas in der Umwelt geändert werden muß, damit man sich wieder wohl fühlt. In dem Moment, wo jemand diesen Bezug zwischen der Wirklichkeit und seinen Gefühlen nicht mehr hat und von seinen Gefühlen überwältigt wird oder sich nur noch auf diese konzentriert, ist er mit seinen Gefühlen ziellos.«

Beim Lesen dieser Forschungen steigen Assoziationen zu »typisch männlichem« Verhalten auf:

- das große Bestreben nach Unabhängigkeit;
- die dennoch große Verletzlichkeit in Beziehungen;
- das Mißtrauen gegenüber den guten Absichten der anderen (Politik).

Thesen:

- Eine Grundlage des männlichen Bestrebens nach Unabhängigkeit ist Unsicherheit.
- Die Wurzeln dieser Unsicherheit reichen tief in die Kindheit zurück.

Denn wenn wir die typische Erziehung von Jungen und Mädchen betrachten, dann gibt es einen elementaren Unterschied. Dieser Unterschied läßt sich auch durch noch so gutgemeinte Bemühungen nicht ausgleichen: Mädchen werden von der Mutter, die jemand vom *gleichen* Geschlecht ist, betreut und versorgt. Für die Jungen hingegen ist die Mutter von einem anderen, einem *fremden* Geschlecht.

Da schon Babys unterschiedliche Geschlechtszugehörig-

keit wahrnehmen, wirkt sich diese Tatsache unmittelbar aus.
Das, was fremd ist, hat zwei Qualitäten: Es macht angst, und es hat gleichzeitig einen Reiz, es zieht an. Mit der Mutter, dieser Person eines fremden Geschlechts, macht der Junge als Kleinkind elementare, prägende Erfahrungen. Er wird zeitweise genährt und verwöhnt. Dann wiederum wird er allein gelassen und abgewiesen. Diese Erfahrungen verunsichern ihn deshalb stärker als das Mädchen, weil die Mutter anders ist als er selbst. Er wird ihr nie so ähnlich sein können, wie seine Schwester das kann.
Das gleiche, anders ausgedrückt, stellt Männerforscher Walter Hollstein fest. Er schreibt in seinem Buch »Der Kampf der Geschlechter«, einer Gesamtdarstellung der Beziehungen zwischen Frauen und Männern im modernen Deutschland: *»Die ambivalente Erfahrung mit der Mutter wird zur Ambivalenz des Mannes gegenüber der Frau im allgemeinen. Sehnsucht und Angst zugleich bewegen ihn fortan in seinem Verhältnis zum anderen Geschlecht.«*
Damit ist der Keim für die Unsicherheit gelegt, die Männer zu überspielen gelernt haben. Hollstein: »Diese Macht des Weiblichen glaubt der Mann häufig nur durch Abwehr in aushaltbaren Grenzen eindämmen zu können. Dazu gehören auch Flucht, Impotenz, Herrschafts- und Dominanzgebaren, Gefühlsroheit und Gewalt.«
Wichtig daran ist zu sehen: Die Unsicherheit besteht nicht nur gegenüber Frauen, sondern genauso gegenüber den eigenen Gefühlen. Kein Wunder, daß Männer lieber auf die Rationalität setzen, als sich zu sehr mit dem eigenen Gefühlsleben zu befassen!
Deshalb im folgenden mehr zu einigen wichtigen Gefühlen.

Ärger und Wut

Ärger und Wut sind gesunde Gefühle. Der Körper mobilisiert Energien, um mit einer Bedrohung fertig zu werden. Ärger und Wut zeigen an, daß die eigene Person oder persönliche Werte verletzt werden oder bedroht sind.

Frage an Sie:

- Stellen Sie sich eine Situation vor, in der Sie sich sehr ärgern. Welche Werte werden hier verletzt?

Je schlimmer die Verletzung oder je wichtiger der bedrohte Wert, desto stärker ist der Ärger.
Wichtig ist, daß aus dem Ärger Handlungen erwachsen. Ergeben sich keine Konsequenzen, ist er sinnlos! Deshalb ist Ärger im beruflichen Alltag häufig bloße Energieverschwendung. Es gibt Gedanken und Methoden, diesen überflüssigen Ärger erst gar nicht entstehen zu lassen. Durch Analyse Ihres Ärgers (Weshalb? Wozu?) können Sie lernen, den notwendigen Abstand und Überblick zu gewinnen.
Aber damit werden Sie Ärger und Wut nicht grundsätzlich aus Ihrem Leben verbannt haben. Denn bei aller Distanz – es werden immer noch genügend Ärgersituationen auftauchen. Das folgende Kapitel ist diesem »hartnäckigen« Ärger gewidmet.

Thesen:

- Es gibt nur wenige, die ihren Ärger spontan und angemessen ausdrücken können.
- Sie selbst werden Ihren Ärger nie ganz unterdrücken können, sosehr Sie sich auch bemühen.

Denken Sie an die vielen Kollegen, die sich bemühen, Ärger so lange hinunterzuschlucken, bis sie nicht mehr können. Schließlich platzen sie und überschwemmen mit dem ganzen angestauten Ärger ihr Gegenüber. Sie sind dann ungerecht und verletzend, und die Folge sind unerfreuliche Auseinandersetzungen.

Dann gibt es diejenigen, die sich solche Ausbrüche strikt verbieten. Bei ihnen schafft sich der Ärger einen indirekten Ausgang. Zum Beispiel sind sie zynisch und gefürchtet wegen ihrer bissigen Bemerkungen.

Ein letzter Ausweg ist es, den Ärger gegen sich selbst zu wenden, überkritisch mit sich selbst zu sein oder ihn in Frust und Depression zu verwandeln.

Ärger sucht sich seinen Ausweg und Ausdruck, nach außen oder nach innen. Wer ihn nicht offen auslebt, der richtet ihn möglicherweise versteckt nach außen, destruktiv gegen andere. Vielleicht ist er dann der gefürchtete Verhandlungspartner, der dem Lieferanten die Pistole auf die Brust setzt oder heimlich das Messer unter dem Tisch wetzt. Genauso schlimm wirkt sich der Ärger aus, wenn er zurückbehalten wird. Dann richtet er sich destruktiv gegen einen selbst und gegen den eigenen Körper, zum Beispiel in Form eines Gallenleidens oder eines Magengeschwürs.

Frage an Sie:

■ Auf welchem Wege drücken Sie Ihren Ärger aus?

Ein Tierexperiment verdeutlicht, warum hinuntergeschluckter Ärger ungesund ist:

Einer Katze wurde ein Brei verabreicht, dessen Weg durch den Magen- und Darmtrakt auf dem Röntgenbildschirm beobachtet werden konnte. Nach der Fütterung saß die Katze friedlich in einem Käfig und verdaute ihre Mahl-

zeit. Man konnte auf dem Bildschirm das langsame Pulsieren sehen, mit dem der Magen verdaute. Dann brachte man einen Hund vor den Käfig. Die Katze machte einen Buckel und fauchte. Was innerlich zu sehen war: Der Magen hörte auf, zu arbeiten und zu verdauen. Kurz darauf entfernte man den Hund wieder. Nach fünf Minuten hatte die Katze sich wieder beruhigt. Aber nur äußerlich! Denn wie man auf dem Röntgenbildschirm sehen konnte, dauerte es eine halbe Stunde, bis der Magen wieder seinen ursprünglichen Rhythmus des Verdauens gefunden hatte.
Wer also dieser Katze ein Magengeschwür verursachen wollte, müßte nur alle 20 Minuten den Hund wieder holen. (Hoffentlich fällt Ihnen hierzu kein vergleichbarer Kollege ein, der Ihnen ständig Ärger macht!)

These:

- Was es schwierig macht, den aktuellen Ärger ganz zuzulassen, beruht zumeist auf folgender Tatsache: In jedem von uns sitzt eine große Menge alten Ärgers, der dann auf der Stelle mit explodiert.

Aktueller Ärger ist dann häufig nur ein Anlaß, der die aufgestaute Menge vergangenen Ärgers berührt. Es ist wie eine oberflächlich verheilte Wunde, unter der noch Eiter sitzt. Eine leise Berührung an dieser Stelle genügt, und wir könnten an die Decke gehen.
Dieser Ärger rührt aus der Kindheit. Bis Kinder so zurechtgestutzt sind, daß sie in unserer Gesellschaft passen, erleben sie eine Menge Frustrationen. Die natürliche Reaktion des Kindes darauf ist Ärger. Der wird ihm aber meist verboten oder versucht abzugewöhnen. Schließlich lernt das Kind, ihn zu unterdrücken. Der unterdrückte Ärger jedoch sitzt weiter im Inneren.

Es gibt eine Reihe von Therapieeinrichtungen wie Encounter, Gestalttherapie oder Bioenergetik, die sich sehr mit Wut und Ärger befassen. Eine Erfahrung, die mich in diesen Gruppen gerade zu Beginn überrascht und erschreckt hat, war zu sehen, wieviel Ärger, Wut und Haß in jedem von uns steckt.
In allen diesen Gruppen nehmen »normale« Leute aus allen Schichten der Bevölkerung teil. Und jeder – ausnahmslos jeder (*auch Sie!*) – kann in den Aggressionsübungen ausrasten, wenn er sich die Erlaubnis dazu gibt. Unter der ganzen Tünche der Anpassung und der ständigen Freundlichkeit bricht die nackte Wut hervor.

These:

■ Wenn Sie nicht wollen, daß Ihr Ärger Sie hinterrücks einholt und überrascht, müssen Sie anfangen, sich damit auseinanderzusetzen.

Wie aber mit unserem Ärger *gesund* umgehen? Denn es ist verständlich, daß Sie nicht bei jeder Kleinigkeit über Mitarbeiter, Frau und Kinder herfallen wollen!
Eine Möglichkeit wäre, den Ärger direkt auszudrücken, so daß der andere nicht verletzt wird. Das ist der Unterschied zwischen: »Ich platze gleich vor Wut!« und: »Du Riesenidiot!«
Ist der Ärger sehr groß, wirkt es befreiend, ihn in Abwesenheit des Auslösenden auszutoben und den Aggressionen einmal freien Lauf zu lassen. Das ist gesünder und natürlicher, als immer versuchen, »cool« zu bleiben.
In den Gruppen zum persönlichen Wachstum werden deshalb die Aggressionsübungen angeboten. Für den Außenstehenden mag es lächerlich aussehen, wenn jemand haßerfüllt auf ein Kissen schlägt, als ob er jemand erschlüge. Aber wenn man sieht, welche Kraft hier schon

ewige Zeiten unterdrückt wurde, dann scheint das eine sehr elegante Lösung, um mit dieser Kraft wieder in Kontakt zu kommen.
Schließlich können wir den Ärger auch einfach nur wahrnehmen, ihn erlauben, spüren und beobachten, ohne ihn auszudrücken. Sie können beispielsweise die Übungen am Ende des Kapitels oder auch das später noch beschriebene Focusing für die Bewältigung ihres Ärgers benutzen.

Angst – das verpönte Gefühl

Ein richtiger Mann hat keine Angst! Und wenn, dann unterdrückt er sie »mannhaft«. Angst ist ein Thema für Schwächlinge. Auf diese Weise kann Man(n) zum Helden werden. Leider eignen wir uns nicht alle zum Helden, auch wenn wir gern zu den »Angstverdrängern« gehören ...
Vor einiger Zeit erfuhr ich, daß in der Schweiz einige Psychiater nach wie vor die Erlaubnis haben, mit LSD und medizinischen Drogen ähnlicher Wirkung therapeutische Sitzungen durchzuführen. Ich war sofort neugierig und meldete mich zu einer mehrtägigen Gruppe an. Nach einem Interview zur Überprüfung meiner psychischen Stabilität wurde ich akzeptiert und fand mich ein halbes Jahr später mit einer buntgemischten Gruppe von 25 anderen Teilnehmern in einem großen, hellen Gruppenraum wieder.
Während der ersten zwei Tage sprachen wir über unsere Erwartungen und Befürchtungen und machten Übungen, um uns kennenzulernen und eine offene Atmosphäre herzustellen. Ich war ganz gespannt, voller Vorfreude – und merkte gleichzeitig, daß bei mir große Ängste im Untergrund versteckt waren. Ob vielleicht ganz schlimme, alte, unerträgliche Schmerzen in mir hochkommen würden?

Oder was ist mit dem versteckten Wahnsinn, der doch in jedem lauert? Der könnte ja ausbrechen ... Zwar war hier ein geschützter Raum mit erfahrenen Begleitern – aber ganz sicher kann man ja nie sein!
Am dritten Tag dann der Höhepunkt: die Sitzung, in der wir die »Substanzen« bekommen sollten. Das erste Mittel ähnelte der Designerdroge »Ectasy», einer Droge, die bekannt dafür ist, daß sie mentale Barrieren auflöst.
Nach Einnahme sollten wir in der Gruppe Kontakt mit anderen aufnehmen. In wechselnden kleinen Gruppen setzten wir uns zusammen, begannen uns offener und freier zu fühlen. Als ich auf jemand zugehen wollte, der mir dann anzeigte, daß er im Moment lieber allein sein wollte, war für mich ein Bruch der Atmosphäre da. Und plötzlich tauchte in mir der Satz auf: »Ich darf Angst haben.«
Ich setzte mich für mich hin und fing an, diesen Satz mehr und mehr aufzunehmen, wiederholte ihn immer wieder für mich, um ihn gleichsam zu verdauen. Viele Erinnerungen stiegen in mir auf, etwa wie ich bereits als Kind angefangen hatte, mir meine Angst zu verbieten. Angst vor Schmerzen; Angst davor, abgewiesen zu werden; Angst davor, allein zu sein. Ja, es ging so weit, daß ich angefangen hatte, Angst davor zu haben, diese Angst zu spüren, und sie mir ganz fest verboten hatte. Wie ich dann als Achtjähriger nach der Lektüre der ersten Indianergeschichten drei Wochen lang herumgelaufen war mit dem Satz: »Ein Indianer kennt keinen Schmerz« und bemüht war, jedes negative Gefühl zu verbergen, ja nicht einmal mehr zu spüren.
Zwei Stunden später wurde die nächste bewußtseinserweiternde Droge mit der Wirkung von LSD ausgeteilt. Diesmal setzte sich jeder für sich allein hin, schloß die Augen und spürte nach innen.
In mir tauchte plötzlich ein zweiter kraftvoller Satz auf: »Ich muß nichts tun.«

Die neue Erlaubnis reichte noch tiefer. Plötzlich wurden mir die dauernde Unzufriedenheit mit mir selbst sowie die vielen Anstrengungen, an mir zu arbeiten, mich verändern und verbessern zu wollen, deutlich bewußt.
»Ich muß nichts tun« – das bedeutete: aufhören mit dem ständigen Bemühen, mit der Spannung, mit dem inneren Druck. Ich kann so sein, wie ich bin, mit meinen Stärken und mit meinen Schwächen. Es ist in Ordnung.
Ich gab mir diese neue Erlaubnis und genoß es mehr und mehr. Dann fing ich an, beide Sätze zu kombinieren. »Ich darf Angst haben, und ich muß nichts tun.« Tief in meinem Magen fing ich an, mich ein Stück weit zu entspannen und uralten Streß aus Kindertagen loszulassen.
Auch nach dem Seminar tauchen diese Sätze in belastenden Situationen immer wieder auf. Sie sind mir eine Hilfe. Ich entspanne mich und höre auf, mir Druck zu machen.
Auch in der Diskussion, um den »neuen Mann«, trägt das Phänomen »Angst« zum Verständnis bei. So neigen in der heutigen Zeit immer mehr Männer dazu, dem alten Machoklischee zu entsprechen: Muskelmänner haben Hochkonjunktur, Filme à la »Rambo« oder »Der Terminator« füllen die Kinokassen, und der neue Körperkult läßt die Fitneßbranche boomen.
Selbst – oder gerade – intelligente Beobachter und Kritiker der heutigen »Männerszene« schauen mit leichter oder schwerer Verachtung auf diese – in ihren Augen längst überholte – Spielart des Mannes. Stellvertretend hierfür läßt sich eine Bildunterschrift des *Spiegels* nennen. Unter dem Foto des Bizepswunders Arnold Schwarzenegger spöttelte das Nachrichtenmagazin: »Lächerliche Männlichkeit«.
Mir scheint es, daß die Sehnsucht nach Kraft und Muskeln aus den gleichen Quellen gespeist wird wie das Bedürfnis nach immer mehr Waffen bei den Staaten. Die

Männer und Gefühle

Welt um uns herum wird unsicherer und gefährlicher, die Gewalt nimmt zu, die Angst davor ebenso.
Dieses Gefühl der Bedrohung dringt dabei immer mehr in den privaten Bereich. Eine Bekannte erzählte mir: »Ich traue mich abends nicht, mit dem Auto von meinem Vorort in die Stadt zu fahren und auszugehen. Ich habe soviel in der Zeitung von Überfällen gelesen.« (Und das im vergleichsweise harmlosen Freiburg!) Eine andere: »Wenn ich spät abends nach Hause gehe, habe ich immer meine Dose Tränengas griffbereit.«
Die heutigen »Männerbewegten« scheinen diesen realen Hintergrund des Bedürfnisses nach männlicher Stärke (noch) nicht zu sehen. So, wenn z. B. »Männerspezialist« Hollstein in einem *Spiegel*-Interview sich zu wundern scheint:

»Männer, die sich verändern, das erfahre ich seit Jahren in meinen Gruppen, die nachgiebiger, gesprächsbereit werden, also genau das, was ihre Frauen immer wollten, die erleben häufig, daß die Frau sich abwendet und sich wieder einen Typ vom klassischen Macho-Zuschnitt sucht. Frauen hören das sicher nicht gern, aber es gibt diese unbewußte Sehnsucht nach der kräftigen Schulter zum Anlehnen.«

Doch, was tun, angesichts der wachsenden Gefährdung durch Gewalt?!
Wer einmal nachts durch die Straßen gegangen ist und in der Ferne eine angetrunkene Jugendlichengruppe seinen Weg kreuzen sah, hätte in dieser Situation sicherlich nichts dagegen gehabt, ein bißchen mehr wie Arnold Schwarzenegger auszusehen.

Angst und Anpassung

Je besser jemand sich anpaßt, desto angenehmer kann er im breiten Strom der anderen mitschwimmen und desto geschützter darf er sich fühlen. In diesem Hauptstrom gehört jeder zu kleinen Unterströmungen, seine Bezugsgruppen, in denen er sich dann besonders geborgen fühlen kann.
So mögen Sie zu der Gruppe der Manager und Führungskräfte gehören. Sie kennen die vielen ungeschriebenen Gesetze, die gelten. Solange Sie sich an diese Regeln halten, sind Sie sicher und angesehen.
Was müssen Sie nicht alles in Ihrer Position und in Ihrem Unternehmen beachten! Das fängt beim Krawattenmuster an, erstreckt sich auf den Umgangston und die erlaubten Pausenthemen und reicht bis zu den Vorlieben und Hobbys, die man hat oder besser nicht haben sollte.

Frage an Sie:

- Welche Regeln haben Sie zu beachten?

Thesen:

- Das übergeordnete Gebot bei allen Regeln ist: Nur nicht unangenehm auffallen!
- Wer unangenehm auffällt, fühlt sich ausgeschlossen – und wird auch häufig ausgeschlossen.
- Wir passen uns deshalb an, weil wir Angst haben.

Besser die eigene persönliche Meinung für sich behalten! Bloß nicht die geheimen Wünsche und Träume offenbaren! Nur weil uns die Anpassung zur zweiten Natur ge-

worden ist, registrieren wir die Ängste nicht mehr, die uns zur Anpassung zwingen.
Wenn Sie an dieser Aussage zweifeln, schlage ich Ihnen ein kleines Experiment vor.

Experiment:

- Gehen Sie ein Risiko ein! Tun Sie etwas Unangepaßtes!

Es genügt vielleicht schon, nur nachzudenken, welches Risiko Sie reizen würde. Sofort kommt der innere Zensor wie ein Hirtenhund, der bellt, wenn ein Schaf den Pferch verlassen will: »So ein Blödsinn! Es gibt keine Veranlassung, etwas zu riskieren. Nur weil ein dummer Autor einen solchen Vorschlag macht!« Gespeist werden solche Kontrollsätze von einem einzigen Gefühl: der Angst.
Ein Experiment, das der Sozialpsychologe Stanley Milgram durchgeführt hat, zeigt die überaus große Angsthemmung, die uns normalerweise davon zurückhält, Verhaltensnormen zu brechen.
Milgram schlug seinen Studenten aus einem Forschungssemester vor, während der U-Bahn-Fahrt auf irgendeinen Fahrgast zuzugehen und ihn einfach um seinen Sitzplatz zu bitten. Die spontane Reaktion der Studenten auf diesen Vorschlag war nervöses Gelächter.
Schließlich wagten sich einige Mutige an die Aufgabe, fragten in der U-Bahn und erlebten sogar, daß die Hälfte aller Angesprochenen ihren Platz räumte. Allerdings wagten nicht alle Studenten, die Bitte auszuprobieren, so daß Milgram beschloß, es selbst einmal zu versuchen.
Plastisch beschreibt er seine eigenen Erfahrungen:

»Ich ging also in meiner U-Bahn auf einen Fahrgast, der einen Sitzplatz hatte, zu und wollte meine magischen

Worte loswerden. Aber sie blieben mir in der Kehle stecken, ich brachte sie einfach nicht heraus. Ich stand wie erstarrt da und zog mich dann wieder zurück, ohne die Mission erfüllt zu haben. Mein studentischer Beobachter drängte mich, es noch einmal zu versuchen, aber ich wurde erdrückt von lähmender Hemmung.

Ich schalt mich: ›Was für ein Feigling bist du eigentlich? Du hast deinen Studenten den Auftrag gegeben, dies zu tun. Wie kannst du denn vor ihre Augen treten, ohne es selbst gemacht zu haben?‹ Schließlich, nach vielen erfolglosen Ansätzen, trat ich auf einen Fahrgast zu und preßte die Bitte heraus: ›Entschuldigen Sie, mein Herr, dürfte ich Ihren Sitzplatz haben?‹ Einen Moment lang hatte ich das panische Gefühl, ich löste mich auf. Der Mann hingegen stand ohne weiteres auf und gab mir seinen Sitzplatz.

Aber mir wurde noch ein zweiter Schlag ausgeteilt. Als ich mich auf den Platz des Mannes gedrängt hatte, drängte alles in mir, mich so zu verhalten, daß meine Bitte verständlich erscheinen würde. Mein Kopf sank nach vorne über, und ich spürte, wie mein Gesicht bleich wurde. Ich spielte das nicht in diesem Moment: Ich fühlte mich so, als ob ich jeden Moment sterben würde. Dann machte ich eine dritte Entdeckung: Sobald ich auf dem nächsten Bahnhof diese U-Bahn verlassen hatte, war alle Spannung verflogen.«

Klingt recht verrückt und übertrieben, diese Beschreibung.

Wenn Ihnen, lieber Leser, das Experiment einfach vorkommt, möchte ich Sie ermuntern, es doch bei der nächsten U-Bahn-Fahrt selbst durchzuführen. (Ich selbst habe es noch nicht getan.) An den Rückmeldungen über Ihre Erlebnisse wäre ich sehr interessiert!

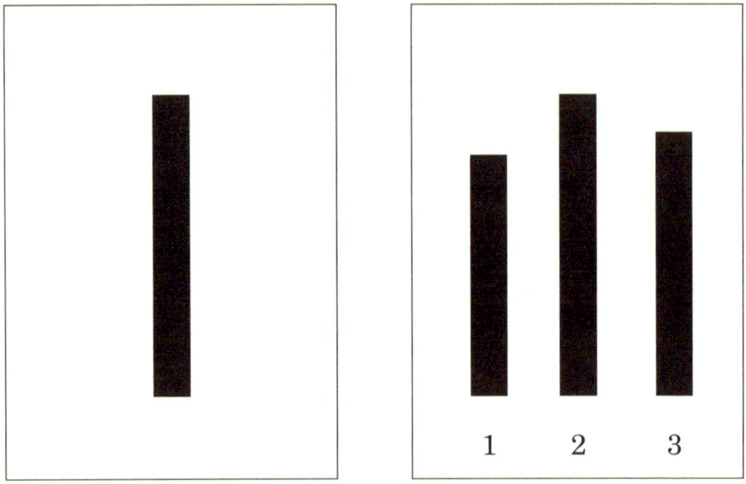

Standardkarte Vergleichskarte

Ein klassisches Experiment der Sozialpsychologie zeigt, wie stark das Bedürfnis nach Anpassung ist:
Studenten, die als Versuchspersonen dienten, wurde jeweils eine Karte mit einer Linie und eine zweite Karte mit drei unterschiedlich langen Linien gezeigt (siehe oben).
Die Studenten sollten daraufhin nur eine einfache Frage beantworten:
Welche der drei Linien der Vergleichskarte ist so lang wie die einzelne Linie? Bei ihren Antworten traten praktisch keine Fehlurteile auf.
Völlig andere Ergebnisse ergaben sich jedoch durch eine Abwandlung des Experiments. Plötzlich erkannten 37 Prozent der Versuchspersonen die tatsächlichen Größenverhältnisse nicht mehr. Wie konnte das geschehen?
Man hatte die Studenten in Gruppen eingeteilt, wobei unter den Mitgliedern allein eine Person als Versuchsperson fungierte. Alle anderen Studenten waren dazu angehalten worden, bevor die Versuchsperson am Ende der

Reihe ihr Urteil abzugeben hatte, bewußt Fehlurteile zu liefern.
Mehr als ein Drittel der Probanden gab daraufhin selbst ein falsches Urteil ab! Wie es sich zeigte, war gar keine große Zahl von falschen Gruppenmitgliedern nötig. Es reichten drei!
Befragungen hinterher ergaben drei unterschiedliche Gründe für die unrichtigen Antworten:

- Manche änderten tatsächlich ihre Wahrnehmung und empfanden das Urteil der anderen als richtig.
- Manche hielten ihre eigene Meinung infolge mangelnden Selbstvertrauens für falsch.
- Manche schlossen sich der Mehrheit an, obwohl sie wußten, daß deren Urteil falsch war.

Wieviel Angst muß hier dahinterstecken, wenn jemand es nicht mehr wagt, seinen eigenen Augen zu trauen, nur weil andere widersprechen!

Frage an Sie:

- Wo haben Sie Angst, Ihrem eigenen Urteil zu trauen?

Wieviel Angst und Angepaßtheit unter meiner eigenen Oberfläche verborgen lag, erfuhr ich bei einem »Live«-Experiment Ende der 70er Jahre. Nach Beendigung meines Psychologiestudiums wollte ich die Theorie der Hörsäle hinter mir lassen und fuhr für ein halbes Jahr nach Poona, Indien.
Dort stand der Aschram des Bhagwan Shree Rajneesh, später auch Osho genannt. Ich war schon vorher von der Radikalität und der Klarheit dessen fasziniert, was ich von ihm über die Kunst des Lebens gelesen hatte. Eine Sache, die er häufig sagte, war: »Nur schlauer werden und

mit dem Verstand begreifen genügt nicht. Es geht darum, die eigenen Erfahrungen zu machen und aus ihnen zu lernen. Wenn du wirklich das suchst, was ich vermittle, werde Schüler von mir.« Dieses Schülerwerden aber hatte seinen Preis. Osho gab jedem einen neuen Namen und verlangte, daß seine Schüler sich auch zu erkennen gäben, indem sie Kleidung in Rottönen und eine Holzperlenkette mit seinem Bild tragen sollten.
Dazu meinte er einmal: »Wenn du dich auf mich einläßt, wirst du an viele Dinge jenseits von deinem Verstand kommen. Deshalb etwas Verrücktes zum Einstieg!«
Das war natürlich eine heiße Forderung für einen jungen, angepaßten Intellektuellen! Vier Wochen genoß ich die Atmosphäre im Aschram, meditierte und nahm an Therapiegruppen teil. Und dann war – zu meiner eigenen Überraschung über den Mut – der Entschluß gereift: Ja, ich will das! Ich werde Bhagwan-Jünger!
Ein halbes Jahr später, zurück in Deutschland, kam der Härtetest für das Experiment: Ich in rotem Hemd und braunroten Jeans mit einer Holzperlenkette samt Gurubild im Amulett! Ich hatte zunächst einmal hauptsächlich Angst.
Und zwar Angst vor dem, was die Leute von mir denken würden oder denken könnten. Jeder neue Kontakt war plötzlich von Unsicherheit begleitet. »Was geht meinem Gegenüber jetzt durch den Kopf? Wie reagiert er? Hält er mich nun für einen Spinner, einen Sektierer oder gar für einen Missionar?«
Die Befürchtungen wurden in einigen Kontakten bestätigt. Ich erlebte immer wieder, daß Leute völlig von den eigenen inneren Bildern gefangen waren und nur noch über diese reagierten. Damit meine ich: Sie sahen nicht mich, sondern Schlagzeilen aus irgendwelchen Illustrierten. Sie brachen den Kontakt gleich ab oder erzählten mir ihre Meinung, die einem Pressebericht entstammte. Sie

selbst hatten keine eigene unvoreingenommene Wahrnehmung mehr, sondern nur noch rotgetönte »Bhagwan-Brillen« auf den Augen.
Zwischendurch kam ich mir wie aussätzig vor oder wie eine große Leinwand für alle Ängste und üblen Projektionen all derer, mit denen ich in Kontakt kam. Ich konnte mir plötzlich vorstellen, wie es einem Schwarzen ergeht, der allein schon durch seine Hautfarbe auffällt.
Sozialpsychologie lebensnah! Schon bald fragte ich mich: Warum sich dem Ganzen aussetzen, wo es sich doch so schön unauffällig im Schutze der Anonymität mitschwimmen ließe?
Trotz aller Zweifel gab ich nicht auf. War es doch ein Experiment, durch das ich etwas für mein Leben lernen wollte. Ich erfuhr eine Menge über mich und andere. Es wurde ja gerade erst richtig spannend! Deshalb nicht einfach abbrechen! Ich fand einen Satz, der mir Kraft gab und meine Zähigkeit bestärkte: »Ich muß nicht, wenn ich nicht will!« Dieses Leitmotiv vor Augen, machte ich weiter und stieg nicht aus dem Experiment aus.
Unmittelbar nach meiner Rückkehr aus Indien begann ich, in Volkshochschulen in der Umgebung von Würzburg Seminare zu Themen wie Kommunikation und Selbstsicherheit abzuhalten. Die Teilnehmer waren zufrieden, und auch mir machte die Arbeit Spaß.
Nun fiel ich aber mit meiner Kleidung auf. Das hatte zur Konsequenz, daß ich in regelmäßigen Abständen aus einer Volkshochschule »entfernt« wurde. Und zwar lief das in den meisten Fällen so: Irgendein Pfarrer erfuhr von meiner Arbeit, ging zum Bürgermeister der entsprechenden Einrichtung und beschwerte sich (»Ein ›Sektenmitglied‹ arbeitet bei Ihnen!«). Der Bürgermeister sah sich in der Pflicht, versprach dem Kirchenmann sofortige Abhilfe und wandte sich an den zuständigen Beamten. Und auch der wollte keinen Ärger. Keiner der Beteiligten war an der

Qualität meiner Arbeit und an meiner persönlichen Harmlosigkeit interessiert. Sie kannten mich ja nicht einmal. Sie reagierten rein reflexhaft aufgrund ihrer Angst vor Schwierigkeiten. Damit war ich meine Arbeit in dieser Volkshochschule los. Und das war leider die Regel; Zivilcourage zu erleben, die seltene Ausnahme. Ein positives Beispiel: der Leiter einer Einrichtung, der ein klärendes Gespräch mit mir führte und daraufhin mich und meine Seminare im VHS-Programm beließ. Das war nicht die Norm – das war vielmehr eine der wenigen Überraschungen: Da gibt es jemand, der sich sein eigenes Urteil bildet und danach handelt.

Mit jedem Rausschmiß brach ein Abgrund von Existenzangst in mir auf. »Das ist der Anfang vom Ende«, waren die Gedanken.

Alles würde zusammenbrechen, meine ganze berufliche Existenz vernichtet werden. Jeweils drei Tage lang war ich wie krank, und dann war der Anfall vorbei. Ich war völlig überrascht von der Panik, die unter meiner Selbstsicherheit lauerte.

Das Ergebnis dieser Erfahrungen war jedoch: Mein Grundvertrauen in die eigenen Fähigkeiten und die vielen Möglichkeiten, die das Leben bietet, wuchs allmählich. Mit jeder Angstattacke, die ich durchstanden hatte, fühlte ich mich ein kleines Stückchen sicherer und entspannter. Das Experiment hatte sich somit als lohnenswert erwiesen.

Wenn ich heute als selbständiger Trainer und Unternehmensberater meine eigene Arbeit organisiere und sehe, wie das Kollegen machen, fällt mir der Unterschied auf. Manche Kollegen kommen mir wie von Existenzangst gejagt vor. Wie manisch lassen sie sich den Alltag von ihrem Time-Planer diktieren, hetzen von Termin zu Termin, als ob ihr Leben davon abhinge.

Ich selbst habe da mehr Vertrauen in die Chancen und

Überraschungen der Zukunft. Ich muß mich nicht antreiben. Natürlich ist es wichtig, zu planen und sich auf die Zukunft vorzubereiten. Aber Angst ist dabei sicher nicht der beste Ratgeber.

Schmerz und Trauer

Wann darf ein Mann leiden?
Schmerz und Trauer sind – wie die Angst – auch heute noch Tabugefühle für viele Männer. Sie verbieten sie sich, suchen krampfhaft, sie zu beherrschen und zu unterdrücken. Ein bezeichnendes Beispiel wird von Horst-Eberhard Richter geschildert: In Berlin steht ein Mann vor Gericht, der einst als DDR-Grenzsoldat gemeinsam mit anderen auf einen Flüchtling an der Mauer geschossen hat. Von der Verzweiflung über seine Tat überwältigt, bricht er wiederholt in Tränen aus. Daraufhin beantragt sein Anwalt ein psychiatrisches Gutachten. Begründung: »Ein Soldat, der weint, ist neurotisch.«

These:

- Im Alltag bietet die *Krankheit* den einzigen »erlaubten« Ausweg für Männer, um leiden zu dürfen.

Kein Wunder, daß Männer deshalb ihre Krankheiten oft übertreiben und ausnutzen! Man kann den Spott der Frauen hören und lesen, die sich wundern, wenn ihre tollkühnen Kerle an einer Grippe erkranken und plötzlich hyperempfindlich und leidend werden. Sie jammern und lassen sich bedauern.
Möglicherweise müssen wir Männer in einem bestimmten Stadium krankwerden, um endlich mit dem Kämpfen aufzuhören und den Schmerz zuzulassen. Krankheit ist

dann wie eine Erlösung. Sie ist die Erlaubnis, sich – endlich! – gehenzulassen.

Frage an Sie:

- Wie erleben Sie Krankheit?

Eine Variante zu Fieber und Grippe ist der *Unfall*. Nach allem, was ich an Unfällen beobachte, glaube ich nicht mehr an Zufälle.

These:

- Ein Unfall, den Sie selbst verursacht haben, ist kein momentanes Versehen, sondern steht immer in Zusammenhang mit Ihrer aktuellen Lebenssituation.

Bitte, überprüfen Sie diese These doch einmal an eigenen Unfällen! Es ist so, als ob wir – in Einklang mit uns! – diesen Unfall »brauchen«.
So als ob der verursachende Teil in uns zum Holzhammer greifen muß, um uns vor unserem eigenen streßbeladenen Lebenswandel zu schützen, sozusagen die »Notbremse» zieht.
Hierzu gehören meiner Meinung nach auch solche physischen »Notsignale« wie etwa Herzinfarkte, Magengeschwüre und Krebserkrankungen.

Aus einem Interview zum Thema Männer und Krisen möchte ich folgende Passage zitieren:

Frage: Es gibt Männer, die von sich behaupten, noch nie eine Krise oder wirkliche Niederlage erlebt zu haben. Ist so etwas vorstellbar?
Psychoanalytiker Arno Gruen: »Die geben es bloß nicht zu!

Das Image des starken, dynamischen Mannes, wie es besonders unter Topmanagern gepflegt wird, ist doch nur eine Pose. Die wissen selber nicht mehr, wer sie sind.«

Frage: Wie würden Sie denn eine Lebenskrise definieren?

Gruen: »Wenn man nicht mehr so weiterexistieren kann wie bisher – etwa, weil man den Job verloren hat, den Partner, die Gesundheit, die Wohnung. In einer solchen Krise kommt es darauf an, wie Menschen mit ihrer Hilflosigkeit und Verzweiflung umgehen. Manche brechen zusammen, andere gehen daraus stärker hervor als früher. Und ich denke, Männer bewältigen solche Krisen weniger gut als Frauen.«

Frage: Wie erklären Sie sich das?

Gruen: »Frauen haben im allgemeinen viel mehr Erfahrung mit Leid und Schmerz, und sie wissen, daß man daran nicht zugrunde geht. Männer lassen diese Gefühle oft nicht zu, weil sie glauben, stark sein zu müssen. Bleiben sie ihnen trotzdem nicht erspart, klappen sie zusammen. Ich habe einige Jahre in Amerika in der Neurologie mit Patienten gearbeitet, die einen Schlaganfall erlitten hatten. Und immer wieder haben wir festgestellt: Die Männer kamen mit den Folgen viel schlechter zurecht als die Frauen, die die Krankheit in ihr Leben integrierten, während sie die Männer einfach nicht wahrhaben wollten.«

Auf meinen Reisen ins eigene Innere unterstützte mich zudem eine Gruppenmeditation mit dem seltsamen Namen »Mystic Rose«. Die Inhalte dieser dreiwöchigen Veranstaltung klingen erst einmal verrückt: die erste Woche: jeden Tag drei Stunden Lachen, die zweite Woche: Trauer und Weinen und die dritte Woche: Sitzen und Stille. All die Gefühle auf Kommando? Geht doch gar nicht. Und wozu soll das gut sein?

Wozu so etwas gut ist? Solche Fragen lassen sich leider nicht im vorhinein überzeugend beantworten, sondern erst dann, wenn man die Erfahrung gemacht hat. Kann ich doch immer erst hinterher wirklich beurteilen, ob mich eine neue Erfahrung weitergebracht hat oder sich als nutzlos erwies.
In diesen drei Wochen erfuhr ich eine Menge über mich und meine Gefühle. In der ersten Woche fiel mir das Lachen sehr leicht, zumal viele andere da waren, die mitmachten. Es macht Spaß zu lachen, auch ohne Grund. (Probieren Sie es gleich selbst einmal aus!) Ich erlebte den ganzen restlichen Tag energiegeladen mit viel Freude.
Die Trauer und das Weinen fielen mir schwer. Ich empfand mich wie ein Abc-Schütze, der an den ersten Schulstunden teilnimmt. Fach: Gefühl. Mir wurde deutlich, daß ich bis dahin dem Gefühl von Trauer und Schmerz immer davongelaufen war. Alles andere – nur nicht traurig sein. Da mobilisierte ich lieber meine ganze Power, um gegenzusteuern.
Nach dieser Woche fand ich später leichteren Zugang, Schmerzen und Trauer bei mir zuzulassen. Monate später erlebte ich, daß auch bei mir Tränen fließen können. Und wenn Sie, lieber Leser, mit diesen Emotionen noch wenig Erfahrungen gemacht haben – ich kann Ihnen versichern, es ist angenehm und befreiend.

Jenseits des Verstandes: das Herz

Männern sagt man nicht zu Unrecht nach, daß sie »kopfgesteuert« sind. Das zweite wichtige Zentrum, von dem Antriebe der Männer ausgehen, ist ebenfalls bekannt und sitzt ein Stück tiefer.
Gibt es noch etwas dazwischen?

Nicht für die vielen, die mit Haut und Haaren aufgehen in der Welt der Firmeninhaber, Manager, Unternehmensberater, Verkäufer und EDV-Spezialisten.
Hier zählt scheinbar nur eines: ziel- und erfolgsorientiert sein!
Fressen oder gefressen werden! Es geht um Effektivität, Kostenersparnis, schlanke Hierarchien. Es geht darum, Arbeitskräfte abzubauen oder selbst abgebaut zu werden.
Das Wort »Herz« – im Jargon der Führungsetagen und Topentscheider ist dies, so scheint es, eine unbekannte Vokabel.
Das »Herz« – ist das nicht jenes längst überholte Symbol für altmodische Tugenden?
Das »Herz« – ist das nicht diese Pumpe, die leider bei allzu vielen allzufrüh ihren Dienst versagt und (im Glücksfall!) dann mit aufwendigen Operationen repariert und durch elektrische Schrittmacher zu weiteren Höchstleistungen angetrieben werden muß?
Dennoch gilt die

These:

■ Jeder spürt die Anziehung, die ein Mensch mit Herz hat.

Eine Seite in uns wird berührt, eine Saite wird zum Klingen gebracht.
Glücklicherweise haben sich die meisten von uns Reservate bewahrt, in denen sie ihr Herz zulassen. Ganz von allein scheint es sich bei Tieren und kleinen Kindern zu öffnen. Gibt es doch nichts Gräßlicheres, als wenn jemand den »Anzug des Geschäftsmanns« nicht mehr ablegen könnte und ihn selbst nach Dienstschluß im Umgang mit seiner kleinen Tochter anbehielte!

Frage an Sie:

■ Wann spüren Sie Ihr Herz?

Das Herz hat mit Gefühlen und dem Lebendigsein zu tun. Männer haben es damit oft schwerer als Frauen. Deshalb sind sie unbeholfen darin, ihr Herz zu öffnen.
An drei Unterschieden macht Sabine Asgodom fest, warum Frauen näher am Leben – und damit auch am Herz – sind:

① Frauen sind durch ihren biologischen Rhythmus – fruchtbare und unfruchtbare Tage, die Menstruation – fester in die Natur eingebettet als Männer.
② Die Möglichkeit und das Erlebnis, ein Kind zu tragen und zu gebären, ist eine einzigartige, sensationelle Erfahrung, die eben nur Frauen machen können. Auch dies verbindet sie mehr mit dem Leben. Das verschafft ungeahnte Kräfte, wie man bei jeder Entbindung beobachten kann.
③ Mütter verbringen mehr Zeit mit ihren Kindern, jedenfalls solange sie noch klein sind, und erleben durch sie ursprüngliche, unverfälschte Gefühle. Sie kommen durch diese »Nachhilfestunde« ihren eigenen Empfindungen wieder näher.

Für Männer ist der letzte Punkt besonders wichtig. Der Kontakt mit den eigenen kleinen Kindern ist auch für sie Nahrung für Herz und Seele. Die Welt läßt sich noch einmal frisch und neu erleben, betrachtet man sie durch die Augen des Kindes. Nur ist es – bedauerlicherweise – häufig so, daß, solange die Kinder klein sind, Männer nur wenig oder fast keine Zeit für sie haben, weil ihnen die Karriere vorgeht. Oft merken sie erst, wenn es zu spät ist, was sie in dieser wertvollen Zeit verpaßt haben. So höre

ich dann von den erfolgreichen Geschäftsleuten, die die 50 überschritten haben und bei denen plötzlich noch einmal die Sehnsucht nach einem kleinen Kind wach wird. Jetzt wären sie bereit dafür und offen, das auszukosten, was ihnen ein Kind geben kann. Dieser Wunsch ist gleichzeitig der Wunsch danach, das eigene Herz mehr zu spüren und zu öffnen.
Schade, für viele erfolgreiche Männer ist es dann leider jedoch bereits zu spät.

These:

■ Wer mit sich in Einklang kommen will, muß sein Herz entdecken.

Wer allein versucht, seine Gefühle »effektiv« einzusetzen und zu dosieren, hat den Charme einer Rechenmaschine. Damit ist er dann gleichzeitig so liebenswert wie die Rechenmaschine. Man benutzt sie, solange sie funktioniert, und dann wirft man sie auf den Müll.
Jemand, der im Geschäftsleben Erfolg haben will, muß ein perfekter Geschäftsmann sein. Er muß alle Methoden, Techniken und Tricks beherrschen. Er muß in der Lage sein, je nach Situation knallhart oder geschmeidig zu sein. Wo hat da noch das Herz Platz? Da käme man doch sofort unter die Räder! Das muß nicht sein, wenn jemand die Kunst des Managers »mit Herz« beherrscht. Sie besteht aus drei Qualitäten:

- Er beherrscht die Rolle des Managers.
- Er kann die Rolle verlassen und sich auch einmal einfach nur als Mitmensch zeigen.
- Er kann jederzeit, wenn erforderlich, wieder in die Rolle zurückkehren.

Frage an Sie:

- Wann sind Sie zuletzt im Geschäftsleben einmal aus Ihrer Rolle geschlüpft?

Verlassen Sie nie ihre starre Rolle, droht Ihnen bald Gefahr: Wer lange Zeit nur mit den Wölfen heult, vergißt, daß er noch mehr kann. Er vergißt, daß es nur eine *Rolle* ist, die er erfolgreich spielt. Die Rolle frißt ihn auf. Er wird zum Geschäftsmann, der die ganze Welt und sein gesamtes Leben nur mit den Augen des Geschäftsmanns sieht. Quillt sein Bankkonto auch über, verarmt er gefühlsmäßig.

Es geht nicht darum zu wählen – entweder Erfolg oder Herz:

»Eine echte Erziehung wird nicht nur den Kopf bilden – denn der Kopf kann dir einen guten Lebensunterhalt geben, aber kein gutes Leben. Das Herz kann dir keinen guten Lebensunterhalt geben, aber es kann dir ein gutes Leben geben. Und es besteht kein Grund, zwischen den beiden zu wählen. Benütze den Kopf, wofür er gemacht ist, und benütze das Herz, wofür es gemacht ist« (Rajneesh).

Es geht vielmehr darum, die eigene Rolle als Manager mit intelligenten Augen zu sehen – anstatt sich ihr verbissen aufzuopfern. An den mir bekannten Unternehmern mit Charisma und beruflichem Erfolg stelle ich immer wieder fest: Sie haben Herz (und daneben noch eine Menge anderer Qualitäten). Aber das Herz ist es, mit dem sie ihre Leute berühren und begeistern.
Humor ist dabei eine der entscheidenden Qualitäten. Nehmen Sie sich selbst nicht zu wichtig! Dann haben Sie die Chance, zu entdecken, daß es im Leben mehr gibt als Rationalität und sexuelle Selbstbestätigung.

Angst und Anpassung: Nur nicht aus der Reihe tanzen

Die eigenen Gefühle leben

Die eigenen Gefühle leben – aber wie?
Wir sind gewöhnt, angenehme Gefühle zu suchen. Unangenehme Gefühle stellen wir möglichst an den Rand unseres Erlebens.
Dazu manipulieren, kontrollieren und beherrschen wir sie.
Doch manchmal überfallen uns die negativen Gefühle und lassen sich nicht länger unterdrücken. Dann erleben wir, daß wir ihnen hilflos ausgeliefert sind. Für viele ein Grund mehr, sie noch mehr kontrollieren zu wollen!
Positiv denken! Mental trainieren! Alles Dinge, die bisweilen sehr nützlich und hilfreich sind. Aber nicht immer!

These:

- Wir können das Angenehme nur erleben und genießen, wenn wir auch bereit sind, das Unangenehme zuzulassen!

Pech für alle »Auf-Teufel-komm-raus-Positivdenker«!

Denn: »Jeder weiß aus eigener Erfahrung, daß das Leben aus einer Mischung von Freude und Leid, Zufriedenheit und Kummer, Vergnügen und Schmerz besteht. Intelligente und Dumme, Gute und Schlechte, Reiche und Arme – alle kennen ein gewisses Maß von Leid gemischt mit Glück« (Bullen).

Robert Hausner ist Abteilungsleiter. Er setzt sich sehr bei seiner Arbeit ein, ist freundlich und versteht sich sehr gut mit seinen Mitarbeitern und Kollegen. Alle schätzen ihn. Mit Abteilungsleiter Schreiner aus der Nachbarabteilung verträgt er sich be-

sonders gut. Beide gehen öfter mal nach der Arbeit ein Bier trinken, und Hausner genießt es, mit einem Kollegen alles, was ihn bewegt, zu besprechen.
Bis ihn eines Tages sein Chef beiseite nimmt und ihm vorsichtig zu verstehen gibt, er solle doch ein bißchen mehr aufpassen. Schreiner lasse immer wieder negative Äußerungen über Hausner und dessen Ideen fallen.
Hausner ist geschockt. Er kann nachts nicht mehr schlafen, und ständig gehen ihm Gedanken über die Situation durch den Kopf. Als er das nächste Mal Schreiner begegnet, ist er völlig unsicher und weiß nicht, wie er ihm begegnen soll.
Gleichzeitig fühlt er sich sehr deprimiert und enttäuscht. Er merkt, wie er völlig aus seinem Arbeitsrhythmus kommt, so sehr nimmt ihn die Sache mit.

Abteilungsleiter Hausner ist in einem Gefühl gefangen. Es umgibt ihn wie eine Gefängniszelle, aus der er sich nicht befreien kann. Er verliert seine Ausgeglichenheit – er hängt fest. Wie kommt das?
Es könnte beiHausner sein, daß unter der Enttäuschung ein derartiger Zorn lauert, daß er ihn lieber nicht wahrnehmen will. Denn er paßt so gar nicht zu dem Bild, das Herr Hausner von sich selbst als friedfertiger Mensch hat.
Wenn wir uns Kinder anschauen, dann erkennen wir eine Fähigkeit bei ihnen: Sie wechseln ständig in ihren Gefühlen. Sie ärgern sich über Spielkameraden, streiten heftig und spielen im nächsten Moment wieder einträchtig mit ihnen weiter. Sie hängen deshalb nicht in ihren Gefühlen fest, weil sie ihre Gefühle spüren, ausleben und ausdrücken.
Will Herr Hausner seinen alten Humor wiederfinden, muß er die Enttäuschung verarbeiten. Eine Schwierigkeit teilt Hausner hierbei mit allen anderen: Manchmal taucht in uns ein Gefühl besonders heftig auf und läßt sich nicht

mehr bewältigen. Die Ursache: Gefühle von früher, die damals nicht ausgedrückt bzw. ausgelebt wurden, laden die aktuelle Situation zusätzlich auf.
Ein Bild macht das Dilemma deutlich, weshalb wir immer wieder in Gefühlen hängenbleiben:

Ein wilder Fluß, in dem häufig Leute ertrinken. Es gibt einen gefährlichen Strudel, den bisher noch keiner überwunden hat, weil er alle in die Tiefe zieht. Ein Junge beobachtet und studiert diesen Fluß. Eines Tages wagt er sich in diesen Fluß, in den Strudel – und er überlebt als erster.
Was hat er anders gemacht? Der Junge hatte wahrgenommen, daß die Holzstücke, die im Fluß trieben, vom Strudel in die Tiefe gezogen wurden. Kurze Zeit später kamen sie eine kleine Strecke weiter im Fluß wieder an die Oberfläche. Als der Junge daher vom Strudel in die Tiefe gezogen wurde, wehrte er sich nicht, sondern ließ sich ganz hinabziehen. Kurz danach trug ihn die Kraft des Wassers von ganz allein wieder an die Oberfläche.
Die Schwimmer, die vor ihm ertrunken waren, hatten so lange dagegen gekämpft, in die Tiefe gezogen zu werden, bis sie keine Kraft mehr hatten und ertranken.

Herr Hausner wehrt sich dagegen zu spüren, wie viel ihm die Enttäuschung ausmacht. Er will sich nicht in die Tiefe ziehen lassen, wo in seiner Erinnerung eine oder zwei Situationen warten, in denen die Enttäuschung noch schlimmer war.
Krampfhaft versucht er sich, um im Bild zu bleiben, an der Oberfläche zu halten, indem er sich immer wieder zuredet: »Das ist doch eigentlich unter ehrgeizigen Kollegen normal. Das nächste Mal mußt du eben mehr aufpassen. Erzähle lieber nicht soviel von dir gegenüber Arbeitskollegen.«
Deshalb verarbeitet er das Gefühl nicht, die vorherige

Ausgeglichenheit stellt sich nicht ein. Er kämpft gegen die Erfahrung an – und bleibt somit stecken.
Gefühle, die wir nicht spüren wollen, weil sie uns zuviel Angst machen, können uns zu Höchstleistungen treiben. So groß ist die Kraft, die hinter diesen Gefühlen und dem Kampf dagegen steckt.
Richter zitiert in seinem Buch »Umgang mit Angst« aus einem ZEIT-Interview von André Müller mit Reinhold Messner. Der Extrembergsteiger Messner ist der erste Mensch, der ohne Sauerstoffgerät den Mount Everest bestieg, alle 14 Achttausender der Welt bezwang und den Südpol zu Fuß überquerte.

Müller: Sie sagen, Sie steigen auf die Berge und gehen zum Südpol, um nicht verrückt zu werden.
Messner: Richtig, ja.
Müller: Wie sieht die Verrücktheit aus, die Sie befürchten?
Messner: Ich würde im Zimmer hin- und hergehen wie ein wildes Tier, das man eingesperrt hat: Ich würde nicht mehr klar denken können. Ich bin als Student, der eigentlich klettern wollte, nachts häufig aufgewacht, in Angstschweiß gebadet, weil ein bestimmter Gedanke dauernd durch meinen Kopf lief. Ich habe im Kreis gedacht ...
Müller: Aber Sie sind nicht verrückt geworden.
Messner: Hätte ich weiterstudiert, statt auf den Himalaja zu gehen, hätte ich mich vermutlich erschossen.

Nicht jeder wird zum Bergsteiger. (Sonst wären die Berge wahrscheinlich überfüllt.) Mit dem gleichen Antrieb kann ich zum Beispiel auch Topmanager werden. In welche Richtung ich davonlaufe, macht keinen großen Unterschied.

These:

- Es ist besser, sich Gefühlen zu stellen, als vor ihnen davonzulaufen – auch wenn sie einen »auf der Flucht« die Karriereleiter hochtreiben.

Zwei Methoden möchte ich Ihnen vorstellen, um die eigenen Gefühle mehr zu erforschen. Die erste ist so einfach, daß Sie sie in vielen Situationen nutzen können.

Methode: Erlaubnis zu fühlen.

① Nehmen Sie ein Gefühl wahr, das »in Ihrem Bauch« steckt.

② Sagen Sie sich selbst: »Ich entspanne mich in dieses Gefühl hinein und erlaube es mir, zu spüren.«

③ Schließen Sie die Augen, und tun Sie es!

Mit dieser Erlaubnis begeben Sie sich auf eine Entdeckungsreise. Es ist so, als ob Sie auf einem steril wirkenden Weg, der mit Steinplatten gepflastert ist, anfangen, die Platten aufzuheben. Voller Überraschung stellen Sie fest, welches Leben unter diesen Steinen herrscht. Da gibt es Wurzeln, die nach oben drängen, Würmer, Asseln und andere Tiere, die von der Helligkeit erschreckt werden.
Je mehr Sie sich die Erlaubnis geben, zu fühlen, desto mehr Steine entfernen Sie. Sie geben diesem neuen Erleben Platz, und immer mehr »Pflanzen« und »Tiere« beginnen, ihren Weg mit dem Leben zu erfüllen.
Der Bioenergetiker und Körpertherapeut Alexander Lowen formuliert, warum wir Vertrauen zu diesem Prozeß haben können.

»Hingabe bedeutet zuzulassen, daß der Körper völlig lebendig und frei wird, ohne daß wir etwas tun oder ihn kontrollieren. Der Körper ist keine Maschine, die wir an- oder ausschalten müssen. Er besitzt Verstand und weiß, was er zu tun hat. In Wirklichkeit geben wir die Illusion von der Macht des Verstandes auf.«

These:

■ Manchmal stecken wir deshalb in einem Gefühl fest, weil wir das Gefühl darunter nicht spüren, nicht wahrhaben wollen.

Eine andere Methode macht Ihnen die Vielschichtigkeit Ihrer Gefühle deutlich:

Methode: Fahrstuhl der Gefühle.

① Sorgen Sie dafür, daß Sie ungestört sind, und entspannen Sie sich.
② Spüren Sie das gegenwärtige Gefühl, mit dem Sie sich auseinandersetzen wollen. Machen Sie sich ein Bild, das zu dem Gefühl paßt.
③ Stellen Sie sich jetzt vor:
Sie sind in einem Fahrstuhl, der in die Tiefe führt. Sie befinden sich im Erdgeschoß.
Drücken Sie nun auf den Knopf der ersten Kelleretage. Fahren Sie hinab, und öffnen Sie die Tür. Schauen Sie auf das Bild, das Sie hier sehen. Nehmen Sie das Gefühl wahr, das damit verbunden ist.

Wenn Sie mit dieser Methode experimentieren, werden Sie Überraschungen erleben. Sie bekommen Hinweise auf

die Gefühlsschicht, die unter dem aktuellen Gefühl, das Sie sich vergegenwärtigt haben, verborgen ist.
Machen Sie sich auf die spannende Reise in die Welt Ihrer Gefühle!
Gefühle sind die Töne, die die Melodie Ihres Lebens zum Klingen bringen.

Kapitel 4
Männer und Frauen

Das Thema »Männer – Frauen« scheint geradezu unerschöpflich.
Vor zwei Jahrzehnten begannen die Borde in den Buchhandlungen zum damals neuen Thema Frau überzuquellen. Inzwischen besteht kein Grund mehr zur Sorge, daß die Männer vernachlässigt werden. Sie haben nachgezogen. Männerbuch über Männerbuch stapelt sich. Das Problem »Mann« ist erkannt! Männliche und weibliche Autoren zerbrechen sich die Köpfe über uralte Fragen: Was macht den Mann aus? Worin unterscheiden sich Mann und Frau?
An dieser Stelle ein Eindruck aus einem meiner ersten Seminare, das nur aus Männern bestand. Es war ein fünftägiges Training für Straßenbaumeister. Alles gestandene und in der harten Arbeit erprobte Männer. Thema: Erfolgreiche Zusammenarbeit im Team. Die Teilnehmer leisteten die anstrengende Arbeit, meist auf Autobahnen, mitten im Verkehr und im Lärm mit Kolonnen von 10 bis 15 Arbeitern Straßenbeläge zu legen. Wie würden wir zusammen klarkommen? Würden sie mich mit meiner Sicht von Kooperation akzeptieren können?
Es wurde ein intensives Seminar, bei dem wir uns zusammenrauften. Höchst überrascht war ich von dem persönlichen Fazit, das in mir am letzten Tag wie von selbst auftauchte. Es waren die Gedanken: »Männer sind wie rohe Eier. Da muß man extrem aufpassen!«

Mein grundlegender intuitiver Eindruck von dieser Truppe harter Männer war, daß unter dem rauhen Auftreten ein hohes Maß an Unsicherheit verborgen lag. Die Unsicherheit zeigte sich in großer Vorsicht, sich mit persönlichen Meinungen und Überzeugungen zu exponieren. Die Unsicherheit zeigte sich in der Suche nach der Autorität, dem Fachmann für Mitarbeiterführung, der einem sagt, wie es »richtig« gemacht wird.

In den Seminaren, die ich bis dahin durchgeführt hatte, waren häufig die Frauen in der Mehrzahl gewesen. Ohne es mit Fakten belegen zu können, schienen mir im Vergleich zu Männern Frauen in sich stabiler. Dieser Eindruck ist um so überraschender, da diese Stabilität oft verborgen unter einer großen Unsicherheit ruht – genau umgekehrt wie bei Männern.

Als ein Mann tröstete ich mich mit dem Gedanken: »Wie gut, daß viele dieser Frauen nicht wissen, wie stark sie eigentlich sind. Wehe sonst den Männern ...«

(Wie die Zitate weiter unten zeigen, sind sich die Frauen ihrer Stärke aber inzwischen wohl bewußt.)

Eine andere Beobachtung, bei der mir Unterschiede von Männern und Frauen aufgefallen sind: Ich finde Frauen, was Liebe und Beziehungen betrifft, in einer bestimmten Weise »praktischer« als Männer.

Während anscheinend selbst bei den rationalsten Männern irgendwo ein Romantiker sitzt, was »die Kraft der Liebe« angeht, sehen Frauen mehr die Realität. Liebe ist für sie erst einmal nur ein Wort. Was in der Beziehung dann wirklich zählt, ist z. B. die Zeit, die der Mann tatsächlich für die Partnerschaft übrig hat. Männer scheinen da ein Stück mehr Traumtänzer, die dann leider manchmal abrupt aus den Wolken fallen (so ist es mir wenigstens schon passiert).

Männer unter Beschuß

Frauen beobachten Männer besonders fein und genau. Scharfzüngig schildern sie in vielen Büchern ihre Eindrücke. Wie ist es als Mann, in diesen Spiegel zu schauen? Zeichnet der Spiegel, den man uns vorhält, ein unverfälschtes Bild? Ist es ein Zerrspiegel?
Manche drastischen Beschreibungen finde ich durch Beobachtungen an mir selbst oder von anderen bestätigt. Oft ist es erschreckend zu erfahren, wieviel Wahrheit in den bissigen Schilderungen steckt.
Die Autorinnen Benard und Schlaffer leiten in Wien eine Forschungsstelle für Politik und zwischenmenschliche Beziehung. Sie führen Interviews und Feldforschung durch. Zugespitzt beschreiben sie männliche Wirklichkeit in ihrem Buch »Ohne uns seid ihr nichts«:

»Männer betrachten sich gern als autonom. Unabhängigkeit ist für sie eine Tugend; Distanz ist ihnen wichtig; sie wollen unbedingt sie selbst bleiben, keine Grenzen verwischen, nicht zuviel Nähe aufkommen lassen. Dieses ewige Thema der männlichen Psyche verrät, daß wir hier an etwas Essentielles geraten sind. Denn die Obsession, mit der sie auf Distanz und Unabhängigkeit bestehen, macht deutlich, daß Männer sich gerade hier gefährdet fühlen. Wer wirklich unabhängig und autonom ist, fürchtet nicht um seine Selbständigkeit. Wer sich darüber beschwert, daß Frauen ihm ständig zu nahe kommen wollen, dem sind sie schon längst zu nahe. Bei den Interviews legten die Männer auf den Begriff ›Distanz‹ ein ganz besonderes Gewicht. Doch bald zeigte sich, warum das so ist. Diese Männer – Männer überhaupt – sind abhängig, restlos abhängig von der Fürsorge, der Planung, der Bedienung, der Betreuung durch Frauen. Und sie stecken in einem argen Dilemma:

Um wirklich unabhängig zu werden, müßten sie Bequemlichkeiten aufgeben und Verantwortungen übernehmen. Im Zusammenleben müßten sie zu dem werden, was Frauen schon die ganze Zeit einfordern: zu einem echten Partner. Das wollen sie nicht: Statt dessen entkommen sie dem Gefühl der Abhängigkeit, zumindest vorübergehend, durch eine Reihe psychischer Tricks, die ein erwachsenes Miteinander von Mann und Frau unmöglich machen ... Der Egoismus der Männer hat nicht wirklich etwas mit der Arroganz einer überlegenen Person zu tun, sondern mit der Unreife eines unerwachsenen Menschen. Ein Baby erlebt sich selbst als Zentrum der Welt infolge seiner Abhängigkeit.«

Bedrängt von solchen Beschreibungen, flüchtet sich der Mann heutzutage zumeist in zwei typische Rollenklischees: Softie oder Macho – in Grob- oder in kultivierteren Feinversionen.
Der Hintergrund dafür ist der einfache biologische Überlebensmechanismus: Die automatische Reaktion auf einen Angriff ist Flucht oder Angriff.
Die Flucht ergreife ich, wenn ich mich schwächer fühle (moralisch schwächer reicht auch). Wer sich moralisch im Unrecht fühlt, wird ein schleichendes Schuldgefühl entwickeln und sich kleinmachen. Er wird sich, weil er sich schwach fühlt, anpassen und versuchen, es dem anderen Geschlecht »recht« zu machen. Kein Wunder, daß so jemand den Frauen über kurz oder lang trotz oder gerade wegen seiner opportunistischen Bemühungen auf die Nerven geht.
Zum Gegenangriff gehe ich dann über, wenn ich mich gleich stark oder stärker als der Angreifer fühle. (Oder wenn ich von einem überlegenen Angreifer in die Enge getrieben bin!) Männer pochen dann auf die noch seit Jahrtausenden feststehende männliche Überlegenheit. Sie

Männer und Frauen

setzen dann als Mann ihren Kopf durch – in der Öffentlichkeit und im Privatleben.
Natürlich gibt es noch die Möglichkeit des sich Totstellens. Man(n) hält sich aus allem raus und tut so, als ob ihn die ganzen Mann/Frau-Diskussionen nichts angingen.
Aber all diese Reaktionen rühren nicht daher, daß Männer über diesen Vorwürfen stehen. Im Gegenteil, mir scheint, Männer sind da sehr empfindlich.
An mir selbst merke ich, wie vorsichtig ich bin, wenn ich mich diesem Thema nähere, eingeschüchtert von weiblichen Vorwürfen. Mein innerer Zensor paßt auf: »Mach ja keine Bemerkungen, die frau als chauvinistisch auffassen könnte!«
Gleichzeitig bin ich bisweilen begeistert über die auf den Punkt gebrachte, sprachlich brillante Bestandsaufnahme männlicher Wirklichkeit durch Autorinnen wie Cheryl Benard und Edit Schlaffer. Zum Beispiel die Beschreibung, wie Männer sich gerade in den existentiellen Entscheidungen oft treiben lassen:

»*Daß Männer zwar im Beruf und in der Öffentlichkeit stattliche Wellen schlagen wie eine majestätische Kriegsflotte auf hoher See, daß sie sich aber in den Belangen ihres eigenen Privatlebens von Frauen dirigieren lassen wie ein Schiffchen in der Badewanne.*«

Einen originellen Ansatz, der Männer und Frauen gleichermaßen beschreibt, nutzt Warren Farrel, der in den USA seit mehr als 17 Jahren in Vorträgen, Seminaren und Gruppengesprächen über 100 000 Frauen und Männer erreicht hat. Er beschreibt die unterschiedlichen Bedürfnisse bei der Partnersuche, die vorrangig bei Männern und Frauen im Mittelpunkt stehen. Im Idealfall möchten beide Geschlechter »alles« haben, einen attraktiven, intellektuell und sexuell anregenden Partner, bei dem sie

Liebe, Geborgenheit und Sicherheit finden. Was die beiden Geschlechter unterscheidet, sind die unterschiedlichen Phantasien, inwieweit das andere Geschlecht ihnen geben kann, was sie am meisten vermissen (Primärphantasie).

Farrel findet diese Phantasien auf dem einfachen Weg: Er untersucht, welche Illustrierten und Zeitschriften in den USA am meisten von Männern und am meisten von Frauen gelesen werden. Insgesamt läßt sich die Analyse auch auf den deutschen Leser- und Leserinnenmarkt übertragen. Jede Zeitschrift, die überwiegend von einem Geschlecht gelesen wird, gibt dabei einen bemerkenswert guten Einblick in die Weltsicht des jeweiligen Geschlechts.

Die zwei Zeitschriften *Playboy* und *Penthouse* haben in den USA eine höhere Verkaufsauflage als alle anderen Männerzeitschriften (gemeinsame Auflage über 7 Millionen). Sie repräsentieren die männliche Primärphantasie: Zugang zu so vielen schönen Frauen, wie man sich nur wünschen kann, ohne jede Gefahr der Zurückweisung. Die beiden meistverkauften amerikanischen Frauenzeitschriften sind *Better Homes and Gardens* und *Family Circle* (gemeinsame Auflage über 15 Millionen). In ihnen spiegelt sich die Primärphantasie von Frauen wider: Geborgenheit und eine Familie.

Sämtliche Zeitschriften, die den Primärphantasien entsprechen, geben den Lesern Hilfe, wie sie das andere Geschlecht dazu bringen können, ihre Phantasien zu erfüllen.

Die Frauenzeitschriften liefern Rezepte, wie die Frau es einem Mann lohnend erscheinen läßt, ihr und ihrer Familie Geborgenheit zu geben. Die Männerzeitschriften liefern Rezepte, wie der Mann es anstellen muß, um die Frauen stärker für den Sex mit ihm zu interessieren.

Noch interessanter wird die Analyse, wenn Farrel auf die auf Platz zwei liegenden Zeitschriften zu sprechen kommt.

Aus ihnen ergeben sich die *Mittel*, die das jeweilige Geschlecht einsetzt, um seine Phantasie zu verwirklichen. Hier stützt sich Farrel auf die Analyse von Anzeigen, denn diese spiegeln die Wertvorstellung der Leser und Leserinnen – sonst würden die betreffenden Firmen nicht das Geld für die Anzeigen ausgeben.
Bei mehr als 90 Prozent der Anzeigenmotive in Frauenzeitschriften stehen Mode und Schönheit im Vordergrund. Im redaktionellen Teil geht es zu gleichen Teilen um Schönheit und Männer. Bei Männern sind die Mittel Heldentum, Geld und Leistung.
In fast allen Medien, die sich vorwiegend an Frauen und junge Mädchen wenden, besteht die Phantasie darin, einen aufregenden Karrieremann an sich zu binden, dessen Einkommen es einer Frau erlaubt, sich den Luxus einer freiwilligen Karriere zu leisten. Selbst bei der Analyse der Anzeigen der Frauenzeitschrift *Self*, die als emanzipatorisch gilt, stellt Farrel fest, daß 1984 keine einzige Anzeige für Produkte wirbt, in denen die Notwendigkeit angesprochen wird, daß Frauen zum Lebensunterhalt beitragen sollen. In der gesamten Ausgabe findet sich keine Anzeige für Computer, Büroausstattungen oder finanzielle Dienstleistungen, die bei einem Managermagazin wie dem amerikanischen *Forbes* etwa 80 Prozent der Insertionen ausmachen.
Um zumindest einen Eindruck zu haben, wie Anzeigen sich aktuell in deutschen Zeitschriften unterscheiden, habe ich das Oktoberheft 1993 des *manager magazins* und der Frauenzeitschrift *Cosmopolitan* verglichen.
Das Ergebnis: Im *manager magazin* dominierten Anzeigen zu den Themen Finanzen (29 Seiten), Computer und ähnliche Technologien (28 Seiten), Autos (24 Seiten), Hotels und Fluggesellschaften (17 Seiten). Weit abgeschlagen, aber immerhin dennoch vorhanden, war Mode (4 $\frac{1}{3}$ Seiten) und Parfüm (4 Seiten).

Bei *Cosmopolitan* waren die großen Renner die Themenbereiche Artikel für Körperpflege und Schönheit (61 Seiten) – selbst für Männerparfüms wurde noch auf fünf zusätzlichen Seiten geworben! – und Mode (47 Seiten), abgeschlagen hingegen Finanzen (13 ⅔ Seiten) und Autos (9 Seiten).
Faszinierende Unterschiede zwischen Männern und Frauen, an die wir uns so gewöhnt haben, daß sie uns nicht mehr auffallen! Farrel ist deshalb zu der Ansicht gekommen, daß die alten Grundwerte unter der Oberfläche trotz aller äußeren Veränderung erstaunlich konstant geblieben sind.

Männerwelt – Frauenwelt

Die Begriffe »männlich« und »weiblich« bezeichnen nicht nur das tatsächliche Geschlecht, sondern sie lassen sich auch wie bei den Chinesen mit Yin und Yang als zwei gegensätzliche Prinzipien oder Pole begreifen.
Als Prinzip bezeichnet »männlich« eine aktive, gestaltende, im guten Sinne aggressive Kraft. »Weiblich« ist das passive, annehmende und hingebende Prinzip. In ähnlichem Sinne können wir den Begriff »väterlich« als das Prinzip verstehen, das ein Kind fordert und in die Welt schickt, und »mütterlich« als das Prinzip, das ohne Forderung liebevoll und fürsorglich ist.
Wenn wir uns – sehr vereinfacht – unsere Arbeitswelt anschauen, dann spiegeln sich diese beiden Prinzipien auch hier wider. (Wenn hier von »Männerwelt« und »Frauenwelt« die Rede ist, dann handelt es sich nicht um statistische Aussagen.)

- Aktiv und gestaltend sind die wirtschaftlichen Unternehmen – die Männerwelt. Es geht um das Schaffen und Vertreiben von Produkten. Die Macher sind am Werk. Die Ziele des Unternehmens sind die Marktbeherrschung und eine möglichst hohe Rendite. Die Ziele und Werte der Beteiligten sind Einkommen, Macht und Ansehen.

- Der Kern der Frauenwelt sind die sozialen Einrichtungen. Es geht um das Helfen und die Fürsorge für die Schwachen, Kranken und Armen. Die Werte, denen sich die hier Tätigen verschrieben haben, sind Mitgefühl und Nächstenliebe.

Beide Welten stehen sich häufig feindselig, im besten Fall fremd gegenüber.
Fragen Sie Manager, was sie von Sozialarbeitern halten. Meist nichts Gutes.
Aber umgekehrt ist es genauso oder noch schlimmer: Fragen Sie den Sozialarbeiter, was er vom Manager hält. Sie werden vielfach auf tiefes Mißtrauen gegen alles, was mit Erfolg, Einkommen und Karriere zusammenhängt, stoßen. Viel Geld verdienen zu wollen, hat in ihren Augen etwas Unmoralisches.
Zwischen beiden Welten besteht eine Kluft. Deutlich wird sie durch die krassen Einkommensunterschiede. Vergleichen Sie die aufreibende Arbeit und das Gehalt einer erfahrenen Krankenschwester mit der Arbeit und dem Gehalt eines Abteilungsleiters. Oder der Bereich berufliche Fortbildung: Wo im Bereich der Sozialarbeiter und Psychologen 300 DM als Honorar für ein Wochenende viel erscheinen, ist im Bereich der Wirtschaft locker das Fünffache, nämlich 1500 DM, akzeptabel – manchmal sogar bei den gleichen Themen, die nur anders verpackt sind.
Diese Spaltung in zwei Richtungen vollzieht sich bereits im ersten Semester des Studiums. Diese Erfahrung wurde mir besonders deutlich, als ich in einer Fachhochschule

einen Lehrauftrag über Sozialpsychologie bei zukünftigen Sozialarbeitern wahrnahm.
Ein Lehrstoff war das Thema »Vorurteile«. Anstatt uns abstrakt über die Vorurteile anderer auszulassen, schauten wir uns gemeinsam die eigenen Vorurteile an.
Die BWL-Studenten des Nachbarsemesters? »Geschniegelte Möchtegern-Karrieretypen mit den kleinen Aktenköfferchen!« Was die BWL-Studenten wohl vom Sozialwesen halten? »Müslis und Latzhosen!« Schon waren wir beim Thema Kleiderordnung und den anderen ungeschriebenen Regeln, denen sich jeder Student anzupassen hatte. Die Studentin und der Student, die sich gern schick kleideten, fielen im Fach Sozialwesen unangenehm auf. Nächstes Thema waren die akzeptablen und inakzeptablen Automarken. Als die Frage aufkam, was man denn machen sollte, wenn man einen Mercedes erben würde, hatte einer die rettende Idee: »Zumindest bunt anstreichen!«
Wenn wir auf den Gedanken der zwei Pole zurückkommen, dann hat jeder Mann und jede Frau beide Seiten in sich, die männliche und weibliche, die aktive und die passive. Im Regelfall wird er oder sie zunächst mehr die typische Rolle des eigenen Geschlechts zeigen. Wie vereinfacht diese Sichtweise ist, zeigt sich daran, daß sich heute die typischen Rollen zusehends auflösen. Das ändert jedoch nichts an den zugrundeliegenden Mustern von aktiv und passiv.
Jeder von uns trägt also beide gegensätzlichen Seiten in sich. Er kann jedoch zunächst nur eine der beiden mehr in die Tat umsetzen und wird die andere in den Hintergrund stellen. Auf Dauer genügt uns nur die eine Seite unseres Wesens nicht.
Hierzu aus einem Gespräch mit einem Marketingleiter, der mir von seinen Überlegungen berichtete, etwas ganz anderes zu machen:

»Wissen Sie, nach 10 Jahren Marketing hat man das ganze Spiel so durchschaut, daß es einem einfach reicht. Es kommt mir so überflüssig vor, was ich mache. Ich möchte noch einmal etwas arbeiten, was ich für mich persönlich und andere sinnvoll finde!«

Dann auf der anderen Seite des Gesprächs mit einem 44jährigen Soziologen, der sich nach seiner Doktorarbeit auf die Bereiche Musik und Selbstfindung geworfen hatte.

»Seit einiger Zeit träume ich wieder von der wissenschaftlichen Arbeit, nachdem dieses Thema 14 Jahre lang völlig erledigt war. Ich träume davon, mein Know-how in der Wirtschaft nutzbar zu machen. Das fängt jetzt an, mich zu reizen. Das andere reicht mir.«

Oder der bislang als knallhart bekannte Verkaufstrainer, den seine Arbeit mit einem Mal nicht mehr befriedigt. Statt dessen möchte er sich gern im Bereich Persönlichkeitsentwicklung und Coaching entfalten. Ihm begegnet auf seinem Weg der erfolgreiche Psychotherapeut, der jetzt endlich mehr Geld verdienen möchte und deshalb Zugang zu Unternehmen sucht.

These:

- Wenn Sie nur Ihre aktive, männliche Seite leben, dann setzen Sie nur Ihr halbes Potential ein. Es wird Sie auf Dauer nicht zufriedenstellen.

Irgendwann möchte auch Ihre andere Seite mehr zum Zug kommen. Das wird dann der Fall sein, wenn Sie den aktiven Bereich genügend ausgekostet haben. Dann taucht ein natürliches Verlangen nach dem bisher Versteckten auf.

Frage an Sie:

- Welche Ihrer bisher nicht gelebten Seiten möchten mehr ans Tageslicht?

Männer unter sich

Wenn ich die kritischen Bücher der Frauen über Männer lese, dann kommt bei aller Anerkennung für treffende Beobachtungen irgendwann Unbehagen auf. Die Beschreibung der Männer kommt mir auf eine bestimmte Art »gnadenlos« vor. Was mir fehlt, ist Verständnis.
So mühen sich Benard und Schlaffer, wie auch andere Autorinnen, rechtschaffend darum, Männer ganz zu verstehen – aber es gelingt ihnen nicht. Sie handeln, vereinfacht gesagt, so: Sie sehen männliches Verhalten, erschrecken oder wundern sich, bemühen sich, es nachzuvollziehen, schütteln dann schließlich den Kopf und rufen aus: »Unmöglich!«
Ähnliche Beobachtungen über die Schwierigkeiten, das andere Geschlecht zu verstehen, habe ich in Therapieseminaren mit männlichen und weiblichen Leitern gemacht. Die Frau kann nicht nachvollziehen, wie es dem Mann geht, und umgekehrt. Wir hätten als Männer zwar gern, daß uns die Frauen ganz verstehen, aber es scheint nur bis zu einer bestimmten Grenze möglich. Das heißt, es gibt Kernbereiche in der Erfahrung von Männern und Frauen, wo ein Angehöriger des eigenen Geschlechts einen leicht versteht, während das Verstehen für das andere Geschlecht fast unmöglich ist. Das ist einfach zu akzeptieren für weibliches Erleben wie das der monatlichen Periode und männliches Erleben wie das der Erektion. Aber die Bereiche des Nichtverstehens dehnen sich noch

viel weiter aus. Sie umfassen Wahrnehmungen, Haltungen und Werte. Klare Grenzen dafür sind nicht sichtbar.

Thesen:

- Erwarten Sie nicht, daß Sie als Mann ganz und gar von einer Frau verstanden werden können.
- Es hat nichts mit ihrem guten Willen zu tun!

Nun ist aber eine gängige Beobachtung, daß viele Männer, wenn es um Gefühle geht, sich mehr bei Frauen aussprechen und sich dort aufgehoben fühlen. Mit Männern verbindet sie Kameradschaft, die gemeinsame Arbeit, manchmal die Teamarbeit, dann wieder die Konkurrenz und der Wettkampf. Diese wichtigen Seiten ihres Wesens leben sie zusammen mit Männern aus. Aber den Bereich ihres Innenlebens und vieler Gefühle halten sie vor den Augen anderer Männer geheim. Frauen gegenüber allerdings fühlen sie sich frei genug, diese Seiten zu zeigen.

Fragen an Sie:

- Wem offenbaren Sie Probleme und Gefühle lieber?
  - Männern?
  - Frauen?
  - beiden? (Es kommt auf die Person, nicht aufs Geschlecht an.)

Bissig stellt dazu Erika Fischer in ihrem Buch »Mannhaft« aufgrund ihrer Interviews mit Männern fest:

»Immer aber gibt es einen, der anders ist, sensibler, weniger brutal (als andere Männer): Ich. Und dieser Ich rechnet es sich hoch an, sein eigenes Geschlecht abzuwerten

Männer unter sich

und Zuspruch und Emotionalität bei den Frauen zu suchen, was offensichtlich als Aufwertung der Frauen verstanden wird. Nicht auszudenken, was los wäre im Patriarchat, wenn die Frauen diese Dienstleistung verweigerten. Die Männer würden sich gegenseitig zerfleischen – oder sie würden endlich beginnen, sich miteinander und mit sich selbst zu beschäftigen.«

Männer müssen sich nicht zerfleischen. Im Gegenteil! Das Bedürfnis von Männern, sich mit anderen Männern auseinanderzusetzen und die selbstgewählte Isolation – der Mann als Einzelkämpfer – zu verlassen, wird in den letzten Jahren stärker. Nachdem die ersten großen Anstöße von der Frauenbewegung gekommen waren, geht jetzt die Suche dahin, sich selbst als Mann zu definieren – und nicht eine Rolle aufgedrückt zu bekommen.
Eine der stärksten Erfahrungen, die ich in den letzten Jahren mache, ist die, zu sehen, wieviel Solidarität, Vertrauen und Verständnis unter Männern möglich sind.
Einschneidend war dabei für mich das Erlebnis in einer Tantraausbildung, als wir uns nach den ersten gemeinsamen Tagen für 24 Stunden in eine Männer- und Frauengruppe aufteilten. Die Qualitäten, die ich vorher nie so stark unter Männern gespürt hatte, waren Offenheit, Herzlichkeit und Freundschaft. Wir entdeckten so etwas wie »ein gemeinsames Grundgefühl«, eine Solidarität als Mann.
Was dadurch geschah: Unterschwellige Ängste, Rivalitäten und Spannungen, die sonst immer eine Grundlage des Kontaktes zwischen Männern bilden, lösten sich auf.
Großes Bedauern brach nach einem Tag aus: »Jetzt müssen wir schon wieder mit den Frauen zusammenkommen. Und es war gerade so neu und schön!«
(Den Frauen ging es übrigens umgekehrt genauso.)

Kapitel 5
Partnerschaft

Für die mittleren Lebensjahre eines Menschen sind grundsätzlich drei Arten der Partnerschaftsbeziehung denkbar:

- in einer schon lange bestehenden Ehe leben;
- ein neuer Anlauf nach einer langen Ehe;
- ohne Partnerschaft allein leben.

Unter diesen drei Möglichkeiten gibt es für jeden seine persönliche Abwandlung. Die verschiedenen Varianten können sich mischen und dabei fließend ineinander übergehen.
Jeder hat sich bis zu diesem Alter eindringlich mit dem Thema Partnerschaft auseinandergesetzt. Wir sind alle Experten geworden – oder glauben es zumindest. Die einen denken, sie hätten inzwischen das Wesentliche von Partnerschaft verstanden. Anderen geht es so wie modernen Physikern: Je mehr sie wissen, desto größere Rätsel tun sich für sie auf.
In einer Partnerschaft leben und gleichzeitig mit sich selbst in Einklang sein – ist das überhaupt möglich?
Ist es nicht vielmehr so, daß wir uns aufgeben und anpassen müssen? Tausend ungeliebte Kompromisse schließen? Müssen wir nicht die Verantwortung tragen, die wir für eine Familie übernommen haben, ob wir wollen oder nicht? Wer fragt da, ob wir mit uns in Einklang stehen!

Der 41jährige Unternehmer Max Bauer, der gemeinsam mit seinem Geschäftspartner ein EDV-Geschäft aufgebaut hat, steht vor folgendem Dilemma: Die Schwierigkeiten in der Zusammenarbeit mit dem Partner sind zu groß geworden. Aber ihn auszubezahlen, das verkraften die Finanzen des Unternehmens nicht. Ein völliger Neubeginn allein? Lust dazu hätte er.
Zu Hause hat Bauer seine Frau mit zwei Kindern im Alter von 5 und 13, außerdem ist ein Haus gebaut. Allein würde er sich den Neuanfang ja zutrauen. Aber mit der ganzen Verantwortung, die er übernommen hat?

Für Bauer geht es darum, die richtige Balance zwischen dem Wunsch, das Beste für das Wohl seiner Familie zu tun und den persönlichen Bedürfnissen zu finden. Aber wer kann den Blick in die Zukunft tun? Jede Entscheidung kann richtig oder falsch sein.

10 Jahre später sagt Bauer sich möglicherweise:
- *Frustriert: »Damals, vor 10 Jahren, hätte ich den Absprung schaffen können. Jetzt kann ich mich nur noch weiterquälen. Und der Streß hat meine Ehe auch schon kaputtgemacht.«*
- *Zufrieden: »Wie gut, daß ich damals in meinem Geschäft geblieben bin und die Schwierigkeiten durchgestanden habe.«*
- *Frustriert: »Warum bin ich damals nur nicht in meinem Geschäft geblieben? Inzwischen habe ich die Füße nicht mehr auf den Boden bekommen. Letzten Monat sind wir endgültig in eine Mietwohnung gezogen.«*
- *Zufrieden: »Der Neuanfang vor 10 Jahren hat sich gelohnt. Inzwischen habe ich meine eigene Firma. Mir geht es so viel besser als damals. Bin ich froh, daß ich den Schritt getan habe.«*

Aber nicht immer sind es die großen Probleme und Entscheidungen zwischen Beruf, der Familie und den eige-

nen Bedürfnissen, die den Konflikt zwischen der eigenen Selbstverwirklichung und den äußeren Anforderungen heraufbeschwören.
»Balancing« ist ein neues Schlagwort, das die Wichtigkeit betont, Berufs- und Privatleben ins Gleichgewicht zu bringen.
In ihrem Buch »Balancing« stellt Sabine Asgodom hierzu vier Thesen auf.

① Es gibt keinen dauerhaften Erfolg im Berufsleben ohne ein erfülltes Privatleben.
② Privates Glück hält nicht ohne Erfolgserlebnisse außerhalb des Heims.
③ Männer und Frauen haben fundamental unterschiedliche Probleme mit dem »Balancing«.
④ Die Wirtschaft muß sich auf das »Balancing« einstellen – und zwar bald, will sie nicht ihre Zukunft aufs Spiel setzen.

Wenn mehr als drei Viertel der zukünftigen Manager »ein Leben mit einem Gleichgewicht zwischen Familie, Arbeit und Freizeit« suchen, dann wird deutlich:
Führungskräfte erkennen zunehmend, wie schädlich das einseitige Karrieredenken ist. Nur ein befriedigendes Privatleben ist auf Dauer notwendiger Nährboden für Gesundheit und Erfolg.

Frage an Sie:

■ Wie sieht Ihre persönliche Balance zwischen Berufs- und Privatleben aus?

Wenn bei vielen erfolgreichen Geschäftsleuten etwas zu kurz kommt, dann ist es meinen Beobachtungen nach das Privatleben. Partnerschaft und Familie sind hier für viele

allein die praktische und emotionale »Infrastruktur«, von der einfach erwartet wird, daß sie funktioniert, damit der Manager sich seinem Beruf widmen kann.
Wie einseitig diese Perspektive ist, wird erkennbar, wenn man Frauen befragt, die Karriere machen. Wie sieht das bei ihnen aus?
Gabriele D. Willner, die als Geschäftsführerin der TASA Deutschland Consulting Partners und »Headhunterin« sich im Wirtschaftsleben ihren Namen gemacht hat, meint zu diesem Thema:

Frage: Was bedeutet eine weibliche Karriere in unseren Jahrgängen?

»Verzicht. Verzicht auf ausreichendes Privatleben – vielleicht eine geschiedene Ehe, vielleicht keine Kinder und vielleicht, weil sie alleine lebt, geringerer sozialer Status. Also heißt es: ›Die ist ja nicht verheiratet!‹ Da kommt dann leicht das Vorurteil ›Karrierefrau‹, und da wird ›Karriere‹ dann besonders zackig ausgesprochen à la: ›Die ist ja eigentlich keine richtige Frau. Die ist ja fast wie ein Mann!‹«

Frage: Bei der männlichen Karriere führen Sie ja keine Verzichtleistung an. Warum? Worauf verzichtet denn der Mann? Oder spürt er das nicht?

»Der spürt das nicht. Der hat die Frau im Haushalt, sie kauft ein; er kommt abends nach Hause, der Tisch ist gedeckt, die Hosen sind gebügelt, die Hemden frisch im Schrank, die Socken gestopft – der Mann genießt das. Er kann das doch. Er hat seine Arbeit, da muß er zwar gut sein, aber die Rückfront zu Hause, die funktioniert. Irgendwie wird für Männer immer gesorgt.«

Frage: Wie stehen Sie denn dazu?

»Da guck' ich neidisch, da guck' ich neidisch hin. Komisch – mein Mann hat Karriere gemacht, ich bin voll im Berufsleben, und auch bei uns ist die Rollenverteilung

nach wie vor so, daß ich für den Haushalt zuständig bin.«

Die Wochenzeitschrift *Die ZEIT* befragte Väter, wieviel Zeit und was sonst sie noch für ihre Kinder übrig haben.

Frage an Sie:

■ In welcher der nachfolgenden Aussagen erkennen Sie sich wieder?

A: *»Ein übliches Familienleben mit einer traditionellen Vaterrolle ist für uns leider nicht möglich. Jede halbe Stunde, die ich mit meinen Kindern verbringen will, muß ich mir freischaufeln, von der Arbeitszeit abknapsen und genau planen. Meine Frau kümmert sich um die Familie, organisiert den Haushalt, sozusagen die ›Innenpolitik‹, allein; ich bin für die ›Weltpolitik‹ zuständig. Aber wir frühstücken fast jeden Morgen zusammen, das ist mir wichtig, und am Wochenende kann ich mir manchmal einen halben Tag für die Kinder freinehmen.«*

B: *»Die Kinder? Na, das macht doch alles meine Frau. Ich sehe sie beim Frühstück, für eine Viertelstunde, und die beiden älteren fahre ich in die Schule, das sind noch mal 15 Minuten. Abends komme ich zwischen sieben und acht nach Hause. Wir essen selten zusammen. Natürlich würde ich gern mehr Zeit mit ihnen verbringen – wenn ich weniger arbeiten müßte. Aber meine Frau sagt, das würde ich gar nicht aushalten. Ich werd' schnell ungeduldig. Wenn ich mit meiner Tochter die Matheaufgaben mache, denke ich: Kann das nicht schneller gehen? Seien wir mal ehrlich – Frauen scheinen eher dazu geschaffen, mit Kindern klarzukommen.«*

C: *»Ich gebe zu, mich ein Jahr lang damit rumgequält zu haben, daß ich mir als Vater überflüssig vorkam. Alles, was ich machen konnte, konnte die Mama im Zweifelsfall besser. Inzwischen: Du merkst mit dem Kind, daß du ein paar dieser angeblich weiblichen Instinkte wie Trösten, Helfen, Versorgen auch hast.«*

D: *»Ich habe von Anfang an meinen Sohn mit gewickelt, gebadet, gefüttert, habe eigentlich jeden Abend mindestens eine Stunde lang im Kinderzimmer oder am Bett gesessen.«*

E: *»Während der Woche fällt viel zuwenig Zeit ab für die Kinder. Was im Alltag nicht klappt, will ich am Wochenende oder im Urlaub wettmachen. Für die Organisation von Ausflügen und für alles, was mit Sport zu tun hat, bin ich zuständig. Außerdem machen wir selten zu zweit, sondern grundsätzlich mit den Kindern zusammen Urlaub. Wenn die Kinder sich weh getan haben, gehen sie in der Regel lieber zur Mutter. Sie hat den besseren Kontakt. Wenn der Kleine hingefallen ist, dann will er gleich zur Mami, selbst wenn ich danebenstehe. Dann bin ich eifersüchtig. Ich würde mir zutrauen, auch allein mit den Kindern klarzukommen, wenn meine Frau mal ausfiele. Aber nicht für längere Zeit.«*

Diese Aussagen stehen – bis auf eine Ausnahme – für typische Erfahrungen berufstätiger Väter mit ihren Kindern. Kein Wunder, daß auch später die Distanz zwischen ihnen und den Kindern erhalten bleibt. Erst dann, wenn es bereits zu spät ist, mag ihnen aufgehen, welche unwiederbringbare Chance sie vertan haben.

Irrgarten Liebe

Es scheint manchmal so: Im Einklang mit sich und im Einklang mit dem anderen zu leben, das gibt es doch nur ganz kurz.
Dann ist es wieder vorbei.
So gibt es für viele Paare nur eine kurze Dauer der ungetrübten Freude: die Zeit der ersten Verliebtheit. Dann brechen die ersten Konflikte und Kämpfe aus, unterbrochen durch Zeiten der Ruhe und Entspannung. Wenn beide des Kämpfens müde geworden sind, erfolgt die Zeit der Anpassung. Man genießt das, was man hat. Im Untergrund wächst die Unzufriedenheit mit dem eintöniger werdenden Alltag. Bis dann wiederum heftige Konflikte aufbrechen. Trennung. Allein sein. Und eine Partnerschaft mit neuen Hoffnungen.
Ein ewiger Kreislauf vom Verliebtsein bis hin zur endgültigen Trennung.
Seine Phasen sind bei jedem Paar unterschiedlich lang. Manche haben dieses Rad schon acht- oder neunmal durchlaufen.
Andere Paare bleiben in einer dieser Phasen hängen. Sie führen dann noch nach 20 Jahren die gleichen erbitterten Kämpfe wie zu Beginn. Andere haben ihre einstigen Hoffnungen aufgegeben und passen sich bis in den Ruhestand an.

Frage an Sie:

- Wie viele Paare in Ihrem Bekanntenkreis kennen Sie, die Sie als glücklich ansehen?

Es gibt sie. (Auch wenn manche dann doch durch eine unerwartete Scheidung überraschen.) Und wenn Sie selbst dazu gehören, herzlichen Glückwunsch!

Machen diese Paare etwas anderes als die meisten? Oder haben sie einfach nur Glück gehabt, den »richtigen« Partner gefunden zu haben?
Ich weiß nicht, lieber Leser, an welcher Stelle Sie »beziehungsmäßig« gerade in Ihrem Leben stehen. Unter Männern ist das oft ein heikles Thema. Selbst in persönlichen Gesprächen bleiben diese Bereiche oft ausgeklammert.
Dabei habe ich in manchem meiner Seminare gestaunt, wie befreit Teilnehmer wirkten, die die Gelegenheit nutzten, einmal mit anderen Männern in kleinen Gruppen offen über Partnerschaft und Familie zu sprechen. Endlich konnten sich diese Männer einmal mit Gleichgesinnten, mit Männern, die einen ähnlichen Erfahrungshintergrund haben, austauschen.
Die Erwartungen an eine Beziehung wachsen in unserer heutigen Gesellschaft stetig an. Damit wachsen jedoch gleichzeitig die Möglichkeiten des Scheiterns. Dann doch lieber gleich Single bleiben! Wozu denn all die Schwierigkeiten und Probleme auf sich nehmen, fragt sich so mancher, bevor er sich auf eine feste Beziehung einläßt.

»Daß zwei Erwachsene zusammenleben können, ist eines der größten Wunder, in den meisten Fällen können sie es wirklich nicht, was nur dadurch verdeckt wird, daß sie auch nicht auseinanderkönnen« (Ludwig Marcuse).

Wozu Partnerschaft? Die Antwort scheint ganz einfach: Damit wir Nähe, Kontakt, Fürsorge und sexuelle Erfüllung erfahren können. Damit wir die eigene Nähe, Kontakt, Fürsorge und Sex mit jemandem anderem teilen.
Jeder Mensch hat diese Bedürfnisse. In jedem steckt die Sehnsucht, sie erfüllt zu bekommen. Dabei machen wir die Erfahrung, daß flüchtige Beziehungen häufig nur die Oberfläche dieser Bedürfnisse berühren. Wenn wir mehr

Partnerschaft

in die Tiefe gehen, mehr Nahrung bekommen wollen (statt emotionellem »Fast food«), dann müssen wir uns stärker auf einen einzigen Menschen einlassen. Nur so kann Vertrauen wachsen. Und schon sind wir beim Thema »Partnerschaft«.
Wozu dann Partnerschaft? Über diese einfachen Antworten hinaus besitze ich noch eine eigene persönliche Antwort.

These:

■ Beziehungen sind da, um zu lernen und zu wachsen.

Beziehungen und Partnerschaft bedeuten nicht nur Zuflucht, Nahrung, Geborgenheit. Sie sind mehr. Sie geben einem die *Chance*, die Seiten der eigenen Persönlichkeit, die bisher noch unterentwickelt sind, zu entwickeln.
Richtiger formuliert: Beziehungen bringen die *Notwendigkeit* mit sich zu lernen – ansonsten scheitern sie. Entweder äußerlich sichtbar durch eine Trennung oder innerlich spürbar als Entfremdung.

Gerhard ist verzweifelt. Auch seine zweite Ehe steht kurz vor dem Scheitern. Dabei erinnern ihn die Vorwürfe, die er bei jedem Streit zu hören bekommt, wie in einem Alptraum an den längst vergangenen Bruch seiner ersten Partnerschaft. Manchmal könnte er durchdrehen. »Bin ich im falschen Film?« fragt er sich.

Gerhard hat (noch) nicht genug aus der ersten negativen Erfahrung gelernt. Deshalb wiederholen sich bei ihm die gleichen Muster. Nicht umsonst hat er in seiner zweiten Ehe wieder den ähnlichen Typ Frau gefunden.

These:

■ Durch Schaden wird man klug – allerdings nicht notwendigerweise!

Durch Schaden kann ich auch vorsichtig werden, mißtrauisch, mich abkapseln. Ich kann anfangen, mich zurückzuziehen und neue Erfahrungen zu vermeiden. Aber auch wer nach einem Schaden tapfer weiter in den nächsten Irrgarten tappt, muß nicht sofort klug geworden sein. Selbst wenn jemand versucht, aus seinen Erfahrungen zu lernen, kann er nicht sicher sein, das Richtige zu lernen. Manchmal braucht es noch mehr Nackenschläge, bis jemand endlich kapiert, wo seine Beziehungsprobleme liegen.

Es gibt für jeden bestimmte Lernschritte, die er durchlaufen muß, will er nicht immer wieder zwangsläufig in der gleichen Sackgasse landen. Für den einen kann es heilsam sein, sich durchzusetzen und abzugrenzen, für den anderen wiederum weich zu werden und sich dem anderen anzuvertrauen, für den dritten wieder anderes.

Für mich selbst war die Einsicht befreiend, daß ich anscheinend mehrere Schläge vom Leben brauche, bis ich manches akzeptiere. Denn stets weigert sich der eigene Dickkopf, bestimmte Einsichten anzunehmen. »Aber irgendwann, wenn ich oft genug in die gleiche Falle getappt bin, lerne ich das auch«, tröste ich mich dann.

Frage an Sie:

■ Was haben Sie in Ihrer Partnerschaft zu lernen?

Wenn sie diese Frage beantwortet haben, überprüfen Sie die Antwort noch einmal. Ist es wirklich das, was Sie glauben? Oder könnte es auch das Gegenteil sein?

Viele Menschen haben eine Tendenz, sich in die Richtung weiterentwickeln zu wollen, die sie sowieso schon eingeschlagen haben (und übertreiben). Wer sich also stark kontrolliert und um seine Unabhängigkeit besorgt ist, der möchte lernen, noch unabhängiger und geschützter zu sein.
Und wer andererseits bereit ist, alles für den anderen zu tun, der möchte dabei noch leistungsfähiger werden.
Das ist die falsche Richtung.

These:

■ Tun Sie nicht das, was Sie bereits gut können, sondern wagen Sie sich an Aufgaben und Situationen, die Sie bisher vermieden haben!

Manchmal seufzen wir: »Wenn doch der Partner bloß anders wäre!« Und wenn wir verärgert sind, dann können wir es auch so ausdrücken: »Wie bin ich bloß auf den hereingefallen?«
Müßige Frage. Es gibt keinen Zufall bei der Partnerwahl. Es paßt immer.
Natürlich ist es reiner Zufall, wenn wir vor einer Ampel unachtsam auf den Vordermann auffahren, anschließend feststellen, daß es eine Vorderfrau namens Marianne ist, uns mit ihr verabreden, uns verlieben und schließlich aufs Standesamt gehen. Hätten wir diesen Unfall nicht gehabt, würden wir vielleicht ein Jahr später mit Helga vor dem gleichen Beamten stehen oder mit Ulrike oder ... oder ...
Was paßt und sich zusammengefunden hat, tut dies zumeist aus einer bestimmten inneren und untergründigen Dynamik heraus. Dabei unterscheiden sich die möglichen Personen unter Umständen in wichtigen Bereichen. Aber es ist nicht zufällig, daß wir uns gerade in diese Person

verlieben. Es ist mehr als nur momentane sexuelle Anziehung. Wenn »es funkt«, hat die Partnerin bestimmte Eigenheiten, die uns anziehen.
Der Therapeut Augustus Skynner beschreibt eine Übung aus der von ihm durchgeführten Familientherapieausbildung, die diese Tatsache drastisch vor Augen führt:
In einem Raum voller unbekannter Leute wird jeder Teilnehmer gebeten, jemanden auszusuchen, der ihn an ein Familienmitglied erinnert, oder jemanden, von dem er glaubt, er könne eine Lücke in seiner Familie ausfüllen. Die Bedingung bei der Auswahl: Die Teilnehmer dürfen nicht sprechen. Sie stehen nur auf, wandern herum, sehen die anderen an und suchen sich einen Partner. Dann unterhalten sich die beiden und suchen sich anschließend noch ein weiteres »passendes« Paar.
Das faszinierende Ergebnis: Es finden sich immer Leute, deren Familien ähnlich funktionierten wie die eigene. Zum Beispiel kommen alle vier aus Familien, die es schwierig fanden, Zuneigung zu zeigen oder Ärger auszudrücken oder wo es fast inzestuöse Beziehungen gab oder wo erwartet wurde, daß alle immer optimistisch zu sein hatten. Oder es stellte sich heraus, daß alle Väter hatten, die in den entscheidenden Lebensjahren von der Familie getrennt waren, oder daß diese Familien einen großen Verlust erlitten hatten, als die Kinder etwa alle im gleichen Alter waren.

> *»Ich weiß, es klingt unwahrscheinlich für einen Außenstehenden, aber es ist wirklich verblüffend, wenn man es erlebt«* (Skynner).

Die Erklärung für diese verblüffenden Ergebnisse liegt darin, daß wir durch unseren Gesichtsausdruck, unsere Körperhaltung, Bewegungsweise usw. einen bestimmten gefühlsmäßigen Zustand signalisieren, den wir mit ande-

ren Mitgliedern unserer Familie gemeinsam haben. Leute aus ähnlichen Familien empfangen diese Signale und sprechen darauf an.
Skynner betont die gemeinsame Familiendynamik, die diese Anziehung verursacht. Jede Familie definiert einige Gefühle als »gut« und andere als »schlecht«, z. B. Ärger, Eifersucht usw. Die negativ eingestuften Emotionen werden hinter eine Art innere Jalousie verfrachtet, und jeder in der Familie tut so, als ob es sie nicht gäbe. Leute, die die gleichen Gefühle »hinter der Jalousie« haben, fühlen sich demnach voneinander angezogen. Sie sehen einander an – und passen perfekt zusammen.
Normalerweise empfindet man eine Art Faszination für die Gefühle, die hinter der Fassade schlummern, eine Mischung aus Anziehung und Angst. Manchmal jedoch verrutscht die Jalousie, und die versteckten Gefühle tauchen auf, z. B. durch Alkohol oder wenn wir gestreßt und müde sind. Oder Sie platzen, weil sie so lange aufgestaut wurden, einfach aus uns heraus.
Das Paradoxe dabei ist: Zusammen mit diesem Partner kann man am besten wachsen. Aber ebenso ist es oft gerade die Person, mit der man sich endgültig festfahren kann. Sie könnte am Ende sogar die am meisten gehaßte sein. Alles hängt davon ab, wieviel Bereitschaft das Paar aufbringt, sich anzuschauen, was hinter der Jalousie verschüttet liegt.
Wenn wir uns von diesen versteckten Gefühlen des Partners angezogen fühlen, hoffen wir insgeheim diese Seite in uns selbst wiederzufinden. Wir spüren, ohne je wirklich zu wissen warum, daß dies die Person ist, die uns instinktiv versteht. Sie kann uns am besten helfen, weil sie uns ähnlich ist.

Aus diesen Gründen lassen sich drei grundsätzliche Arten von Ehen beschreiben:

- Im unglücklichsten Fall haben beide eine ganze Menge aufgestauter Emotionen hinter der »Jalousie«, weigern sich aber standhaft zuzugeben, daß irgend etwas falsch sein könnte. Sie sind enorm empfindlich gegenüber jeder Kritik und können auch nicht die kleinste negative Bemerkung ertragen. Deshalb sind sie wie Hund und Katze miteinander, finden es aber äußerst schwer, sich zu trennen.
- In den durchschnittlich harmonisierenden Ehen leben die Partner in einer einigermaßen glücklichen und stabilen Beziehung. Aber sie wollen nicht hinter die »Jalousie« schauen. Sie bestärken sich gegenseitig darin, daß diese persönlichen Geheimnisse verborgen bleiben sollen. Die Ehen sind also recht sicher, aber der Preis, den die Partner dafür bezahlen, ist eine gewisse Öde, alles läuft in ausgefahrenen Geleisen. Sie schützen einander zu sehr, so daß sie sich nicht aus dem gleichbleibenden Trott befreien können.
- In den glücklichsten Ehen sind die Partner eher bereit, hinter die »Jalousien« zu schauen und das Unbehagen zu ertragen, das dies mit sich bringt. Sie gehen mehr Risiken ein. Deshalb sind sie freier und ungezwungener. Sie fühlen sich weniger eingeengt, haben mehr Spaß und entwickeln ihre Persönlichkeit besser.

Frage an Sie:

- In welche der drei Kategorien ordnen Sie Ihre Partnerschaft ein?

Oder doch: Gegensätze ziehen sich an?

Wenn gerade die Rede davon war, daß zwei Partner sich immer in einer grundsätzlichen Dynamik gleichen, so widerspricht dies vielen Alltagserfahrungen. Sehen wir doch häufig gerade, wie unterschiedlich zwei Partner sind.

Die Autoren Benard/Schlaffer beschreiben das drastisch in ihrem Buch »Laßt endlich die Männer in Ruhe«:

»Frauen handeln vollkommen irrational. ›Da stand er und schaute kalt und arrogant in die Gegend. Er war mir zutiefst unsympathisch.‹ So beschreiben sie die erste Begegnung mit dem Mann, den sie später geheiratet haben. Und an dessen Seite sie schrecklich unglücklich werden, weil er so kalt und arrogant ist.

Männer handeln vollkommen irrational. Sie verlieben sich in eine Frau, weil sie frech und unabhängig ist, und dann verbringen sie die nächsten zehn Jahre damit, ihr diese Eigenschaften auszutreiben. Und wenn sie das geschafft haben, sind sie gelangweilt und trennen sich von ihr.

Männer. Geschädigt durch ihre Erziehung, in das strenge Korsett der Männlichkeit gezwängt, können sie ihre Gefühle nicht ausdrücken. Wie durch einen bösen Zauber sind sie dazu verdammt, mürrisch und verschlossen durchs Leben zu gehen. Es sei denn, eine liebende Frau nimmt sich ihrer an. Das sagen die einen.

Frauen. Geschädigt durch ihre Erziehung, fühlen sie sich von neurotisch gestörten Männern magisch angezogen, sind sie geradezu süchtig nach dem schwierigen, dem unangenehmen Mann. Das glauben die anderen.

Es ist verwundlicher, daß unter solchen Umständen überhaupt eine Ehe funktioniert. Und wenn, warum? Oder: zu wessen Lasten?«

Gegensätze ziehen sich an. So gibt es typische Muster in Partnerschaften der jungen Jahre (aber auch später!).

Hier ein Beispiel:

Heinrich, lebenslustig, liebt seine Freiheit und geht deshalb gern auf Abenteuer aus. Seine zurückhaltende Freundin Susanne leidet sehr darunter. Wenn sie dann abends allein zu Hause ist, hat sie schreckliche Phantasien, was ihr Heinrich gerade wieder treibt. Sie sitzt dann vor dem Fernseher und hofft, daß Heinrich vielleicht irgendwann anruft oder spätabends kommt. Schließlich erträgt sie die Situation nicht länger und beendet die Beziehung.
Heinrich freut sich über seine wiedergewonnene Freiheit und tut sich mit Cornelia zusammen. Cornelia möchte gern ihre Unabhängigkeit behalten und liebt es, abends allein auszugehen. Und dann passiert es: Heinrich kippt. Plötzlich geht ihm seine Lebenslust abhanden. Nun sitzt er abends vor dem Fernseher und wartet, daß sich Cornelia noch meldet.

Zwei, die im Grunde sehr ähnlich sind, spalten sich auf zu gegensätzlichem Verhalten. Das Muster bleibt das gleiche, nur die Rollenbesetzung hat sich geändert. Das können wir auch bei einer anderen Partnerschaftsversion beobachten:

Erstfreundin Susanne hat es satt, weiter vor dem Fernseher nur auf ihren flanierenden Heinrich zu warten. Sie beendet die Beziehung nicht wie in der ersten Version, sondern ergreift die Initiative, lernt Roland kennen und verbringt eine Nacht mit ihm. Casanova Heinrich, der viele dieser Abenteuer hinter sich hat, dreht durch, als sie ihm davon erzählt. Das verkraftet er nicht. Er rastet aus, zerbricht Geschirr, weint und zeigt sich von einer völlig neuen Seite.

Der Drang zur Unabhängigkeit, die Heinrich immer so wichtig war, existiert offensichtlich nur oberflächlich. Darunter ist er genauso abhängig wie Susanne.

Also müssen wir uns nicht, wie Paartherapeut Jörg Willi formuliert, zwischen so plakativen Faustregeln wie »Gleich und gleich gesellt sich gern« und »Gegensätze ziehen sich an« entscheiden. Sondern es scheint vielmehr zu gelten:

These:

- Gegensätzlichkeiten vom Gleichen ziehen sich an.

Partner, die sich gefunden haben, sind sich im Grunde sehr ähnlich. An der Oberfläche jedoch verhalten sie sich oft genau gegensätzlich und ergänzen sich so auf vielen Gebieten.
Eine ideale Vorstellung einer Partnerschaft sieht so aus, daß beide durch sie dazugewinnen. Das stimmt nur zum Teil. Im Regelfall werden beide auf der einen Seite ein Stück reicher, aber auf der anderen Seite ein Stück ärmer. Sehen wir uns folgendes Beispiel an:

Martin und Hanna ziehen zusammen. Hanna liebt es, die gemeinsame Wohnung schön zu machen. Martin, der nur seine sterile Junggesellenbude gewohnt war, genießt das.

Martin ist reicher geworden – aber auch gleichzeitig ärmer. Denn er hat eine Aufgabe, für die er bisher nur unvollkommene Fähigkeiten besitzt, jetzt völlig auf Hanna übertragen. Er kümmert sich nicht mehr um die Wohnung. Die eigenen Ideen und Impulse stagnieren und verkümmern.
Ein anderes Beispiel: Der dynamische und energiegeladene 50jährige Manager, der nach einigen vertrauensbildenden Seminartagen wie selbstverständlich erzählt: »Also, meine Krawatten sucht immer meine Frau aus. Die weiß am besten, was mir steht.«

In den meisten Beziehungen ergeben sich sehr schnell Rollenaufteilungen, die sich über alle Bereiche erstrecken können. Das illustriert ein Experiment, das Jörg Willi in seiner »Therapie der Zweierbeziehung« beschreibt. Ehepaare führen den Rorschachtest einmal einzeln und dann gemeinsam durch. Der Rorschachtest besteht aus einer Reihe von vieldeutigen Tintenklecksen. Die Aufgabe besteht darin zu beschreiben, was man in den Klecksen zu erkennen glaubt. Von diesen Deutungen werden dann Rückschlüsse auf die eigene Psyche gezogen.
Führten beide Partner den Test einzeln durch, gab es keinen Unterschied zwischen männlichen und weiblichen Deutungen.
Anders aber, wenn beide zusammen sich auf eine gemeinsame Deutung einigen sollten. In Anwesenheit ihrer Frauen zeigten die Männer mehr Überblick. Gleichzeitig offenbarten sie weniger von ihren Gefühlen, hielten sich stärker unter Kontrolle. Die Frauen gaben in der gemeinsamen Arbeit ihren Überblick auf, nahmen sich merklich zurück und richteten sich nach der Bestätigung des Mannes aus. Die Männer wurden aktiver, entscheidungsfreudiger und durchsetzungswilliger.

Vereinfacht gesagt zeigte dieser simple Test:

- Männer verhalten sich »männlicher« und Frauen »fraulicher«, wenn sie zusammen sind.
- Wenn jeder für sich ist, ist die Variationsbreite ihres Verhaltens größer.

Jeder übernimmt also in einer Beziehung ein bestimmtes Spektrum aus der Gesamtheit von Verhaltensmustern und überläßt den anderen Pol seinem Partner. Gut illustriert das eine Geschichte, die ich von John Grinder in einem Seminar hörte:

»Mein Großvater war ein sehr rauher und heftiger Mann. Ganz anders als meine Großmutter. Sie war still, liebevoll und versuchte, immer alle zu versöhnen. Als mein Großvater dann starb, machte ich mir Sorgen um sie. Als ich sie dann nach zwei Monaten das erste Mal fluchen hörte, wußte ich, daß sie auf einem guten Weg war.«

> Frage an Sie:
>
> ■ Welchen Teil der Verhaltensrepertoires haben Sie in Ihrer Partnerschaft übernommen? Welchen Ihre Partnerin?

Partnerschaft – vor oder zurück?

Es gibt keinen Stillstand in einer Partnerschaft. Eine Partnerschaft entwickelt sich immer weiter. Und dabei gibt es nur zwei Richtungen: vor oder zurück.

- Zurück – damit meine ich: Beide Partner werden sich fremder, die innere Distanz nimmt zu. Dabei kann äußerlich alles bestens funktionieren, das Zusammenleben mag hervorragend organisiert sein.
- Vor – damit meine ich: Beide Partner kommen sich näher, werden vertrauter. Sie zeigen mehr von sich und lernen sich dadurch besser kennen. Die Liebe und das Gemeinschaftsgefühl wachsen.

> Frage an Sie:
>
> ■ Bewegen Sie sich in Ihrer Partnerschaft im Augenblick vor oder zurück?

Wenn Sie der Ansicht sind, daß sich Ihre Partnerschaft im Moment gar nicht bewegt, dann ist meine Vermutung: Es geht zurück. Unmerklich und schleichend wächst die Distanz.
Mein Tip für Sie:

- Fragen Sie Ihre Partnerin nach ihrem Eindruck, in welche Richtung sich Ihre Partnerschaft zur Zeit bewegt!

Thesen:

- Partnerschaft wächst durch Vertrauen.
- Vertrauen entsteht durch Ehrlichkeit.

Ehrlichkeit ist für eine Partnerschaft Nahrung, Zündstoff, Treibsatz, all das zusammen und mehr.
Lügen, auch wenn sie noch so »fromm« und gut gemeint sein mögen, vergiften das Klima. Natürlich machen wir uns gern eine Menge vor: »Ich will den anderen nur schonen«, ist hier eine beliebte Ausrede.
Quatsch! Wer so etwas sagt, will in erster Linie sich selbst schonen, weil er Angst vor dem Konflikt hat, wenn er die Wahrheit sagt. (Als jemand, der über Jahre hin selbst eine Menge verheimlicht hat, weiß ich, wovon ich spreche.)
Wenn jemand sich über Langeweile in seiner Partnerschaft beklagt, weiß ich ein einfaches Patentrezept, um die Spannung zurückzubringen.

Experiment:

- Wollen Sie mehr Leben in Ihrer Beziehung?
- Wenn ja, dann seien Sie ein Stück ehrlicher! Sprechen Sie Dinge aus, die Sie im Kopf haben, aber noch nie ausgesprochen haben!

Ich garantiere Ihnen, daß so die Langeweile verschwindet!

Liebe erkaltet dadurch, daß immer mehr Dinge zwischen den Partnern unausgesprochen bleiben. Sätze gehen Ihnen durch den Kopf, die Sie sagen möchten, aber aus Vorsicht oder Rücksicht nicht aussprechen. Jeder dieser zurückgehaltenen Sätze legt eine dünne Schicht zwischen die Pole, die Sie mit dem anderen verbinden. Das ist ein schleichender Prozeß, der, wenn er einmal angefangen hat, meist unbemerkt weitergeht.

Glück hat das Paar, bei dem eine Krise diese Schicht aus Unehrlichkeit und falscher Rücksichtnahme gewaltsam zerstört. Ohne eine solche Krise wird die Trennschicht jedoch immer dicker, die Entfremdung immer größer.

Dabei kann an der Oberfläche alles bestens funktionieren. Man kann sich einrichten. Freunde und Verwandte werden diese tolle Partnerschaft von außen womöglich gar neidisch bewundern.

Aber tief drinnen fehlt etwas. Eine solche Partnerschaft versorgt vielleicht äußerlich, aber sie nährt nicht mehr innerlich. Wärme, Verbundenheit und Nähe schwinden. Die Liebe verabschiedet sich.

Doch worin liegt der Ausweg? Mehr miteinander reden? Das scheitert allzuoft daran, daß der Alltag sich nach der ersten Zeit der Liebe so stark ausbreitet, daß Gespräche nur noch Informations-, Small-talk- oder Konfliktcharakter haben.

Liebe stirbt

Eine Hilfe für Paare ist es, sich durch eine Struktur zu unterstützen. Eine solche Struktur stellt etwa das »Zwiegespräch« dar, das der Frankfurter Psychoanalytiker Moeller entwickelt hat.
Das Zwiegespräch ist ein offenes Partnergespräch. Beide nehmen sich anderthalb Stunden Zeit, nur für sich und von sich zu sprechen. So räumen sie ohne Druck und Zwang gemeinsam Belastungen aus dem Weg und kommen sich wieder näher.

Methode: Das Zwiegespräch.

■ Das »Zwie« findet regelmäßig einmal jede Woche zu einem festen, vorher vereinbarten Termin statt. Die Dauer beträgt (ungestörte!) 90 Minuten.

Die Spielregeln sind:

- Jeder spricht von sich und davon, wie es ihm geht und wie er bestimmte Situationen erlebt oder erlebt hat. Er malt sozusagen sein eigenes aktuelles Selbstporträt.
- Zu unterlassen sind Diskussionen, Beschuldigungen und Streitereien. Es geht nicht darum, wer recht hat.
- Es besteht kein Offenbarungszwang. Es ist untersagt, den anderen in die Enge zu treiben, z. B. durch bohrende Fragen oder Provokationen.
- Jedes Thema, das die Partnerschaft betrifft, ist möglich. Aber gerade ohne ein aktuelles Gesprächsthema ist das »Zwie« bisweilen besonders fruchtbar.

Als zusätzlich hilfreich empfehle ich:

- Wenn beide Partner nicht wissen, ob sie sich auf das Zwiegespräch einlassen wollen und ob es für sie sinnvoll ist, können sie darüber ein Vorgespräch nach den obigen Spielregeln durchführen.

- Ergibt es sich im »Zwie«, daß beide Partner zu beteiligt sind, um den anderen ausreden zu lassen, ist eine weitere Vereinbarung sinnvoll: Jeder darf 10 Minuten sprechen, in denen er nicht unterbrochen werden darf. Dann ist der andere 10 Minuten an der Reihe und so weiter.
- Die letzten Minuten des Zwiegesprächs sollten darauf verwendet werden, darüber zu sprechen, wie beide das Gespräch erlebt haben und ob sie sich frei ausdrücken konnten.
- Pausen, in denen keinem etwas einfällt, sind ein wertvoller Bestandteil des Gesprächs.
- Etwas Nervosität vor einem »Zwie« ist normal.
- Wer mehr über das »Zwie« erfahren will, sei das dazu im Rowohlt Verlag erschienene Buch von Michael Lukas Moeller »Die Wahrheit beginnt zu zweit« als Lektüre empfohlen.

Meine persönlichen Erfahrungen mit dieser Art des Partnergesprächs sind so gut, daß ich das Zwiegespräch nur vorbehaltlos empfehlen kann. Es kann die Beziehung enorm vertiefen und zu einer neuen Form von Nähe und Intimität führen.
Gleichzeitig wächst durch den Austausch in diesem guten Rahmen eine »Kommunikationskultur« zwischen den Partnern.
Wer nur die trockenen Spielregeln liest, kann sich das vielleicht nicht vorstellen. Doch diese Regeln bilden, wenn sie von beiden eingehalten werden, einen schützenden Rahmen. Dieser Rahmen erlaubt es, für die abgegrenzte Zeit von eineinhalb Stunden, mehr als bei normalen Gesprächen in die Tiefe zu gehen und Gefühle, Einstellungen und Gedanken auszutauschen.

In der Beziehung, in der meine Partnerin das »Zwie« mitbrachte, gehörten diese Gespräche zu den wertvollsten Stunden. Selbst in der Zeit der Trennung, die sehr schmerzhaft war, führten wir weiter unsere Zwiegespräche durch. Sie verhinderten, daß es nicht zu verletzenden Auseinandersetzungen nach dem Motto »Du bist schuld, weil du ...« kam.
Allerdings noch eine Warnung zum Schluß: Je länger Konflikte unter der Oberfläche geschwelt haben, desto mehr Selbstdisziplin erfordert es, die Spielregeln einzuhalten. Einmal hatte ich das Zwiegespräch begeistert einem befreundeten Paar empfohlen, so daß sie es umgehend ausprobierten. »Nicht so schnell wieder«, war ihr Feedback, als ich mich nach dem Erfolg der Aussprache erkundigte. Was geschehen war: Als plötzlich der Raum für ein längeres Gespräch da war, kamen zunächst einmal so viele gegenseitige Vorwürfe hoch, daß das Zwiegespräch, das als verbindend geplant war, in einem großen Krach endete.

Hingabe

Jeder hat Sehnsucht und Bedürfnis nach Liebe. Und dennoch:

> These:
>
> ■ Wenn Liebe in der Wirklichkeit möglich ist, wenn der Traum gelebt werden kann, dann kneifen viele.

Eine Freundin erzählte mir einmal von der großen Liebe, die bei ihr vor längerer Zeit fast Wirklichkeit geworden wäre. Sie war diesem Mann auf einer Weltreise begegnet.

Beide hatten sich schlagartig verliebt, blieben wie selbstverständlich die nächsten Wochen zusammen und verstanden voneinander von Tag zu Tag mehr.
Es sei unglaublich gewesen, sagte sie. Bis sie es nicht mehr ausgehalten hätte! Es sei zuviel gewesen. Sie habe es nicht mehr ertragen. Und da habe sie nachts heimlich ihre Sachen gepackt und sei einfach geflohen. Ohne eine Adresse zu hinterlassen, einfach nur weg! Und manchmal träume sie jetzt, nach 10 Jahren, immer noch von damals ...
Bei vielen anderen ist diese Flucht nicht so offensichtlich. Sogar vor uns selbst halten wir die wahren Motive geheim. Weil sich keiner gern zugesteht, daß er kneift, hängt er seinem Verhalten gerne ein rationales Mäntelchen um. Der Verstand sucht dann nach allen möglichen Argumenten, die gegen die Liebe sprechen, um das Davonlaufen zu begründen.

These:

- Für die Flucht vor dem »großen Glück« gibt es eigentlich nur einen Grund: die Angst!

Wir könnten ja den Kopf verlieren. Wir könnten gar all die vielen Pläne und Ideen, die wir schon lange zu realisieren versuchen, über Bord werfen und unseren Impulsen folgen. Wir könnten erleben, daß die dicke Schutzschicht, die unser Herz vor Verletzungen schützt, zu schmelzen beginnt. Und das ist eine Vorstellung, die uns kalte Schauer den Buckel hinuntertreibt.
In meinem Leben gab es gleich zwei Situationen, in denen mich die Liebe davontragen wollte. Was gleichzeitig geschah: Mein Verstand hatte eine Menge sachlicher Argumente parat, die gegen diese Frau oder eine Beziehung mit ihr sprachen.

Also ließ ich mich nicht weiter ein – trotz der Anziehung. Erst später habe ich erkannt, daß es nur Angst war, wunderschön rationalisiert!

These:

■ »Gefühle mögen uns irren lassen; der Verstand dagegen betrügt uns« (Charles Tschopp).

Aber es ist nicht unbedingt immer das einmalige große Erlebnis, das uns in Panik versetzt. Es ist etwas, was ich auch im Alltag beobachten kann.
Die Situation: Ich befinde mich mit meiner Partnerin gerade in einer ganz besonders wohligen, angenehmen und liebevollen Stimmung. Plötzlich reißt mich ein banaler Gedanke aus dieser Stimmung. Mir fällt beispielsweise die Arbeit ein, die ich noch zu erledigen habe. Dabei war es gerade eben noch so schön – und jetzt ist es vorbei!
Ich komme mir inzwischen auf die Schliche, indem ich mich noch einmal genau daran erinnere, wie ich mich vor dem störenden Gedanken gefühlt habe. Und dabei stelle ich fest, daß ich in diesem Moment ein Stückchen dabei war, zu schmelzen und mich der Situation hinzugeben. Um das zu stoppen, ist ganz automatisch dieser Gedanke an die Oberfläche gekommen. Ein Trick das Verstandes! Bin ich nur in der Lage, dies zu registrieren, dann genügt es, daß ich tief ausatme und mir die Weichheit erlaube. Dann bin ich wieder zurückgekommen.

Ich schlage Ihnen vor, damit einmal selbst Erfahrungen zu machen:

Experiment:

① Nehmen Sie eine Situation mit Ihrer Partnerin wahr, in der Sie sich gerade eben noch völlig entspannt und angenehm gefühlt haben. Plötzlich hat Sie ein Gedanke aus diesem Gefühl herausgebracht.

② Erinnern Sie sich noch einmal an den angenehmen Zustand von vorher und erlauben Sie ihm sich jetzt ein Stück mehr.

③ Atmen Sie dabei mit einem leisen Seufzer aus.

Krisen

Eine Partnerschaft wächst durch Krisen. Ohne Krisen hört das Wachstum an irgendeiner Stelle auf. Wenn ich Krise sage, meine ich dabei jedoch mehr als Streit und Konflikte. Nach meiner eigenen Erfahrung waren die wertvollsten Krisen in den 13 Jahren einer Partnerschaft stets diejenigen, bei denen das Scheitern der Beziehung möglich und die Trennung greifbar war.
Beide Partner kommen sich durch gemeinsame Erlebnisse und gemeinsam verbrachte Zeit langsam näher. Aber das geht nicht endlos weiter.
Dann kommt eine ernsthafte Krise. Dabei ist es gut möglich, daß beim Partner häßliche Seiten auftauchen, die bis dahin unter der Oberfläche (»hinter der Jalousie«) geschlummert haben. Illusionen vom »Märchenprinzen« oder von der »Traumprinzessin« platzen mit einemmal wie Seifenblasen. Die Träume von der idealen Beziehung, die jeder von uns im Hinterkopf mit sich herumträgt, erweisen sich als Kinderglauben, der mit der Realität nur wenig zu tun hat.
Eine Entscheidung steht an: zwischen meinen Wünschen

und der tatsächlichen Person. Damit wird die ganze Beziehung in Frage gestellt. Plötzlich ist die Frage offen: Will ich die Beziehung mit dieser Person noch?
Über eine bestimmte Zeitdauer hinweg (die bei mir meist nur Tage dauerte) bleibt diese Frage unbeantwortet. Dann habe ich erlebt, daß ein »Ja« zu der Beziehung als Antwort in mir auftauchte und ebenso bei meiner Partnerin. Wenn wir uns dann wieder annäherten, erlebten wir die Begegnung intensiver und »näher« als vorher.
Warum? Das Vertrauen war gewachsen. Wir hatten einen völligen Abstand zwischen uns zugelassen, wir hatten die echte Wahl gehabt, uns zu trennen – und wir hatten uns entschieden, wieder zusammenzukommen.

These:

■ Vertrauen wächst durch Krisen.

Die erstaunliche Begleiterscheinung dieser Krise war Kameradschaft. Es wuchs das, was eine gute Freundschaft – im Unterschied zu vielen Liebesbeziehungen – auszeichnet. Wir konnten uns auf die Ehrlichkeit des anderen verlassen, brauchten keine Geheimnisse zu haben und zeigten dem anderen auch »peinlichere« Charakterzüge.
Diese Freundschaft und Kameradschaft hat in meinem Leben auch das Ende der Liebesbeziehung unbeschadet überstanden.
Vertrauen und Vertrautheit sind Geschenke. Es wäre schade, wenn man sie zusammen mit eventuellem »Beziehungsmüll« entsorgen wollte.
Glücklich ist das Paar, das seine Krisen lebt. Denn tut es dies nicht, setzt schon nach dem ersten Kennenlernen ein gefährlicher Mechanismus ein. Präzise beschreibt Peter Schellenbaum dies in seinem Buch »Nein in der Liebe«:

Krisen

»Der paradiesische Zustand des bedingungslosen Ja dauert trotz stärkster Verliebtheit oft nur wenige Wochen oder Monate. Seine merkwürdigste Eigenschaft ist es, plötzlich ins Gegenteil umzuschlagen. Aus dem totalen Ja wird das totale Nein. Der kleinste Anlaß genügt, um das süße Gefühl der Einheit, in dem alle Unterschiede dahinschmelzen, zu beenden und das gegensätzliche Gefühl der Fremdheit in uns aufkommen zu lassen...

Kommen die beiden nach diesem ersten Nein wieder zusammen, sitzt der Schreck noch so sehr in den Knochen, daß sie sich zu arrangieren anfangen... Beide sitzen am gleichen Tisch und wollen versorgt werden. Jeder möchte seine eigenen Bedürfnisse befriedigt haben. Daß er gleichzeitig den anderen versorgen soll, kompliziert die Sache und zieht unaufhörlich kleine Machtkämpfe und immer ausgeklügeltere Absprachen nach sich.«

These:

- Manchmal werden Streitereien und aggressive Auseinandersetzungen gebraucht, um Krisen *nicht* aufkommen zu lassen.

Streit ist dann Beziehungskitt. Man trennt sich nicht, denn man reibt sich aneinander. Auch wenn man sich ansonsten nicht mehr viel zu sagen hat. Aber besser noch ein Streit als sich trennen!

Aufschlußreich für den Zustand einer Beziehung kann die Tatsache sein, daß etwa ein bestimmtes Thema – das kann gut eine Kleinigkeit sein – immer wieder Streit auslöst.

Frage an Sie:

- Haben auch Sie in Ihrer Beziehung irgendein Streitthema, das immer wieder Anlaß zu Konflikten liefert?

Der äußere Auslöser ist dann meist nur ein nichtiger Anlaß. Es geht in Wirklichkeit um ein anderes Thema, das aber nicht ausgesprochen wird. Auf diese Weise kann die berühmte offengelassene Zahnpastatube zum Scheidungsauslöser werden.

Bei einem Freundespaar erlebte ich z. B. heftigste Auseinandersetzungen über die Tatsache, daß manchmal abends kein Brot im Haus war. In einem intensiven Gespräch ergab sich, daß »kein Brot im Haus« für den Mann aussagte: »Meine Frau kümmert sich nicht wirklich um mich. Meine Arbeit wird nicht geschätzt, und ich bin ihr egal.« Kein Wunder, daß er da abends manchmal seinem Ärger Luft machte.

Für seine Frau hingegen hatte das Brotthema entgegengesetzte Bedeutung: »Mein Mann will mich mit der Brotmeckerei unter Druck setzen, mir vorschreiben, was ich zu tun habe. Es geht um meine Freiheit und Spontaneität, und die lasse ich mir nicht nehmen.« Damit hatte sie genügend Antrieb, um ihrerseits kräftig Kontra zu geben.

Fragen an Sie:

- Welche Bedeutung hat das Streitthema für sie persönlich?
- Welche (mögliche) Bedeutung hat es für Ihre Partnerin?

Experiment:

Sind Sie bereit, einen Blick hinter den Vorhang zu werfen? Dann warten Sie eine friedliche Stunde ab, und erforschen Sie gemeinsam, welche subjektiven Bedeutungen sich hinter den Hauptstreitthemen Ihrer Beziehung verbergen. Nehmen Sie sich Zeit, über Ihre Gedanken und Gefühle zu sprechen.

Versuchen Sie jedoch nicht, das Thema während der üblichen Auseinandersetzung anzusprechen! Denn sonst besteht die Gefahr, daß Sie nur einen neuen Kampfbegriff mehr in Ihrem Arsenal haben, etwa nach dem Motto: »Du willst ja bloß...«
Wenn Sie dagegen ausgeruht und friedlich gestimmt sind, dann sind Sie bereit, sich gegenseitig aussprechen zu lassen und einander zuzuhören.

Liebe stirbt

Liebe zwischen zwei Personen hat ihr eigenes Leben. Sie mag überraschend aufblühen, und ebenso überraschend mag es sein, wenn sie wieder vergangen ist.
Eine Liebe, die gestorben ist, hinterläßt stets zwei Hinterbliebene. Und immer wenn jemand stirbt, ist der Tod für die Hinterbliebenen schmerzhaft.

»Im Leben ist nichts dauerhaft, kann nichts dauerhaft sein. Du hast es nicht in der Hand, irgend etwas dauerhaft zu machen. Nur tote Dinge können dauerhaft sein. Je lebendiger eine Sache, desto vergänglicher. Heute ist die Liebe da, morgen weiß man nicht. Vielleicht ist sie da, vielleicht auch nicht. Du hast es nicht in der Hand, sie

zu steuern, sie passiert einfach. Du kannst nichts tun. Du kannst sie nicht herbeiführen, wenn sie nicht da ist. Entweder sie ist da, oder sie ist nicht da – du bist einfach hilflos. Die Steine mögen dauerhaft sein. Die Blumen können es nicht sein. Und Liebe ist kein Stein. Sie ist eine Blume und von einer seltenen Art« (Rajneesh).

Manchmal trifft beide der Schmerz gleichzeitig. Es ist so, als ob sie nebeneinander vor dem offenen Grab stehen, in dem ihre Liebe bestattet wird.
Ein anderes Mal hat einer der Partner den Schmerz schon in einem langsamen Ablösungsprozeß durchlitten. Irgendwann ist er dann soweit, daß er erkennt, das seine Liebe vorbei ist.
Er hat sich erst innerlich getrennt, jetzt kann die äußere Trennung nachfolgen. Er löst sich und geht.
Der Partner ist geschockt. Er hat die bisherigen Anzeichen zwar gesehen, sie aber nie in der ganzen Tragweite begriffen. Bezeichnend für diese Selbsttäuschung ist der Satz: »Ich dachte, unsere Ehe sei gut, bis meine Frau sagte, wie sie sich fühlt.« Jetzt ist er allein, verlassen und stürzt in ein tiefes Loch ab.
Zwei Gründe fallen mir immer wieder auf, die zum Scheitern einer Beziehung führen:

- Die Wünsche, das gemeinsame Leben zu gestalten, sind unvereinbar.
- Einer oder beide können an einem Punkt der Beziehung nicht über den eigenen Schatten springen.

Roland hat Betriebswirtschaft studiert. Während seines Studiums hat er Kathrin kennen- und liebengelernt. Als Roland sein Examen bestanden hatte und seine erste Stelle antritt, haben beide geheiratet.
Robert erkennt schnell seine Fähigkeiten, und seine Vorge-

setzten schätzen ihn. Sein Lebensraum ist es, Karriere zu machen und in den Vorstand zu kommen. Dafür ist er bereit, seine ganze Zeit und Energie einzusetzen. Kathrin möchte er ein angenehmes Leben in Wohlstand bieten. Kathrins höchstes Ziel ist eine erfüllte Partnerschaft, bei der beide Partner viel Zeit miteinander verbringen. Spätestens Mitte 30 möchte sie zwei Kinder haben. Sie träumt davon, daß sie und Roland sich die Arbeit und die Fürsorge für die Kinder teilen.

Frage an Sie:

- Wie hoch schätzen Sie die Chancen für eine dauerhafte glückliche Ehe von Roland und Kathrin ein?

Zwei Ziele prallen aufeinander. Beide sind miteinander unvereinbar. Der Samen für unzählige Konflikte ist gelegt.
Dabei trägt keiner der Beteiligten eine moralische Schuld. Keiner muß anders sein oder sich bessern. (Auch wenn Roland und Kathrin sich in ihren Auseinandersetzungen solche Bezeichnungen wie »Du egoistischer Ehrgeizling!« und »Du hausbackene Glucke!« um die Köpfe hauen.) Jeder hat das Recht darauf, so zu sein, wie er ist, und so zu leben, wie er möchte.
Allerdings sollte ihnen eines klar sein: In einer gemeinsamen Partnerschaft wird dies für beide unmöglich sein. Es gibt nur eine (seltene) Möglichkeit: Die Gemeinsamkeit steht Ihnen höher als der eigene Lebenstraum. Damit geht dann gleichzeitig der zumeist schmerzhafte Prozeß einher, sich von einem Teil der eigenen Träume zu verabschieden. Aber erwarten oder fordern, daß ein anderer seinen Traum aufgibt – nur damit ich meinen Traum vom erfüllten Leben realisieren kann? Das ist zuviel verlangt! Sinnvoller und weniger verletzend ist es da, wenn beide die unvereinbarte Realität anerkennen, an der keiner

»schuld« ist. Wenn beide sich trennen, so schmerzhaft es auch sein mag, hat jeder die Chance, in seinem Leben das zu verwirklichen, was er sucht.
Beide können dann mit 40 eine glückliche Ehe führen – aber nicht miteinander.

Herbert und Marianne führen seit 15 Jahren eine Ehe. Beide sind zufrieden. Sie haben einen neunjährigen Sohn. Marianne arbeitet wieder halbtags in einer Versicherung. Sie genießen die Gemeinsamkeit an manchen Abenden, an den Wochenenden und im Urlaub. Besonders um ihr neues Haus kümmern sich beide mit viel Einsatz.
Für Herbert bricht eine Welt zusammen, als ihm Marianne an einem Samstag gesteht, daß sie sich vor vier Wochen in einen Arbeitskollegen verliebt hat und schon dreimal mit ihm geschlafen hat. Herbert rastet aus. Er versteht das nicht.
»Was hat denn nicht gestimmt? Warum denn? Warum hast du mir nichts vorher gesagt?« Mit solchen Fragen und Vorwürfen quält er Marianne.
Als sie ihm schließlich nach einer weiteren Woche mitteilt, daß sie das Verhältnis zu ihrem Kollegen abgebrochen hat, ist der Friede nur äußerlich wiederhergestellt. Herbert ist plötzlich unsicher und mißtrauisch geworden. Immer wieder quält er Marianne mit Eifersucht und Verdächtigungen. Marianne reagiert anfangs ruhig und verständnisvoll und versichert Herbert immer wieder, daß sie mit ihm zusammenbleiben wolle. Aber als Herbert sein Verhalten nicht ändert, kommt die Beziehung in die Krise. Schließlich trennen sich beide probeweise. Daraufhin verliebt sich Herbert nach einem halben Jahr und zieht mit seiner neuen Freundin zusammen.

Was ist geschehen? Woran ist diese Partnerschaft gescheitert?
Herbert schaffte es nicht, über seinen Schatten zu springen.

Er hat die Untreue von Marianne nicht verkraftet. Plötzlich sind in ihm Gefühle von Angst und Verlassenheit aufgebrochen, die er nicht bewältigte. Zwar ist ihm vom Kopf her klar, daß der Seitensprung von Marianne eine einmalige Sache war und daß sie ihn nach wie vor liebte. Auch sah er die eigenen Fehler ein, die dazu beigetragen hatten, daß Marianne sich zu diesem Zeitpunkt vernachlässigt fühlte.

Aber all diese Erklärungen nützen ihm nichts, denn seine Gefühle scheinen völlig unabhängig davon zu existieren. Er geht sich mit seiner Eifersucht selbst auf die Nerven, aber er sieht sich ihr machtlos ausgeliefert.

Sein Schatten: Das sind diese Gefühle, die aus der Vergangenheit kommen, aus der Kinderzeit. Sie machen angst, weil sie so elementar und mächtig sind. Herbert möchte sich nicht weiter mit ihnen auseinandersetzen, sondern versucht, sie zu verdrängen. Dies aber funktioniert nicht. Denn sie sind stärker als er – und daran geht die Liebe zwischen ihm und Marianne in die Brüche.

Auch Marianne ist nicht über einen Schatten gesprungen, der ihr erst Jahre später in der nächsten Beziehung bewußt wurde. Sie verfolgt stets das Verhaltensmuster, ruhig und freundlich zu bleiben.

Wenn ihr Partner, wie in diesem Falle Herbert, trotzdem bei seinem Störverhalten bleibt, zieht sie sich zurück. Wie sehr sie von dem Mißtrauen Herberts verletzt war, welche Wut sie deshalb manchmal spürte, hat sie vor ihm geheimgehalten.

Die Chance, sich mit ihrer Verletztheit auseinanderzusetzen, hat sie ihm nie gegeben.

These:

■ Jeder von uns trägt diese Schatten aus der Vergangenheit in sich und somit gleichzeitig in eine Beziehung hinein.

Das Leben und die Liebe birgt genügend Situationen, diese alten Schatten ans Tageslicht zu holen. Manchmal haben wir zuviel Angst. Dann scheitert eine Liebe daran. Durch die Trennung sind wir unserem Schatten damit jedoch nur vorläufig entronnen. Denn die Probleme mit den Gefühlen, die wir nicht bewältigt, mit dem Verhalten, das wir nicht gezeigt haben, werden mit einiger Sicherheit auch in unserer nächsten Beziehung auftauchen. Dann haben wir – inzwischen ein Stück mehr gereift – eine zweite (oder später dritte) Chance, das Versäumte nachzuholen.

Allein sein

Es gibt eine Tatsache in unserem Leben, die wir so lange wie möglich nicht wahrhaben wollen: Im Grunde sind wir allein.
Zwar leben wir die meiste Zeit in sozialen Gruppen mit anderen Menschen zusammen. Wir wachsen in einer Familie auf und gründen später vielleicht selbst eine in der Hoffnung, daß wir auf Dauer nicht mehr allein sind.
Aber in jedem Moment können wir wieder in das Stadium des Alleinseins zurückgeworfen werden. Das geschieht bereits in jedem kleinen Konflikt in der Beziehung. Plötzlich finden wir uns getrennt vom anderen allein wieder.
Massiv und unausweichlich tritt das Bewußtsein davon durch eine Trennung auf. Während früher Ehen so festge-

fügt waren (»Bis daß der Tod euch scheidet«), daß eine berechtigte Hoffnung auf ein gemeinsames Altwerden bestand, erscheint diese Hoffnung angesichts der aktuellen Scheidungszahlen sehr kühn. Und selbst wenn eine Ehe bis ins hohe Alter hält, einer wird sie überleben. So steht auch am Ende dieser Bindung erneut die persönliche Einsamkeit.
Einigermaßen stabil können wir das Alleinsein ertragen, wenn wir selbst die Trennung vollzogen haben.
Viel schlimmer ist es, wenn der Partner von sich aus die Trennung vollzieht. Denn dann kommt das Gefühl dazu, verlassen worden zu sein.
Auch das ist ein altes verstecktes Gefühl aus der Kindheit, das dann mit aller Macht durchbricht.

Wie schmerzhaft Trennung sein kann, zeigen auf drastische Weise die Schilderungen von Jörg Andrees Elten. Seine Emotionen nach dem Zusammenbruch seiner Ehe und dem Auszug aus der gemeinsamen Wohnung beschreibt er wie folgt:

»Ich wurde fast wahnsinnig vor Sehnsucht nach den Kindern. Gleichzeitig fühlte ich mich erleichtert und entspannt. Langsam heilten meine Nerven. Das Schlimmste war vorüber – das sinnlose Gefetze, die Tränen, die unerleuchteten Diskussionen bis zum Morgengrauen, Rachedurst, Schmerz, Zorn, die Unfähigkeit zuzuhören, zu begreifen, zu verzeihen und schließlich die erschöpfte Verzweiflung, die Resignation und die Selbstmordphantasien.

Fast ein Jahr hatte dieses Inferno gedauert, und nun war ich in meiner kleinen Höhle allein, leckte meine Wunden und wußte, daß ich überleben würde. Aber die Wunden heilten nur langsam, manche wollten sich gar nicht schließen.

Ich kam mir vor wie ein Schwerbeschädigter, der sich nicht an die Beschränkungen seiner Versehrtenexistenz gewöhnen kann. Isis und die zwei Kinder waren ein Teil von mir gewesen.

Ich fühlte mich ohne sie unvollkommen. Es war so, als hätte ich meine Beine oder Arme verloren. Sie waren nicht mehr da, aber mein Nervensystem hatte den Verlust noch nicht verarbeitet. Es empfand die Verwirrung der Kinder, es fühlte die Ängste, die Isis durchmachte. Ich durchlebte die psychischen Vibrationen meiner Familie im fernen Rom, ich reagierte darauf und fühlte mich verantwortlich.

Es fiel mir schwer, der Tatsache ins Auge zu sehen, daß diese Familie nicht mehr ein Teil von mir war, daß ich sie unwiderruflich verloren hatte und daß sich mein Beitrag zu ihrem Wohlergehen in Zukunft nur noch auf die Schecks beschränken würde, die ich jeden Monat über die Alpen schickte. Ich war vom Familienvater zum Zahlmeister abgestiegen.

Und ich konnte nicht allein sein. Da war eine innere Leere, die mich wie ein Ungeheuer ansprang, wenn ich allein war, und mir schreckliche Angst einjagte. Wenn ich mich nicht rastlos beschäftigte und einen Augenblick stille hielt, tat sich eine düstere Unergründlichkeit in mir auf – das große, unfaßbare Nichts, und ich ahnte, daß in meinen Tiefen die Lava unausgelebter Gefühle kochte. Die Leere war unerträglich, und ich konnte nichts gegen sie tun. Also blieb nur die Flucht, die Flucht vor mir selbst, die Flucht in eine hektische Betriebsamkeit, die Flucht in die Arme ungezählter Frauen.«

Wer eine Trennung durchlitten hat, kennt solche Gefühle (auch wenn er vielleicht nicht die Gelegenheit hat, anschließend in die Arme ungezählter Frauen zu fliehen). Ich selbst habe sehr lange gebraucht, bis ich das erste Mal einer Trennung standhalten konnte oder wollte. Drei- oder viermal vorher hatte ich mich gleich wieder in die nächste Beziehung gestürzt. Als dann eine Beziehung zerbrach, in die ich mich mehr denn je »aufgemacht« hatte, funktionierte das alte Muster vom »schnell in die nächsten Arme fallen lassen« nicht mehr.

Eine Phantasie machte mir meine Gefühle verständlich: Ich schwinge wie an einem Trapez in der Zirkuskuppel. Ich bin derjenige, der am Trapez hängt und von einer Frau gehalten wird. In dem Augenblick, wenn sie mich losläßt, fliege ich kurz frei über dem Abgrund, um von der nächsten Fängerin wieder gehalten zu werden. Ich bin mir zwar des Abgrunds unter mir bewußt, aber das Ganze geht so schnell und verlangt so viel Aufmerksamkeit, daß ich keine Zeit habe, meine Angst davor zu spüren.

Als ich den Trennungsschmerz zuließ, fiel ich in diesen Abgrund. Die Bewältigung dieser Trennung dauerte dann auch mehr als zwei Jahre, durch die ich zum ersten Mal den bis dahin verdrängten Schmerz spürte.

Allein sein bringt die Chance, Seiten bei sich zu entdecken, die ich in Gesellschaft anderer nie wahrnehme. Gleichzeitig wirft es uns auf uns selbst zurück. Wir sind mit uns konfrontiert.

Allein sein ist wie die Aufgabe, mit uns selbst zu wachsen. Vor der Begegnung mit sich selbst, dem Zurückziehen in die eigene Gefühlswelt, schrecken daher die meisten zurück. Lieber lenken wir uns ab. Dies zeigt sich unter anderem recht deutlich in den fünf Typen der *Freizeitgestalter,* die Sabine Asgodom in ihrer Beobachtung festmachen konnte:

① *Die Schildkröten* ziehen sich nach getaner Arbeit in ihr Haus zurück und rühren sich nicht von der Stelle. Fernsehen, Bücher und Alkohol sind dabei eine gute Unterstützung.

② *Die Fitneßfanatiker* treiben nicht Sport, sie werden vom Sport getrieben. Man findet sie auf Tennisplätzen, Waldwegen und in Fitneßstudios.

③ *Die Nestflüchter* sind überall, nur nicht zu Hause. Sie ertragen es keine Stunde, ruhig zu Hause zu sitzen.

④ *Die Freudlosen* kennen nichts als die Arbeit. Entweder im Unternehmen oder zu Hause beim Hausbau oder sonstigem arbeitsintensiven Hobby.

⑤ *Die Wiesel* widmen ihre Freizeit den Möglichkeiten, ihre Karriere zu unterstützen. Sie sind meist da, wo Leute zu treffen sind, die ihnen nützen könnten.

Frage an Sie:

■ Wann waren Sie das letzte Mal mit sich allein?

Ein neuer Anfang

Zwar liegen mir zu dem nachfolgenden Thema keine »harten« statistischen Daten vor, doch glaube ich aus der Erfahrung vieler Gespräche heraus sagen zu können, daß sich Männer in Zweitbeziehungen eindeutig mehr für jüngere Frauen interessieren.

Die Geschichten, die ich erfahre, klingen dabei bisweilen wirklich wie die bekannten Klischees:

Der erfolgreiche Firmeninhaber, über zwei Jahrzehnte glücklich verheiratet, verliebt sich in die junge Frau Mitte 20, fängt ein Verhältnis mit ihr an, gesteht schließlich seiner Frau die Affäre, trennt sich von seiner Frau und geht eine neue Beziehung mit seiner neuen Freundin ein.

Aus der Sicht der Frauen sieht diese Neuorientierung, um einmal Erika Fischer zu zitieren, so aus:

»Was sich ändert mit 40, ist der Anspruch, mein Anspruch an die Männer!«

Wobei sie unter den Gleichaltrigen kaum einen potentiellen Partner sichtet:

»Ich bekomme von diesen Männern kein Feedback – die hören nicht zu, die können nicht mehr zuhören, weil sie Angst haben vor uns 40jährigen Frauen.

Denn uns macht so einer doch nichts mehr vor. Deswegen haben wir's schwer miteinander: Wir kennen uns zu gut, und diese Art der Kenntnis ist nicht erotisch anziehend.

Außerdem will der 40jährige Mann Sex, und zwar sofort, und Sex verändert die Beziehung.

Und wenn sie eine Frau wollen, dann soll's ein Teenie sein. In der virilen Alterspanik wollen sie etwas Junges; aber nicht weil diese Mädels erotischer sind. Die Männer denken, das sei formbares Material, da könnten sie noch einmal etwas basteln, Gefühle aufdrücken, Einfluß haben. Das ist ja jetzt nun mal bei mir nicht mehr so. Mit 40 ist man in unserer Generation fertig. Punkt. Die Männer auch, aber sie realisieren es nicht. Wollen nicht, können nicht.«

Dann die Stimme eines 40jährigen Mannes, der das ähnlich sieht:

»Flirten kann er heute nicht mehr. ›Je älter, desto plumper!‹ Du bist einfach nicht mehr der flotte Jüngling, der straffe Boy, der in der Badehose kraftstrotzend durchs Schwimmbad stolziert; du hast schon ein bißchen Hängebauch, Hexenschuß, Geheimratsecken, Goldzähne und kaschierst mit der American Express Gold Card und einem tiefer gelegten Mercedes die Jahre auf dem Buckel. Die Zuckerpuppe schleppst du vielleicht noch zu einem Weekendtrip in ein besonders teures Hilton ab, aber das kannst du ja nicht mehr mit jugendlicher Frischheit tun!

Ein 40er, der sich heute scheiden läßt, kann sich wohl eine 20jährige angeln – aber was, außer ein paar schönen Stunden im Bett, kann er mit ihr anfangen? Er wird es schwer haben mit dem Kommunizieren, die Altersdifferenz ist zu groß – wie sollen die beiden denn zueinanderkommen?« (Roos).

Vielleicht wäre das ein Thema für ein eigenes Buch. Rekapituliert man nun die oben zitierten Aussagen, so stellen sich im Zusammenhang mit dem »neuen Anfang« zu Beginn der 40er eine Reihe von Fragen wie etwa:

- Worin besteht für jemanden der Gewinn, der sich mit einem Partner, der eine Generation jünger ist, auf das Abenteuer einer Beziehung einläßt?
- Was lebe ich in der zweiten Beziehung, das ich in der ersten nicht gelebt habe?
- Wie wirkt sich der Altersunterschied aus?
- Was verbindet – was trennt zwei altersmäßig so unterschiedliche Partner?

Man kann das auch anders sehen, nämlich die positiven Möglichkeiten. Hören wir als Ausgleich das Loblied des älteren Mannes, das Katharina Von der Leyen in der Frauenzeitschrift *marie claire* unter dem Titel »Ein Herz für Oldies« singt:

»Ältere Männer haben jüngeren gegenüber nämlich Vorteile, die sich nicht gegen den härtesten 501-Hintern aufwiegen lassen. Das ist etwa vergleichbar mit der Entscheidung, ob man sich einen Welpen oder einen ausgewachsenen Hund ins Haus nimmt. Junge Hunde mögen diesen gewissen tollpatschigen Kindercharme haben, der sie für den Augenblick unwiderstehlich macht, die älteren dagegen haben schon eine gewisse

Grunderziehung hinter sich und sind trotzdem lernfähig – stubenrein sind sie auch.

Ältere Männer haben bereits ein oder zwei Leben gelebt und wissen einen zu schätzen. Eine junge Frau ist ihre zweite Chance, die neue Batterie, an der sie sich aufladen wollen.

Sie haben normalerweise aus früheren Fehlern gelernt und werden zumindest versuchen, sie nicht zu wiederholen ...

Sie lassen einem mehr durchgehen, weil sie eher wissen, worauf es wirklich ankommt (und weil sie vielleicht nicht mehr die Energie haben, sich andauernd vehement aufzuregen).

Mit einem älteren Mann ist eine gleichberechtigte Beziehung eher möglich, weil das Kräftemessen, dem man mit einem gleichaltrigen oder jüngeren Mann oft ausgesetzt ist, völlig flachfällt. Sie haben ihre Karriere gemacht, sie haben ihre Freunde, stehen mit beiden Füßen im Strom der Zeit – warum sollten sie mit jemandem in Konkurrenzkampf treten, der nur halb so alt ist?

Ältere Männer lassen einen in Ruhe und sehen wohlwollend zu, wie man sein eigenes Leben angeht. Natürlich gibt es unter ihnen auch solche, die einen plötzlich wie eine Tochter behandeln. Das sind dann die mit dem Vaterkomplex, aber die kommen eher selten vor.

›Vaterfigur? Meiner? Machst du Witze?‹ meinte eine Freundin, die mit einem 45jährigen Banker zusammenlebt. ›Er muß in seinem Job so eisenhart sein, daß er sich zu Hause wie ein Dreijähriger benimmt.‹«

Zwischen Lust und Liebe

Zum Schluß im »Irrgarten Liebe« sollen noch ein paar Gedankenanstöße zum Thema »Sexualität« stehen.

Auch in unserer Zeit noch ein heikles Thema! Vor drei Jahren hatte ich ein langes Gespräch mit einem Mitarbeiter von *Management Wissen,* der für einen Artikel über »Sex und Manager« recherchierte. Ich wartete dann auf das Erscheinen des Artikels. Er ließ auf sich warten. Schließlich rief ich an und erfuhr: Der Redaktion war das Thema doch zu brenzlig gewesen.
Dem Thema »Sexualität« wird zwar öffentlich in Illustrierten und Büchern viel Raum gegeben, nicht aber im privaten Gespräch. In den Gesprächen von Männern wird es häufig entweder platt und abgedroschen abgehandelt oder völlig ausgeklammert.
Für viele Manager scheint hier ein wunder Punkt zu liegen. Sabine Asgodom, die mit Managern viele Gespräche auch zu diesem Thema führte, erzählt davon, wie ihre Gesprächspartner verlegen oder unnatürlich aufgedreht reagierten, ohne jedoch etwas Konkretes zu sagen.
Dabei besteht in manchen Männerköpfen eine seltsame Verwirrung über die Beziehung zwischen Sexualität und Partnerschaftskrisen.
Sie vermuten, daß »mangelhafte« (wie immer sie aussehen mag) Sexualität die Ursache von Krisen ist. Meinem Eindruck nach ist es in den meisten Fällen genau umgekehrt. Nicht der Sex ist schuld.

Thesen:

- Die Beziehung kommt in eine Krise – und diese Krise wirkt sich in der Sexualität aus.
- Ein Grund kann sein, daß der Mann den Hauptteil seiner Energie der Arbeit widmet und deshalb wenig Kraft übrig hat, sich »lustvoller Sexualität« zu widmen.
- Ein anderer Grund mag sein, daß beide Partner sich entfremdet haben oder Konflikte noch nicht ansprechen.

Wenn Sie mit dem Sex in Ihrer Beziehung unzufrieden sind, haben Sie zwei Möglichkeiten, den Gründen auf die Spur zu kommen:

- Fragen Sie sich: »Was läuft zur Zeit schief in der Beziehung?«
- Wenn Sie keine Antwort wissen, stellen Sie ihrer Frau die gleiche Frage!

Sexualität wird im Alltag meist verkrampft oder mit einer gespielt unangemessenen Lockerheit behandelt. Aber weil wir es nicht anders kennen, fällt es uns nicht weiter auf, und wir empfinden dies als normal.

Das dies wirklich die traurige Normalität ist, wurde mir besonders bei einem Tantratraining mit dem Untertitel »Training für Ekstase und Liebe« bewußt. Denn hier machte ich die Erfahrung, daß eine viel entspanntere Haltung möglich ist.

Das Training ging über dreimal 10 Tage während eines Jahres und fand in einem schönen Hotel am Chiemsee statt. Die Teilnehmerzahl lag etwa bei 50, wobei die Zahl

von Männern und Frauen fast gleich war. Die meisten waren allein gekommen, aber es gab auch einige Paare. Das Alter der Teilnehmenden reichte von Anfang 20 bis 67 Jahren, wobei der Schwerpunkt im Alter zwischen 35 und 45 Jahren lag. Die Berufe waren bunt gemischt: vom Unternehmer über die Ärztin bis zur Hausfrau und dem Arbeitslosen, wobei die Kosten von einigen tausend Mark sicherlich als Filter wirkten.
Ich weiß nicht, mit welchen Assoziationen Sie, lieber Leser, das Wort »Tantra« aufnehmen. Einer der Teilnehmer, ein renommierter Managementtrainer, meinte zu mir: »Ich kann meinen Teilnehmern unmöglich erzählen, daß ich ein Tantratraining gemacht habe. Was würden die von mir denken!«
Das Thema des Kurses war unsere Sexualität und unsere sexuellen Energien, manchmal theoretisch, manchmal sehr praktisch und körpernah behandelt. Aber die Atmosphäre und der Raum, der durch die beiden Trainer geschaffen wurde, war nie schwül oder gar »geil«. Statt dessen entwickelten sie eine Stimmung voller Respekt, Liebe und Humor. In Gesprächen und Übungen wurde zunächst zu Beginn und daraufhin immer wieder neu versucht, die Blockaden, die wir zum Thema Sex in uns errichtet haben, anzuschauen und aufzulösen. Zum Beispiel sind wir es überhaupt nicht gewohnt, dem Partner beim Sex offen und konkret mitzuteilen, was uns gefällt. Statt dessen tappen wir mehr oder weniger (un)sensibel in diesem Bereich herum und versuchen nach der Methode »Versuch – Irrtum« herauszufinden, was dem anderen gefällt. Vielleicht haben wir Glück – vielleicht verpassen wir aber auch eine Menge von Möglichkeiten.
Jeder ist anders. Daß wir uns viel mehr unterscheiden, als wir normalerweise vermuten, wurde gerade durch den vielfältigen Austausch in dieser großen Gruppe deutlich. Nach diesen Erfahrungen sah meine Phantasievorstel-

lung für die Paarfindung der Zukunft so aus: Bevor zwei, die sich gefunden haben, das erste Mal »frei« ins Bett gehen, geben beide sich eine Einführungsstunde in das, was sie wünschen und gern haben. Etwa so: »Hier am linken Ellbogen, wenn ich da gestreichelt werde, darauf fahre ich ab. Nein, etwas weiter oben und nicht ganz so fest. Und dann noch den Rhythmus etwas langsamer. Noch langsamer und etwas stärker. Genau so!« (Wollen Sie diese Vorlieben alleine herausfinden, müssen Sie schon sehr, sehr einfühlsam sein.)
Reden fällt uns in intimen Situationen deshalb so schwer, weil wir befürchten, die Atmosphäre kaputtzumachen. In einigen Büchern habe ich den Ratschlag gelesen, man solle die Informationen über Vorlieben und Abneigungen dem anderen wortlos mittels Körpersprache vermitteln. Wenn die erste Hemmschwelle genommen ist, ist Sprechen jedoch viel einfacher. Zwar erfordert es Anlauf und etwas Mut, aber es lohnt sich!
Durch das Training gewann ich noch weitere für mich wichtige Einsichten. Bis dahin war ich ganz selbstverständlich davon ausgegangen, daß zwischen zwei Partnern immer eine hohe sexuelle Grundspannung gegeben sein muß, wenn es um Erregung und Befriedigung geht. Ich lernte nun, daß auch in der Sexualität zwischen Geben und Nehmen viel mehr Raum sein kann. Denn wenn zwei Partner übereinkommen, daß jeder dem anderen eine Stunde nur zu geben bereit ist und ausschließlich für ihn da sein will, dann kommt zu der üblichen Form von sexueller Beziehung noch ein Element von Freundschaft dazu.
Ein Ziel des gesamten Trainings war es, einen völlig neuen Raum jenseits der üblichen Sexualität zu zeigen. Jeder von uns ist eine bestimmte Erregungsstufe gewöhnt; dann wird die Erregung zu stark und entlädt sich im Orgasmus. Das gilt im Prinzip genauso für Frauen wie für Männer,

wobei Männer allerdings verglichen mit der Frau nach dem Orgasmus eine längere Erholungspause brauchen. Im Tantra geht es nun darum zu lernen, sich immer mehr in die Erregung *hinein* zu entspannen und auf diese Weise mehr Erregung zuzulassen.

So schreibt Margo Anand Naslednikov in ihrem Buch über Tantra:

»Solange der Orgasmus mit Ejakulation gleichgesetzt wird, ist der Mann immer der zu kurz Gekommene, weil er zu kurz »kommt« – meistens vier bis zehn Sekunden lang. Viele glauben, daß das Ziel des Liebesspiels in einer möglichst intensiven Entladung sexueller Spannung besteht – besonders Männer, denen man beigebracht hat, daß Sex ohne Ejakulation nichts wert ist.

Durch das Training, das dieses Buch bietet, kann der Mann allmählich lernen, seinen Ejakulationsdrang zu kontrollieren, so daß er den Zeitpunkt des Samenergusses selbst bestimmen kann, statt ihn als unwillkürlichen Spasmus zu erfahren. Im Laufe der Entwicklung der ekstatischen Reaktion erleben Männer, daß sie noch nicht einmal ejakulieren müssen, um sich sexuell befriedigt zu fühlen. Tatsächlich können Männer im ›Hohen Sex‹, ähnlich wie Frauen, mehrere Orgasmen haben, wenn sie Orgasmus und Ejakulation als getrennte Abläufe erleben. Das versetzt den Mann in die Lage, das Liebesspiel mit seiner Partnerin praktisch unbegrenzt zu verlängern. Es ist für einen Mann möglich, ohne Samenerguß Orgasmen zu erleben, die von kräftigen genitalen Vibrationen bis zu den feinsinnigen Strömungsempfindungen im ganzen Körper reichen. Es kommt dann nicht zu dem abrupten Rückzug nach der Ejakulation, der für Männer nach dem Samenerguß typisch ist.«

Wichtig ist dabei das Muskeltraining. Es ist das gleiche, das Frauen bei der Rückbildungsgymnastik nach der Geburt nutzen. Wenn Sie auf der Toilette beim Urinieren den Strahl anhalten, dann verwenden Sie den Muskel, der zu stärken ist. Und so trainieren Sie ihn: anspannen – loslassen, fünfzehn-, dreißig-, siebzig-, dreihundertmal! Kurz, dann lang, zwei bis drei Sekunden den Muskel angespannt lassen.

Wie sich in meinem Tantratraining zeigte, steht jeder mit seiner eigenen Sexualität auf einer anderen Entwicklungsstufe.

Einige gingen ein großes Stück in Richtung des zuvor beschriebenen Bereichs des »Hohen Sex«, andere waren glücklich, ihr normales Sexleben befriedigender gestalten zu können.

Schließlich noch ein letzter Tip: Vielleicht kann ich als Mann in 5 Minuten durch Sex meine Spannungen abbauen, aber das hat nichts mit erfüllter Sexualität zu tun. Die Qualität meiner Sexualität ist auch abhängig von der Zeit und dem Zeitpunkt, die ich ihr gebe. Die ungünstigste Zeit ist spätabends. Denn dann bin ich müde, und mein Körper möchte einschlafen. Woher soll dann noch Energie über ein notwendiges Minimum hinaus kommen?

Deswegen als Anregung:

- Sorgen Sie für Zeit.
- Nutzen Sie hier Ihre Fähigkeiten, zu planen und zu organisieren.

Kapitel 6
Körper und Gesundheit

Der Manager von heute ist körperbewußter geworden. Er weiß, daß körperliche Energie und Gesundheit die Basis seiner Leistung sind. Körperliche Fitneß setzt Intuition und Kreativität frei.

In meinen Seminaren erlebe ich, wie erfrischend bereits zwei Minuten Bewegung sein können. Wer erschöpft, müde und träge ist, der wird oft schon durch ein solches Minimum an körperlicher Aktivität angeregt, wieder frisch und wach zu werden.

Wenn wir für den Körper sorgen, sorgen wir auch für den Geist. Ein Teilnehmer beschreibt seinen Energiezuwachs durch sportliche Aktivität folgendermaßen: »Letztes Jahr habe ich mir zwei Wochen Sporturlaub mit Bestandsaufnahme, Aufbautraining und ständiger Betreuung gegönnt. Nach den zwei Wochen hatte ich alle Probleme vergessen und fühlte Kraft, alle Probleme im Unternehmen anzupacken. Erholt, voller Schwung kam ich zurück.«

Ein anderes Beispiel: Eine Vertriebsmannschaft reist zum Seminar an, ausgepowert, den Kopf voller Termindruck. In den ersten Stunden wird ihnen die Aufgabe gestellt, angeseilt eine eindrucksvoll hohe Kletterwand zu erklimmen. Drei Stunden später sind die Teilnehmer nicht mehr wiederzuerkennen. Zwar körperlich etwas ermüdet, aber voller Energie und Stolz über die erbrachte Leistung, mit neuem Vertrauen in die eigene Kraft. Gleichzeitig haben sie Abstand zu den Gedankenquälereien gewonnen, die sie mitgebracht hatten.

Jetzt ist der beste Ausgangspunkt für intensive offene Gespräche, neue Ziele und Visionen.
Der Mensch ist so auf Bewegung und körperliche Betätigung angelegt, das es mir oft schon fast pervers scheint, wie viele Kopfarbeiter Bewegung vermeiden. Oder anders formuliert: Sie haben keine Zeit dafür, weil sie Wichtigeres (?) zu tun haben.

Kraft und Bewegung: Genuß statt Pflicht

Körperliche Gesundheit und Fitneß sind Grundlage für die berufliche Leistung.
Die Fakten sehen jedoch so aus: 70 Prozent der Nachwuchsmanager klagen, wie Gefken berichtet, über Herzflimmern oder Kreuzschmerzen, über Magenverstimmungen oder Migräne. Durchgehend scheint es ihnen an Zeit zu fehlen, sich um ihre Gesundheit zu sorgen. Die meisten haben während der Schule und des Studiums Sport getrieben, ihn dann aber aufgegeben. Während ihrer Berufstätigkeit schwanken sie nun oft zwischen exzessivem Sport und völliger körperlicher Inaktivität.
Dabei geht es gar nicht um ein Übermaß an körperlicher Anstrengung, das im Endeffekt gar nicht die erhoffte gesundheitliche Besserung bringt. Bereits regelmäßiges leichtes Trainieren stärkt die Abwehrkraft des Körpers und bietet so erhöhten Schutz vor Krankheiten. Ein idealer Gesundheitsschutz besteht darin, wöchentlich regelmäßig durch Bewegung zwischen 1500 und 2000 Kalorien zu verbrauchen. Eine Stunde Tennis pro Woche, die Treppen steigen, statt den Fahrstuhl zu nehmen, dazu ein täglicher Spaziergang von einer halben Stunde – schon wird diese Verbrennungsleistung erreicht.
Sind Sie schon auf dem Weg zum Einklang mit sich selbst,

wenn Sie brav die eben beschriebenen körperlichen Mindestleistungen erbringen?
Nein.

These:

- Sie können durch Bewegung und Sport mehr mit sich in Einklang kommen – aber auch weiter weg davon!

Entscheidend ist das *Wie*.

Roman und Heinrich sind Arbeitskollegen. Beide sind Anfang 40. Wenn sie sich auf die Waage stellen, registrieren sie, wie der Zeiger allmählich nach weiter rechts wandert. Auch die Luft beim Treppensteigen geht schneller aus. Als dann ihr Hausarzt ein paar Bemerkungen über gesundheitliche Risiken über 40 macht, ist das Maß voll. Sie beschließen, jeder für sich, wieder mit Sport anzufangen.
Nachdem Roman den Entschluß gefaßt hat, setzt er ihn konsequent um. Zunächst holt er sich die passende Lektüre, um sich zu informieren, welche Sportarten am effektivsten sind und wie ein erfolgreiches Training aussehen könnte. Er entschließt sich für das Laufen, mit dem er schon zu seinen Schulzeiten Erfolge hatten. Dann stellt er sich einen Trainingsplan auf, kauft sich gute Joggingschuhe, eine Stoppuhr und beginnt.
Bereits nach wenigen Wochen stellt er fest, wie er wieder in Form kommt, und genießt das sehr. Systematisch weitet er seine Strecke aus. Er wird immer ausdauernder.
Irgendwann stellt er sich die große Frage: Ob ich es schaffe, noch einmal einen Marathonlauf durchzustehen?

Roman überträgt die Haltung, mit der er im Berufsleben seine Erfolge erzielt, auf seine sportlichen Aktivitäten. Er ist ehrgeizig. Die größte Freude und Befriedigung über

seine sportliche Tätigkeit empfindet er in einem ganz bestimmten Moment. Der ist immer dann gekommen, wenn er erschöpft seine Strecke bewältigt hat, auf die Stoppuhr schaut und feststellt: Ich war schon wieder etwas schneller! Dann ist er glücklich.
Bewegung an und für sich gefällt ihm zwar, aber sie wird immer mehr Nebensache. Das ursprüngliche Bedürfnis ist vergessen. Es geht ihm nur noch um Leistung.
Freude und Genuß zieht Roman nicht aus dem Laufen an sich, sondern an dessen Messung und Bewertung.
So flatterte mir letztlich der Prospekt einer Firma zum »Ganzheitlichen Gesundheitsmanagement« entgegen, die damit wirbt: »Alter schützt vor Leistung nicht«. Und ihr Referent ist stolzer erster deutscher »Doppel-Ultramann« (Damit sie wissen, was dieser Mann zu leisten imstande ist: Hier geht es um 10 km Schwimmen, 420 km Radfahren, 84 km Laufen auf Hawaii), der, laut Anschreiben, »seinen Marathon so nebenher zum Frühstück absolviert«.
Wäre das nicht auch etwas für uns? Vielleicht könnten wir ja die ersten deutschen »Dreifach-Ultramänner« werden?
Wie sah das wohl früher aus? Ein schrecklicher Gedanke: die Zeit, als es noch keine Uhren gab. Wieviel schwerer hatten es da doch unsere Vorfahren, Freude an der sportlichen Leistung zu empfinden! (Was hätten sie wohl von dem heutigen absurden Rummel um die Hundertstelsekunde gehalten?)

Thesen:

- Ihr Körper ist keine Maschine. *Sie sind* der Körper.
- Wenn Sie ihren Körper wie eine Maschine behandeln, werden Sie selbst zur Maschine.

Körper und Gesundheit

Vielleicht »pflegen« und »warten« Sie Ihren Körper sorgfältig, damit er voll funktionstüchtig bleibt. Das ist in jedem Fall sinnvoll. Dann werden Sie länger gesund sein und bessere Leistungen bringen.
Wenn Sie jedoch Ihren Körper allein wie eine Maschine behandeln, dann können Sie nie in Harmonie mit sich kommen. Wie wollen Sie Einklang mit sich spüren, wenn Sie einen wesentlichen Teil Ihrer Existenz wie ein *Objekt* behandeln?

Frage an Sie:

■ Wie behandeln Sie Ihren Körper?

Dabei schließen sich Leistung und Genuß gegenseitig nicht aus. Eine Menge Mischformen zwischen beiden sind denkbar.
Das zeigen Ergebnisse von Spitzensportlern. James Loehr hat in den USA Spitzensportler, die er trainiert, immer wieder über ihre Einstellungen befragt und ist dabei zu verblüffenden Resultaten gekommen. Von 50 Höchstleistungen, die analysiert wurden, ereigneten sich alle 50 ohne Ausnahme im Bereich der »hohen positiven Energie« von Freude und Begeisterung.

These:

■ Der wesentliche Unterschied beim Sport besteht darin, ob ihr Ziel das Ergebnis oder der Genuß bei der Betätigung ist.

Der Unterschied zwischen dem Ergebnis-Sportler und dem Genuß-Sportler ist der:

- Der »Ergebnis-Sportler« richtet den Blick in die Zukunft. Die gegenwärtige sportliche Aktivität ist nur ein Mittel zum Zweck. Die Freude kommt vom Ergebnis her.

- Der »Genuß-Sportler« freut sich an der Gegenwart. Er genießt die unterschiedlichen Möglichkeiten, den Körper zu spüren, zu bewegen, auszutoben, zu entspannen oder abzurackern. Er freut sich über sein Ergebnis, aber zieht seinen Genuß aus der Tätigkeit an sich.

Noch ein Blick zurück zu dem vorgenannten Kollegen Heinrich, der gleichzeitig mit Roman mehr für seine Gesundheit tun wollte.

Heinrich holt sich zunächst wie Roman auch einige Bücher über modernes Training über 40. Er liest die Tabellen über den optimalen Sauerstoffverbrauch und die jeweils geforderten Minutenzahlen.
Aber dann schreckt er zurück. »Das Wichtigste ist«, sagte er sich, »daß es mir Spaß macht. Ich habe schon im Beruf Streß genug. Ich will mir jetzt nicht auch noch die Freizeit kaputtmachen! Wozu habe ich denn Lust? Laufen, Schwimmen, Tennis, Golf? Am meisten gefällt es mir immer, wenn noch andere Leute mitmachen. Vielleicht sogar meine Frau? Das wäre toll!«
Zwei Monate später ist Heinrich mit sich und der Welt zufrieden. Jeden Mittwochabend geht er mit seiner Frau das goldene Tanzsportabzeichen machen. Seine Tanzhemmungen hat er inzwischen überwunden. Außerdem nimmt er jetzt Tennisstunden, um seinen alten Jugendtraum, Tennis zu spielen, zu verwirklichen. Weil er gemerkt hat, wie schnell ihm dabei die Puste ausgeht, fährt er bei schönem Wetter mit dem Fahrrad ins Büro. »So schwungvoll habe ich mich ja schon lange nicht mehr gefühlt. Wie gut, daß ich damit angefangen habe«, erzählt er im Büro.

Wenn Sie laufen wollen, haben Sie zwei Möglichkeiten:

- Sie können in ein Fitneßstudio gehen, sich auf ein Laufband stellen, die genaue Geschwindigkeit und Steigungshöhe einstellen und so die perfekte Kontrolle über Ihre Leistung haben.
- Sie können aber auch zum nächsten Wald radeln und für die Zeit, die Sie möchten, loslaufen.

These:

■ Je mehr Sie beim Bewegen mit der Natur in Kontakt kommen, desto erholsamer und erfrischender ist das, was Sie tun.

Die Natur ist eine der großen Kraftquellen. Deswegen zieht es auch so viele im Urlaub ans Meer oder in die Berge. Wollen Sie sich selber näherkommen, ist nichts hilfreicher als eine natürliche Umgebung. Das erlebe ich bei Seminaren, in denen es um die eigene Persönlichkeit geht. Da gibt es zum einen die preisgekrönten Seminarhotelkästen mit der ausgefeilten Seminartechnik und dem möglichst persönlichen Massenbetrieb. Für informatorische Großveranstaltungen sicherlich ein guter Rahmen.

Geht es aber um die eigene Person, um Lebensfragen, um Entspannung und Einklang, dann ist nichts höher zu schätzen als ein kleines Seminarhaus mit Wald oder einem See in der Nähe. Natur nährt.

These:

■ Je entfremdeter jemand der Natur ist, desto entfremdeter ist er sich selbst.

Je künstlicher wir leben, desto künstlicher werden wir. Was schließlich übrigbleibt: kopfgesteuerte Stadtmenschen mit Hirnen voller Zahlen, die exotische Natur am Fernsehschirm genießend. Wir sind ein Teil der Natur. Wenn wir uns von der Natur um uns herum entfernen, entfernen wir uns von unserer eigenen Natur.

High von den eigenen Hormonen? Streß und die 20-Minuten-Pause

»Ich habe mir das Kaffeetrinken abgewöhnt«, erzählt mir bei einem Treffen ein befreundeter Firmenchef. »Richtiggehende Entzugserscheinungen habe ich dabei bekommen.« »Da mußt du aber vorher viel getrunken haben?« frage ich nach. »Ja, ich habe festgestellt, daß ich mich immer wieder mit dem Kaffee gepuscht habe, gerade dann, wenn ich keine Lust mehr zum Weiterarbeiten hatte. Das wurde dann immer extremer.«

Vor einigen Monaten stieß ich auf ein Buch mit dem Titel »20-Minuten-Pause«, das ich mir sicherlich nie näher angesehen hätte, wenn ich den Autor nicht schon gekannt hätte. Und zwar ist der Autor Ernest L. Rossi, einer der bekanntesten Schüler des Begründers der neuen Hypnotherapie, Milton H. Erickson. Ich fragte mich, wie ein derartig guter Mann zu einem solch »primitiven« Thema kommt – und kaufte mir das Buch.
Fasziniert las ich es während einer Zugfahrt durch.
Anschließend stellte ich fest, daß ich ein neues Verständnis für meinen Arbeitsrhythmus gewonnen habe. Ich trinke seitdem weniger Kaffee und achte zudem mehr auf mein Bedürfnis nach Pause.

Der entscheidende Begriff des Buches ist »ultradian«. (Das Buch bietet über die folgenden Ausführungen hinaus noch eine Menge interessanter Ideen und Anregungen.) Als »ultradian« werden Rhythmen bezeichnet, die sich mehrmals am Tag zyklisch wiederholen und in Stunden und Minuten gemessen werden können. Durch unseren ganzen Tag zieht sich ein allgegenwärtiger Rhythmus von 90 bis 120 Minuten Aktivität und 15 bis 20 Minuten Ruhe. Zwischen zwölf- und sechszehnmal am Tag spüren wir die Wirkung dieses Rhythmus.

Wir erleben eine Phase der Aktivität, in der wir einen Gipfel erhöhter Wachsamkeit und Leistungsfähigkeit erleben.

Danach folgt ein Tal der Ermüdung, in dem der Körper das Bedürfnis nach Abschalten und Regeneration hat.

Seit den 50er Jahren haben Biomediziner und Forscher, häufig in den Laboratorien der US-Armee arbeitend, zahlreiche subtile innere Rhythmen des Körpers und des Gehirns entdeckt. Die Wissenschaftler erforschten zunächst den Schlaf und die Träume und entdeckten dabei den oben beschriebenen grundlegenden Ruhe-Aktivitäts-Zyklus. Die Entdeckungen brachten vor allem Erkenntnisse über menschliche Leistungsschwächen: Flugzeugunglücke, die auf einen Pilotenfehler und nicht auf mechanische Ursachen zurückzuführen waren, Fehler von Fluglotsen, die falsch reagierten, Launenhaftigkeit, Reizbarkeit und sogar psychosomatische Erkrankungen bei Menschen in Schlüsselpositionen.

In den letzten drei Jahrzehnten ist in Hunderten von Forschungsarbeiten gezeigt worden, daß eine überwältigende Anzahl von Seele-Körper-Systemen solche 90- bis 120minütigen ultradianen Rhythmen mit hoher Aktivität aufweist, auf die dann regelmäßig eine Periode der Ruhe folgt. Die Ergebnisse weisen sogar darauf hin, daß alle unsere wichtigen seelisch-körperlichen Systeme der Selbstregulierung – das vegetative Nervensystem, das endokrine System und das Immunsystem – über wichtige 90-

bis 120minütige grundlegende Ruhe-Aktivitäts-Zyklen verfügen.
Einer der Entdecker dieser Zyklen, Nathaniel Kleitmann, glaubt, daß dieser Rhythmus ein wesentliches Element des Lebensprozesses ist.
Zu diesem Rhythmus, so schreibt er, »gehören Hungerkontraktionen des Magens und sexuelle Erregung, Prozesse, die der Selbsterhaltung und der Erhaltung der Art dienen«.
Einige Symptome, die anzeigen, daß Sie möglicherweise schon längere Zeit Ihren natürlichen Rhythmus zwischen Aktivierung und Pause verloren haben, möchte ich hier kurz aufführen: hoher Blutdruck, Verdauungsbeschwerden, Kopfschmerzen, psychische Erschöpfung, Depressionen, krasse Stimmungsschwankungen, Sucht nach Kaffee, Zigaretten, Alkohol, Süßigkeit, Medikamenten, ungenügende Erholung in der Nachtruhe.
Wenn Sie anfangen wollen, mehr nach Ihrem natürlichen Rhythmus zu leben, dann ist es als erstes wichtig, die Signale zu registrieren, die anzeigen, daß der Körper allmählich das Bedürfnis nach einer Pause bekommt. Das sind zum Beispiel:

- Sie möchten sich dehnen, strecken und ein bißchen herumlaufen.
- Sie gähnen.
- Sie bekommen plötzlich Appetit.
- Sie stellen fest, daß Sie urinieren müssen.
- Die Konzentration läßt nach.
- Sie machen Flüchtigkeitsfehler.
- Sie stellen fest, daß Ihr Körper verspannt oder erschöpft ist.

Stellen Sie eins oder gleich mehrere dieser Symptome bei sich fest, ist dies die Chance, eine Pause einzulegen

und dem natürlichen Rhythmus zu folgen, um dann wieder erfrischt und erholt mit neuer Kraft weiterzuarbeiten.
Statt dessen aber lassen wir uns meist von den inneren und äußeren Hindernissen abhalten. Wir gießen uns dann eine Tasse Kaffee ein, recken uns einmal, schütteln die Müdigkeit ab und arbeiten weiter.
Was wir damit tun: Wir mißbrauchen den Überlebensmechanismus, der dem Menschen in der Evolution zu überleben half. Immer wenn Leben und Gesundheit bedroht werden, schaltet der Körper blitzschnell auf höchste Aktivierung um. Er schüttet Hormone aus und macht die Muskeln bereit zu Kampf oder Flucht.
In dem Moment, in dem wir unsere Müdigkeitssignale überhören und uns zur Aktivität zwingen, setzen wir Adrenalin frei und bekommen damit neue Kraft. Sehr schnell fühlen wir uns wieder leistungsfähig und sind vielleicht sogar stolz, die Müdigkeit abgeschüttelt zu haben.
Dieser Energieschub kommt jedoch allein daher, weil wir »high« von unseren eigenen Hormonen werden. Wenn wir uns in einem derartigen Zustand befinden, wissen wir oft nicht mehr, wie und wann wir aufhören müssen. Wer hat noch nie einen hyperaktiven Workaholic erlebt, der in einem Wirbel von Aktivität an uns vorbeisaust und nicht merkt, wie wenig überzeugend in seinen Leistungen er auf uns wirkt.
Man erkennt eine typische Ausformung dieses Typs bei Günter Ogger in seinem Bestseller »Nieten in Nadelstreifen« wieder:

»Der Wichtigtuer: Man erkennt ihn am schnurlosen Funktelefon, mit dem er verwachsen zu sein scheint. Ob auf der Autobahn, an der Hotelbar oder auf dem Golfplatz – der Kerl quasselt. Ist er mal still, dann piept es dring-

lich aus seiner Jackentasche. Dieser Typ kennt keine Pause und keinen Feierabend, locker spult er die 60-Stunden-Woche ab, immer im Einsatz, aber oft mit verkehrtem Ansatz.

Der Hektiker wird getrieben von der Furcht, irgend etwas zu versäumen oder in kommende Katastrophen verwickelt zu werden. Er arbeitet viel, doch nicht immer effizient, er pflegt das ›Management by chaos‹ und bringt was in Bewegung, wenn auch oft in die falsche Richtung.

Konferenzen, bei denen er zuhören muß, langweilen ihn, am Schreibtisch hält er es nie lange aus, und wenn man mit ihm redet, hat man ständig das Gefühl, er sei mit den Gedanken woanders. Am häufigsten kommt der Hektiker im Mittelmanagement vor, als Verkaufsleiter, Betriebsingenieur oder EDV-Experte.«

Wenn Menschen sich an das faszinierende Gefühl gewöhnen, das ein solcher Hormonschub auslöst, können sie süchtig danach werden. Das zeigt nicht nur unsere alltägliche Erfahrung, darüber sind sich auch viele medizinische Experten einig.

Die Folge davon ist: Der Körper lebt von der Substanz. Wer sein Erholungsbedürfnis überhört, dessen Körper und Nervensystem reagiert darauf irgendwann mit Funktionsstörungen. Die Neigung zu Unfällen erhöht sich, einem unterlaufen Beurteilungsfehler und Fehleinschätzungen, Ungeduld und Reizbarkeit nehmen zu.

Wer sich dann noch der immer notwendiger angezeigten Erholung verweigert, wird irgendwann chronische körperliche Störungen erfahren, vor allem Herzstörungen oder Krankheiten im Magen- und Darmbereich.

These:

■ Wer seinen optimalen körperlichen Rhythmus nutzen will, der muß den Aktivitäts- und Pausenrhythmus beachten.

Viele Menschen haben festgestellt, daß sie am besten arbeiten können, wenn sie pro Tag zwei bis drei 15- bis 20minütige Erholungspausen machen. Lernen Sie, Ihre Körpersignale richtig zu deuten:

- Machen Sie sich keine Selbstvorwürfe, und glauben Sie nicht, daß Sie schwach sind, nur weil sie eine Ruhepause benötigen.
- Erkennen Sie die Pause als natürlichen Revitalisierungsprozeß, der Erschöpfung heilt und Kraft gibt.
- Lernen Sie, den Botschaften Ihrer Seele-Körper-Einheit zu vertrauen!

Wer lernt, bereits auf das erste Erkennungssignal zu reagieren, wird bald feststellen, daß sich gleichzeitig seine Atmung verändert.
Spontan und unwillkürlich atmet er ein- oder zweimal tief durch, seufzt genüßlich oder gähnt. Die Veränderung der Atmung kündigt an, daß sich das sympathische Nervensystem, das die körperliche Erregung und Aktivität steuert, etwas zurückzieht und das parasympathische Nervensystem, das für Entspannung und Heilung zuständig ist, die Kontrolle übernimmt.
Achten Sie dabei nur auf Ihre Atmung und darauf, wo in Ihrem Körper das Gefühl des Wohlbehagens am stärksten spürbar ist. Wenn Sie das tun, haben Sie die Möglichkeit, dieses wohltuende Gefühl auf Ihren ganzen Körper auszuweiten. Jeder von uns erlebt die Stufe völliger Erneuerung auf eine andere Weise. Manchen ziehen Gedanken

durch den Kopf, anderen lebhafte Bilder, und die dritten haben gefühlsmäßig Erlebnisse. Es gibt kein Ziel, sondern überlassen Sie sich einfach Ihren natürlichen Reaktionen. Am besten erholen Sie sich, wenn Sie sich wirklich entspannt hinlegen oder hinsetzen und abschalten. Wer viel sitzt, für den kann auch ein entspannender Spaziergang die Gelegenheit zu dieser heilsamen Pause sein. Wer eine solche Pause jedoch durch Lesen oder Fernsehen sucht, belastet den Kopf, anstatt ihn zu entlasten.
Vielleicht wäre es sinnvoller, ein anderes Wort als »Pause« für diese wichtigen inneren Prozesse zu benutzen. »Pause« – das ist irgend etwas, was man notgedrungen aus Erschöpfung heraus braucht. Eigentlich unterbricht es uns bei der Arbeit, und es wäre viel schöner, wenn wir keine Unterbrechungen bräuchten!
Aber diese 20 Minuten aktiver Erholung sind keine »Pause« in dem negativen Sinn des Wortes, wie er sich hier andeutet.

These:

■ Die Zeit der Kurzerholung ist keine Unterbrechung, sondern eine notwendige Zeitspanne, während der Körper und Geist sich bemühen, die »innere Buchführung« in Ordnung zu bringen.

Der Physiknobelpreisträger Gerd Binnig meint hierzu:

»In unserem Gehirn gibt es eben nicht nur zwei ›Management-Ebenen‹ – Bewußtsein und Unterbewußtsein –, sondern wesentlich mehr. Es hieß (früher): ›Ich entscheide das mit dem Verstand‹, aber dann ist da wohl irgend etwas in uns, was alles kontrollieren will. Und das ist einfach der falsche Weg. Entspannung ist ei-

gentlich der Weg dahin, daß das ganze Gehirn miteinander redet. Das ist ein Prozeß, der das ganze Gehirn durchflutet. Alles entscheidet mit. Dann trifft man natürlich viel besser die richtigen Entscheidungen, wenn alle mitdenken. Alle Teile und nicht nur so ein kleiner Teil, den wir Bewußtsein nennen.«

Manche Menschen benötigen Tage, andere ein paar Wochen, bevor sie ihren natürlichen Rhythmus wiederfinden. Der Weg dahin führt darüber, die erwähnten Hinweise auf ein mögliches Pausenbedürfnis möglichst sensibel zu registrieren und sich dann die notwendige Zeit zu nehmen.
Zusammen fassend noch einmal auf einen Blick, wie Sie selbst Ihr Erholungsbedürfnis diagnostizieren und zur aktiven Erholung nutzen können:

Methode: Die 20-Minuten-Pause.

① Achten Sie auf folgende Signale:

- Sie möchten sich dehnen, strecken und ein bißchen herumlaufen.
- Sie gähnen.
- Sie bekommen plötzlich Appetit.
- Sie stellen fest, daß Sie urinieren müssen.
- Die Konzentration läßt nach.
- Sie machen Flüchtigkeitsfehler.
- Sie stellen fest, daß Ihr Körper verspannt oder erschöpft ist.

② Fragen Sie sich bei einem solchen Signal:
Wollen mir diese Signale sagen, daß ich eine Pause machen soll?

③ Ist Ihre Antwort ja, machen Sie eine Pause von 15 bis 20 Minuten!
Lernen Sie mehr und mehr, die Pause zu genießen und zur Regeneration zu nutzen.

Kapitel 7
Mißtöne statt Einklang?

Was hindert uns daran, in Einklang mit uns zu kommen? Ist es nicht der Traum von uns allen, in Harmonie mit uns selbst zu leben? Wie entstehen dann die vielen Mißklänge und Disharmonien?

Werden wir nicht innerlich bereichert, wenn wir den äußeren Erfolg erreicht haben? Nicht selbstverständlich, wie die Beschreibung des ehemaligen *Stern*-Starreporters Jörg Elten zeigt:

»Mein Leben wurde immer mehr von äußeren Umständen geprägt. So war es mir jetzt ganz wichtig, eine gesellschaftliche Rolle zu spielen, bei den ›richtigen‹ Leuten eingeladen zu sein und ›wichtige‹ Gäste zu bewirten. Ich benötigte immer mehr Geld für meinen aufwendigen Lebensstil ... Ich war jetzt nicht mehr der Handelnde, sondern ein Getriebener. Mein Leben glich immer mehr dem Rad, in dem der Hamster ordentlich Tempo vorlegt. ... An Ausstieg dachte ich noch gar nicht, und so war es mir auch nicht bewußt, daß es von Jahr zu Jahr schwerer wurde auszusteigen. In stillen Momenten spürte ich, daß das Eis unter mir dünner wurde. Ich mußte schneller laufen, wenn ich nicht einbrechen wollte. Angst kam auf – die Angst davor, daß der frische Wind, der meine Segel blähte, jederzeit in eine Flaute umschlagen oder sich gar gegen mich wenden könnte.«

Frage an Sie:

- Erkennen Sie Muster, die hier beschrieben werden, in Ihrem eigenen Leben wieder?

Äußerer Erfolg und innere Befriedigung gehen nicht automatisch Hand in Hand. Beruflicher Erfolg kann, wie das Zitat zeigt, zum inneren Druck werden, der das eigene Leben einschränkt und in einen unangenehmen Rahmen zwängt.

Der »Siegermythos«

Bücher und Seminare, die versprechen, einen zum Sieger zu machen, boomen auf dem Markt. Wer interessiert sich nicht für die »Spielregeln für Sieger?«
Der Wunsch danach, Sieger zu sein, scheint in fast allen tief verwurzelt. Diese Sehnsucht ist der Dynamo, der beständig die Energien freisetzt, die uns zu Höchstleistungen und zu beruflichen Erfolgen führen. Der gesunde Menschenverstand muß weichen, wenn die geballte Ladung der »Siegersucht« einsetzt.

Der 46jährige Unternehmer Wolfgang Schulz wollte schon in der Schulzeit immer zu den Besten gehören. Ganz gleich ob im Sport oder in irgendeinem Leistungsfach – wenn er feststellte, daß andere ihm überlegen waren, setzte er alles ein, um sie zu übertreffen. Das ging später an der Universität genauso weiter. Ganz stolz war er, als er als einer der Besten seines Semesters mit 27 Jahren sofort eine begehrte Traineestelle bekam. 5 Jahre später setzte er zum nächsten Karriereschritt an und wechselte das Unternehmen. 3 Jahre später kündigte er, um sein eigenes EDV-Unternehmen aufzubauen. Jetzt hat er alles erreicht …

Seit einigen Monaten spürt er wieder die alte innere Unruhe. Er wird langsam unzufrieden und spürt wieder das Bedürfnis, sich eine neue Herausforderung zu suchen.
Er fängt an nachzudenken, und ihm drängt sich eine Frage auf: Wozu eigentlich das Ganze? Er wollte immer zu den Siegern gehören und hat es bisher auch immer geschafft.
Aber warum und wozu? Ist das einfach die Dynamik seiner Persönlichkeit? Oder will er sich etwas beweisen? Und wenn ja – was?
Manchmal fühlt er sich sehr gehetzt und unter Druck.
Dann beneidet er diejenigen, die mehr Zeit haben und ihr Leben mehr genießen. Schon oft hat er sich vorgenommen, sich mehr Zeit und Ruhe zu gönnen. Aber erst wenn er all das erreicht hat, was er sich vorgenommen hat! Nur – wann wird das soweit sein?
Bisher hat er erlebt, daß nach jedem erreichten Ziel ein neues Ziel am Horizont aufgetaucht ist, das ihn wieder neu antreibt. Zur Ruhe ist er trotz aller guten Vorsätze bisher noch nicht gekommen.

Ein altes Spiel von Kindern und Jugendlichen besteht darin, ihre Kräfte zu messen, der Beste sein zu wollen und dadurch die eigene Stärke zu erfahren.
Wer läuft am schnellsten? Wer springt am weitesten? Wer hat am meisten Kraft?
Miteinander kämpfen fordert uns alles ab, was wir geben können. Wenn wir es auf spielerische Weise tun, ist es ein Genuß. Dabei spüren und erfahren wir die eigene Kraft, unsere Stärke wird uns bewußt.
Kinder und Jugendliche entwickeln dabei gleichzeitig ein feines Gespür dafür, von welcher inneren Haltung Siegen und Verlieren getragen sein soll. Man darf sich als Sieger freuen und triumphieren (»Ich bin der Allerschnellste!«), als Verlierer darf man sich ärgern und sich vornehmen, das nächste Mal besser zu sein.

Aber das alles ist ein Teil des Spiels. Ein schlechter Gewinner oder Verlierer ist derjenige, der Sieg oder Niederlage allzu persönlich nimmt. Der Sieger, der auf dem vergangenen Erfolg herumreiten will, nachdem der Moment des Sieges vorbei ist, wirkt überheblich und arrogant. Genauso unsouverän wirkt der Verlierer, der sich tagelang grämt und nun vom Ehrgeiz zerfressen wird, es dem anderen heimzuzahlen. Beide haben die Regeln des Spiels nicht ganz verstanden.

Denn das Ziel ist immer das gleiche, egal ob beim Fußball, beim Raufen oder bei einem selbsterfundenen Spiel. Es geht um Freude und Spaß, um den Weltkampf und das Kräftemessen. Das Gefühl vom eigenen Wert und der eigenen Stärke ist dabei idealerweise unabhängig vom jeweiligen Ausgang des Wettstreits.

Dieses Spiel setzt sich ganz natürlich fort, wenn jemand in Schule und Ausbildung Hervorragendes leisten will und sich bereitwillig dem Leistungswettkampf stellt. Die Wettkampfhaltung geht in Fleisch und Blut über. In den 20 und mehr Jahren des Lernens an Schule und Universität erfolgt ein Vergleich nach dem anderen. Wer hat die beste Arbeit geschrieben? Und wer landet unter »ferner liefen«?

These:

- Es kann fatale Folgen haben, wenn sich jemand, der älter geworden ist, nicht mehr vom Siegerspiel der Kinder und Jugendlichen lösen kann.

Dann wird aus dem Spiel bitterer Ernst. Plötzlich scheint das persönliche Lebensglück vom jeweiligen Spielergebnis abzuhängen.

Wer nach dieser Maxime lebt, wird seine gesamten Energien in das Erfolgs- und Siegerspiel investieren. Wie durch ein Tunnel schaut er nur noch in Richtung Sieg und verpaßt mit seiner eingeschränkten Wahrnehmung all das Spannende und Wertvolle, was außerhalb dieses schmalen Blickwinkels liegt.

Frage an Sie:

■ Wie wichtig ist es für Sie, Sieger zu sein?

Nehmen wir den »Siegermythos« einmal genauer unter die Lupe! »Siegermythos«, damit meine ich dieses heimliche, ja dieses unheimliche Bedürfnis danach, immer und überall zu siegen.
Setzen wir uns mit einigen Grundlagen des Mythos auseinander. In seinem »Mann/Frau-Buch« behauptet Ron Smothermon, daß es eine universale menschliche Erfahrung des männlichen Erwachsenwerdens gibt.
Sie bestünde darin, daß es im Leben eines jeden Jungen eine Zeit gibt, etwa im Alter von 8 bis 10 Jahren, zu der er sein Leben bedroht sieht. Die Gefahr besteht konkret darin, von einem Schlägertypen vernichtet zu werden. Jeder Mann habe in seinem Verstand die Namen eines oder mehrerer Schläger gespeichert, die ihn damals terrorisiert haben.
Als ich das las, erinnerte ich mich prompt an die Gesichter derjenigen, die ich in meiner Schulzeit fürchtete. Damals hatte ich mich völlig allein mit diesen Ängsten gefühlt und versucht, sie vor mir selbst und vor anderen zu verstecken. Für mich war es sehr überraschend zu erfahren, daß ich offensichtlich nicht der einzige war, dem es als Junge so ergangen war.

Frage an Sie:

■ Deckt sich diese Behauptung mit Ihren Erfahrungen?

Smothermon beschreibt dann die Mechanismen, die ein Junge anwendet, um aus dieser Angstlähmung herauszukommen. Er wird etwa auf folgende Art mit sich selbst sprechen:

① Ich bin besser als dieser Schläger. Diese Art von Behandlung habe ich nicht verdient. Wenn es hart auf hart kommt, werden die Erwachsenen das bemerken und mich retten. Oder:
② Er mag zwar stärker sein als ich, aber ich bin sicherlich schneller. Es wäre demütigend, aber ich könnte weglaufen und ihm entkommen. Oder:
③ Vielleicht sehe ich nicht so aus, aber ich bin stärker, und wenn es sein müßte, könnte ich einen Kampf bestimmt gewinnen. Oder:
④ Wenn alles andere schiefgeht – ich bin schlauer als dieser Dummkopf. Ich könnte ihn austricksen und mich auf die eine oder andere Weise retten.

Dieser ständige innere Zuspruch, dieses »Ich bin besser, schneller, stärker, klüger«, wird zum Ausgangspunkt für alle übrigen Gedanken. Schließlich wird es zu einer selbstverständlichen inneren Haltung. Das »männliche Macho-Ego« ist geschaffen.

These:

■ Besser, schneller, stärker, klüger – damit ist eine einfache Beschreibung beruflichen Ehrgeizes gegeben.

Wer nicht gut genug für die Bundesliga ist, kämpft in der Landesliga. Für wen es hier nicht reicht, setzt sich in der Bezirksliga ein, und auch die schlechtesten Spieler möchten wenigstens Sieger in der Kreisklasse sein.
Bei wem es nicht zum Vorstand langt, der kämpft in der

unmittelbar darunter angesiedelten Führungsebene. Wer sich endgültig aus dem Kopf geschlagen hat, am Arbeitsplatz den nächsten Karriereschritt zu machen, der verlegt seinen Ehrgeiz darauf, Präsident des Golfclubs oder der des Kaninchenzüchtervereins zu werden.
So baut sich jemand Krücke um Krücke, nur um irgendwann und irgendwo dieses erstrebte Siegergefühl zu verspüren. Wo jemand dann die Nr. 1 wird, ist egal. Hauptsache: irgendwo die Nr. 1!
Das Dilemma desjenigen, der nach Berühmtheit und Ruhm giert, beschreibt Wolf Schneider in seinem Buch »Die Sieger: Wodurch Genies, Phantasten und Verbrecher berühmt geworden sind«:

»Jeder, der eines Tages bewundert werden möchte, steht ja zuallererst vor der Frage: Wie falle ich auf? Wie kann ich es in der Milliardenschar der Menschen, die heute leben, und unter den Zehntausenden, die schon vor mir auf allen Feldern das Ungeheuerste geleistet haben, wenigstens dahin bringen, meine Namen gedruckt zu sehen? Dadurch, daß ich ebenfalls Außerordentliches zustande bringe? Das würde nicht genügen. Es müßte entweder besser sein als alles, was je da war – wollte ich also beispielsweise Olympiasieger werden, so müßte ich heute erheblich schneller laufen als der Sieger vor zwanzig Jahren; oder ich müßte anders sein als alles, was je da war – wie Picasso schlauerweise auf jeden Versuch verzichtete, Leonardo oder Velazquez zu übertreffen.«

Fragen an Sie:

- Wann haben Sie das Gefühl, Sieger zu sein, erlebt?
- Wie würden Sie das Besondere an dem Gefühl beschreiben?

Der Beweis der eigenen Stärke mag uns ein Triumphgefühl geben. Vielleicht jubelt man uns zu, wenn wir das Siegerpodest erklommen, die Ernennung zum Prokuristen in der Tasche haben. Aber wer jubelt und wie lange?
Dieser Beifall scheint zugleich wie Nahrung für einen inneren Hunger zu sein. Aber keine Nahrung stillt einen Hunger für immer – wie lange sättigt dieser Beifall? Wie kommen wir an die nächsten »Kalorien«?
Denn neue Tragik lauert bereits unmittelbar hinter dem Siegerpodest.
Nach dem Triumph folgt für viele postwendend die große Frustration: Das Gefühl, der Beste zu sein, hatte nur einen kurzen Moment Bestand.

These:

■ Siegen ist tragisch, denn Siegen frustriert.

Sieger sein ist nie dauerhaft, sondern höchstens für einen kurzen Augenblick oder eine begrenzte Zeitspanne realisierbar. Wenn also jemand endlich am Ziel angelangt ist, für das er lange alle seine Kräfte eingesetzt hat, dann gibt es ihm zwei oder drei Tage lang das Gefühl von Freude und Triumph. Eine oder zwei Wochen lang scheint er anschließend zu Ruhe und Zufriedenheit gefunden zu haben. Und dann fängt die alte Unruhe wieder an zu bohren. Denn Realität ist ja, daß immer eine Menge Bessere über uns stehen. Das wird nach einer kleinen Verschnaufpause erneut quälender Stachel im Fleisch, der uns weiter antreibt.
Erfolg ist also nie etwas, das uns innehalten läßt und das wir in Ruhe genießen können. Erfolg ist jeweils nur eine weitere Stufe auf einer Treppe, die höher und höher führt. Neue Pläne und neue Ziele entstehen wie von selbst. Die endgültige Zufriedenheit verschiebt sich mit jedem Erfolg

wieder ein Stückchen weiter in Richtung Horizont und wird dabei nie erreicht.
Vielleicht läßt sich aus der hier beschriebenen Situation eine moderne Version des Märchens der Brüder Grimm vom Hasen und Igel entwickeln. Hase und Igel machen einen Wettlauf, bei dem der Hase unbedingt Sieger sein will. Er hetzt sich ab und wendet seine gesamte Energie auf. Doch jedesmal, wenn er am Wendepunkt anlangt und denkt, den entscheidenden Vorsprung herausgeholt zu haben, sieht er den Igel, der ihm zuruft: »Ich bin schon da!« Wieder rennt er los, um seinen Gegner endgültig abzuhängen. Doch am nächsten Wendepunkt hört er nur wieder: »Ich bin schon da!« Er gibt so lange nicht auf, bis er irgendwann erschöpft zusammenbricht.
Oder als Alptraum: Du gehst eine leere Treppe hoch, die nach oben ins Leere führt. Du bist erschöpft und möchtest anhalten, aber du kannst nicht. Aus einem inneren Zwang heraus mußt du immer die nächste Stufe höher steigen. Und die nächste. Und die nächste. Die Luft wird immer dünner, aber du mußt weitersteigen. Bis du dann die Augen öffnest und schweißgebadet wach wirst.

Eine weitere Begleiterscheinung des »Siegermythos«: Wo es Sieger gibt, muß es Verlierer geben.
Gerade das macht den Reiz des Siegens ja aus. Ohne Verlierer keine Sieger! Außerdem kann es grundsätzlich nur wenige (am besten nur einen) Sieger geben, dafür müssen allerdings eine Menge verlieren. Dem einen Olympiasieger stehen Hunderte von Wettbewerber gegenüber, die unterlegen sind oder vorzeitig ausscheiden.
Genauso bleiben auf dem Weg zum Vorstandsbüro eine Vielzahl von Mitbewerbern auf der Strecke. Auf jeden Manager um 40, der alles erreicht hat, wovon er träumte, kommen rund 20, die leer ausgehen. Viele erstarren in dem inzwischen ungeliebten Job, gehen in die innere Kün-

digung oder fühlen sich von unwichtiger Routinearbeit gedemütigt.

Frage an Sie:

■ Wie wahrscheinlich ist es, daß *Sie* zu den Siegern gehören?

Die statistische Wahrscheinlichkeit, auf irgendeinem Gebiet tatsächlich unangefochtener Sieger zu werden, ist also äußerst gering. Deshalb dürften solche Buchtitel wie »Wie werde ich die Nr. 1?« nur eine verschwindend geringe Leserschaft finden. Statt dessen müßten Bücher mit Titeln wie »Wie werde ich glücklich als Nr. 3000?« zu Rennern werden ...
Die Nummer 3000?! Dann lieber wie Vogel Strauß den Kopf in den Sand stecken und die Realitäten ausblenden! Um uns vor der Wahrheit zu schützen, daß wir praktisch nie eine echte Nr. 1 sein werden, müssen wir uns selber täuschen.
Denn es ist offensichtlich, daß wir auf keinem Gebiet nie wirklich der Beste sein können. Auf den meisten Gebieten gehören wir von vornherein zu den erkennbaren Verlierern. Oder sind Sie vielleicht der Intelligenteste, der Kreativste, der Reichste, der Schnellste, der Schönste? Wenn wir uns dieser Wahrheit öffnen würden, hätte das entscheidende Konsequenzen für unser Leben.

Mögliche Konsequenzen könnten sein:

- Ich ziehe nüchtern Bilanz, wer ich bin, wer ich nicht bin, was ich kann, was ich nicht kann.
- Ich akzeptiere mich mit meinen Stärken und Schwächen. Ich werde ein Stück bescheidener und realistischer.

- Ich lasse alte Ansprüche an das Leben und an mich los und entspanne mich.
- Ich fange an, das Beste aus dem Leben zu machen, das ich *jetzt* führe.

Viele Menschen wollen diese Konsequenzen jedoch nicht ziehen und versuchen, der Ernüchterung aus dem Weg zu gehen. Sie möchten ihre Träume und ihren Ehrgeiz behalten. Lieber investieren sie ihre Energie in die Zukunft als in die Gegenwart.

Leistung – Kontrolle – innerer Druck

Die Zusammenhänge von Leistung und innerem Druck beleuchtet eine Studie des Motivationsforschers McClelland.
McClelland begann seine Studie im Jahre 1951. Er befragte Mütter von fünfjährigen Kindern ausführlich nach ihren Erziehungsmethoden. Das Hauptinteresse galt dabei der Frage, wie stark die Mütter Leistungsdruck auf ihre Kinder ausübten. Gefragt wurde u. a. danach, wie rigide die Mütter bei der Sauberkeitserziehung und dem Einhalten der Essenszeiten in den ersten zwei Jahren waren.
In den Jahren 1977 und 1978 befragte McClelland die inzwischen 31 Jahre alten Kinder aus der damaligen Befragung. Das Ergebnis war eindeutig: Wer bereits in den ersten zwei Jahren starken Leistungsdruck erfahren hatte, zeigte mit 31 Jahren eine deutlich höhere Leistungsmotivation.
10 Jahre später wurden die inzwischen 41jährigen noch einmal unter die Lupe genommen. Das Interesse galt dem Einkommen und der beruflichen Stellung. Die höher Leistungsmotivierten verfügten über ein höheres Einkommen als die weniger Motivierten.

Was darüber hinaus auffiel: Es ergab sich kein Zusammenhang mit dem erreichten beruflichen Niveau. Das heißt: Hoch Leistungsmotivierte sind nicht unbedingt in Berufen mit hohem gesellschaftlichem Image (Professoren, Ärzte, Rechtsanwälte), sondern sehr viel häufiger in »small businesses«, wozu McClelland zum Beispiel selbständige Handwerker zählt. Denn, so erklärt er das Ergebnis, Leistungsmotivierte sind an einer konkreten Rückmeldung für ihre Leistungen interessiert. Und diese besteht für sie nicht in Karriere oder akademischen Titeln, sondern in – möglichst leicht und schnell verdientem – Geld.
McClelland hierzu:

»Ein Mensch mit hoher Leistungsmotivation ist daran interessiert, effizient zu arbeiten, schnelle Lösungen zu finden, das gleiche Ergebnis mit möglichst wenig Aufwand zu erreichen. Tatsächlich ist er hauptsächlich daran interessiert, die Arbeit schnell zu erledigen.« (Wie früher die Arbeit auf dem Töpfchen?)

Denn so erklärt McClelland weiter: »Wenn ein Kind lernt, wann es hungrig zu sein hat und wann es urinieren und seinen Stuhl entleeren darf, dann bekommt es ein intrinsisches Gefühl der Freude an seiner Selbstbeherrschung und Selbstkontrolle.«

Die Zweifel, die sich mir hier aufdrängen:

- Kann jemand so Freude an einer Tätigkeit lernen?

Im Grunde genommen könnten die Eltern ja jedes beliebige andere Verhalten des Kindes herauspicken, um dieses Gefühl der Selbstkontrolle zu unterstützen.
Zum Beispiel indem sie ihr Kind lobend und bestrafend dahin erziehen, daß es möglichst lange die Luft anhalten kann. Das Kind gewinnt immer mehr Kontrolle. Schließ-

lich braucht es die Eltern zum Loben nicht mehr. Es ist jedesmal stolz auf sich, wenn es länger als eine Minute den Atem anhält.
Mich überzeugt an der Untersuchung, daß ein Mensch durch diese frühe Dressur zu Leistung erzogen werden kann. So wird etwa ein erster innerer Druck aufgebaut, wenn ein Kind lernt, daß es zu bestimmten, für ihn völlig willkürlichen Zeiten verboten ist zu essen, obwohl es hungrig ist.
Das Kind lernt so, den natürlichen Fluß zu steuern und zu kontrollieren. Darüber freut es sich. Aber es verliert dadurch gleichzeitig die Entspannung und Hingabe an eine Tätigkeit, was Grundlage für das freudige Erleben von Leistung ist.
Vielleicht haben Sie Interesse an einem kleinen Experiment, das Ihnen am eigenen Leib zeigt, wie massiv und selbstverständlich von diesen frühen Kindeszeiten an der innere Druck in Ihrem Körper verankert ist.

Experiment:

- Zeitpunkt: Sie stehen nicht unter Zeitdruck und haben das Bedürfnis zu urinieren oder zum Stuhlgang.
- Wenden Sie bitte nun von sich aus auf der Toilette keine Muskeldruck an!

Sie werden feststellen, wie schwer oder fast unmöglich Ihnen zunächst diese kleine Aufgabe fallen wird. Ihr Körper braucht Ihre Unterstützung nicht! Aber Sie können gar nicht mehr anders. Sie müssen sich anstrengen und ihre Muskeln einsetzen. Gleichzeitig schneiden Sie sich damit von fast allen körperlichen Empfindungen ab. Alles, was Sie wahrnehmen, ist Ihre Anstrengung.

Dies ist ein kleines Beispiel, wie wir konditioniert wurden, unseren natürlichen Fluß zu steuern. Das gleiche geschieht in vielen anderen Bereichen.

> These:
>
> ■ Wir haben in vielen Lebenssituationen das zwanghafte Gefühl, uns kontrollieren zu müssen.

Es ist so, als ob jemand nicht mehr darauf vertraut, daß er genügend Luft bekommt, wenn er nicht ständig auf den Atem achtet. Deshalb bemüht er sich, möglichst tiefe Atemzüge zu machen. Wenn er dann zuviel Luft in den Lungen hat, hält er kurz die Luft an, um für den Ausgleich zu sorgen. Bis er wieder in Atemnot gerät und heftig zu atmen anfängt – ständig begleitet von dem inneren Druck, aufzupassen und zu kontrollieren, ständig im Nacken die unsichtbare Angst vor den schrecklichen Folgen, vergäße er einen Moment lang die Kontrolle!
Innerer Druck scheint für die meisten Menschen der natürliche Zustand. Katastrophenvorstellungen tauchen auf, wenn wir uns vorstellen, der innere Druck wäre weg. Ein agiler, aktiver und einsatzfreudiger Manager meinte einmal zu mir:
»Ohne Druck? Dann würde ich ja den ganzen Tag nur noch schlaff auf meinem Bett herumliegen.«

Wichtig bei der Beurteilung des Verhaltens ist, die richtigen Unterscheidungen zu treffen zwischen:

- zwanghafter Kontrolle,
- Selbstdisziplin,
- sich haltlos gehenlassen.

Zwanghafte Kontrolle verursacht inneren Druck. Jemand

wird geleitet von dem Satz: »Ich muß!« Er kann sich nicht mehr entscheiden, sondern wird von innen her getrieben. »Ich muß!« – da steckt Zwang dahinter, innerer oder äußerer. Der äußere besteht dann, wenn die Familie hungert oder die Gläubiger hinter mir her sind.
Der innere Druck ist meist schlimmer, weil versteckter und schlechter festzumachen. Ich stelle mich selbst unter einen Anspruch, z. B. perfekt zu sein oder eine ganz bestimmte Karriere zu machen. Inkonsequenz in dieser Situation erscheint als Schwäche, als peinliches und würdeloses Versagen. Lieber gar nicht nachdenken, sondern die Willenskraft einsetzen und die Zähne zusammenbeißen – als Gefangener einer alten Grundsatzentscheidung!
Selbstdisziplin dagegen hat nichts mit der zwanghaften Kontrolle zu tun. Jemand handelt aus Einsicht und Überzeugung. »Ich will« – hier ist das Tun ganz und gar von einer freiwilligen Entscheidung getragen. Dann werden die Arbeit und der Alltag getragen von einer natürlichen Disziplin. So kann jemand seine ganze Energie in die jeweilige Tätigkeit einfließen lassen. Damit wird eine wertvolle Entwicklung gefördert, die zu immer besserer Kontrolle, Beherrschung und Ausdifferenzierung unserer Fähigkeiten führt.
Sich gehenlassen – das geschieht meist als Reaktion auf einen starken inneren Zwang. »Ich mag nicht (mehr)!« ist der Satz, der hinter dieser Art Verhalten steht. Vielleicht ist jemand erschöpft von der ständigen Anstrengung. Oder die Haltung wird genährt von einem inneren Trotz, der dann auch selbstzerstörerische Folgen annehmen kann.

Fragen an Sie:

- Wenn Sie an die Ziele und Zwänge in Ihrem Leben denken:
  - Was wollen Sie?
  - Was müssen Sie?
  - Wo lassen Sie sich gehen?

Die Alltagshypnose

In unserem Leben existiert ein Phänomen, das so selbstverständlich ist, daß sein Mechanismus völlig unserer bewußten Aufmerksamkeit entgeht:

These:

- Andere Menschen üben mit Worten ständig Macht über unsere Gefühle und unser Verhalten aus.

Ich nenne dieses automatische Verhalten »Alltagshypnose«, weil ich keinen anderen Begriff kenne, der so stark ist, die Zwanghaftigkeit unseres Verhaltens herauszustellen.
Alltagshypnose ist für uns ein gewöhnliches Ereignis. So leben wir alltäglich zwischen Menschen, die es verstehen, uns ständig in Hypnose zu schicken. Und zu anderen Zeiten versetzen wir genauso umgekehrt Mitmenschen in diese Hypnose.
Schauen wir uns ein Beispiel dafür an:

Herbert Becker wird von seinem Vorgesetzten mit Arbeit überhäuft. Zunächst ist Becker stolz darauf und legt sich mächtig ins Zeug. Doch je mehr er sich verausgabt, desto mehr neue

Aufgaben werden ihm zugeteilt. Sein Arbeitstag im Büro wird immer länger, seine Wochenenden immer kürzer.
Nach einem halben Jahr ist Becker völlig überlastet mit dringenden Arbeiten. Zwei seiner Mitarbeiter sind kurzfristig erkrankt. Jetzt ist ihm von seinem Chef ein zusätzliches Projekt auf den Schreibtisch gelegt worden.
Becker ist klar, daß er nicht alle Aufgaben bewältigen kann, und vereinbart einen Termin mit seinem Chef. Er ist fest entschlossen, ein Gespräch über die Änderung der Aufgabenverteilung zu führen. Er bereitet sorgfältig alle Argumente vor und betritt am Dienstag um 9 Uhr zu der Aussprache, die ihm Entlastung bringen soll, das Büro seines Vorgesetzten.

An dieser Stelle machen wir einen kurzen Einschnitt. Stellen wir uns vor, von diesem Gespräch zwischen Herrn Becker und seinem Vorgesetzten sei ein Video gedreht worden.
Unglücklicherweise wurde das Mikrofon nicht angestellt, so daß der Ton nicht mit aufgezeichnet wurde. Wenn wir uns diesen »stummen« Film ansehen, dann sehen wir folgende Szene:

Herr Becker betritt das Chefzimmer etwas angespannt, aber mit energischem Gesichtsausdruck. Dann fängt er an, die ersten Sätze zu sprechen. Sein Chef unterbricht ihn nach etwa einer Minute, indem er seinerseits zwei Sätze sagt. Als Becker diese Worte hört, verändern sich abrupt seine Haltung und Mimik. Er entspannt sich und lächelt plötzlich.
Dann verabschiedet er sich und geht zur Tür hinaus. Draußen, vor der Tür, dauert es ca. 20 Sekunden, dann klappt sein Kiefer nach unten, er läßt die Schultern fallen und bekommt einen deprimierten Gesichtsausdruck.

Was wir beobachtet hatten, war ein typischer Fall von Alltagshypnose. Becker hat nach zwei Sätzen seines Chefs

alles vergessen, was er in Stunden vorbereitet hatte. Die Entschlossenheit, die er aufgebaut hatte, war mit einemmal verschwunden. Plötzlich lächelt er wie in Trance – aus der er dann erst vor der Tür ernüchtert wieder erwacht.
Der Film zeigt, wie immens die Kraft von Worten ist. Worte können den inneren Zustand blitzschnell verändern. Unsere Reaktionen auf diese Worte erfolgen nicht willentlich und beabsichtigt. Wir reagieren nicht, weil wir das klügste Verhalten gewählt haben. Sondern wir reagieren automatisch auf das jeweilige Wort, mit einer einzigen vorprogrammierten Reaktion.
Was waren nun die magischen Sätze, mit denen sein Chef diese enorme Wirkung erzielte? Schalten wir das Mikrofon und den Ton wieder ein!

Herr Beckers Vorgesetzter hatte ihn mit folgenden Worten unterbrochen: »Aber Herr Becker, ich bin mir sicher, daß Sie alles in den Griff bekommen. Sie sind doch mein bester Mann!«

Wer uns gut kennt, kann sich mit uns wie mit einem automatischen Spielzeug vergnügen. Er weiß im voraus, wie wir auf jeden Knopfdruck reagieren. Der Vorgesetzte kennt die Worte, die uns zu ungewollter Mehrarbeit motivieren. Der Arbeitskollege kennt die Reizworte, die uns so ärgern, daß wir unseren Gleichmut verlieren. Der Sohn und die Tochter kennen die Begriffe, die unsere Anordnungen kippen lassen.
Begriffe hypnotisieren uns und verändern unsere innere Wirklichkeit. Bestimmte Worte fallen, und wir sind wie ausgewechselt. Sprache entfaltet im Alltag ständig zwanghafte Wirkungen.

These:

- Die wesentliche Voraussetzung, daß andere mich mit Worten manipulieren können, ist: Es muß unbewußt ablaufen.

In dem Moment, in dem ich bewußt wahrnehme, daß ich in einer Situation automatisch reagiere und daß dies von meinen Mitmenschen bezweckt und ausgenutzt wird, verlieren die Worte die Macht über uns.
Da sagt etwa die Partnerin in einer Auseinandersetzung mit ihrem Partner den Satz: »Das ist rücksichtslos von dir!«
Die Befreiung aus der hier bewußt eingesetzten Alltagshypnose besteht aus drei leicht nachvollziehbaren Schritten:

① Der erste Schritt ist, zu erkennen, daß ich auf das Wort »rücksichtslos« automatisch mit Schuldgefühlen reagiere.
② Dann kommt der große Aha-Effekt bei der Wahrnehmung, daß das Wort »rücksichtslos« eine Art Waffe ist, mit der die Partnerin erreichen möchte, *ihre* Interessen durchzusetzen.
③ Wenn ich das erkenne, muß ich nicht mehr wie automatisiert reagieren und mein eigenes Anliegen vergessen, sondern kann ruhig und gelassen weiter argumentieren.

Werden Sie sich deshalb bewußter, wie andere Sie mit Worten manipulieren. Registrieren Sie in Ihrem Alltag sensibel all solche Situationen, in denen Sie in die Hypnose geschickt werden!

Methode: Wie Sie sich aus der Alltagshypnose lösen

① Führen Sie sich die Begriffe vor Augen, auf die Sie automatisch mit bestimmten Gefühlen oder automatisierten Verhalten reagieren.

② Welches sind für Sie derartige Worte und Begriffe? Am Arbeitsplatz? Im Privatleben? Wie wirken Sie sich aus?

③ Welches wäre die jeweils angemessene neue Reaktion?

Wenn Sie wachsam sind, können Sie sich langsam davon lösen, wie eine Marionette von anderen Menschen manipuliert zu werden.

Persönliche Freiheit – eine Illusion?

Jeder von uns ist fest davon überzeugt, frei zu sein.
Natürlich gibt es bestimmte äußere Zwänge, denen man ausgeliefert ist. Man muß sich seinen Lebensunterhalt verdienen, man übernimmt Verantwortung in Ehe und Familie.
Aber davon abgesehen: Wir treffen doch tagtäglich unsere eigenen freien Entscheidungen. Wir leben in einer freien Gesellschaft. Wir können mit unserem Geld kaufen, was wir wollen. Wir können in unserem Urlaub völlig frei in fremde Länder reisen. Also liegt die Annahme auf der Hand: Wir sind freie Menschen.
Psychologische Untersuchungen rütteln jedoch an dieser Überzeugung. Denn eine Reihe von Studien beweisen eindrucksvoll, wie tief und weitgreifend die Konditionierungen der Kindheit in uns sind. Wir sind geprägt von unserer Erziehung und haben die dort vermittelten Haltungen

Persönliche Freiheit – eine Illusion?

und Werte verinnerlicht. Das ist der entscheidende Unterbau. Darüber schwebt die Illusion der eigenen freien Entscheidung.

Frage an Sie:

- Sind Sie *frei?*

Als ich zu studieren begann, fiel mir ein Wunsch ein, den ich bereits als kleines Kind intensiv mit mir herumgetragen hatte.
Es war der Wunsch nach Freiheit. Ich kam mir als Kind eingeklemmt und unfrei vor. Es schien mir, als ob jeder von mir immer nur verlangte, daß ich etwas dazulerne, verbessere oder unterlasse. »Aber«, so sagte ich mir hoffnungsvoll, »später, irgendwann später, wenn ich erwachsen bin, dann bin ich frei«. Jetzt, als junges Erstsemester, war ich erwachsen. Aber war ich frei? Ich konnte – theoretisch – tun und lassen, was ich wollte.
Warum aber genoß ich dann das Leben nicht mehr? Warum gestaltete ich nicht spontan meine Tage? Ich stellte fest, wie viele dieser Druck- und Erziehungsmechanismen ich verinnerlicht hatte. Eine Menge innerer Gebote und Antreiber bremsten und verhinderten Spontaneität. Ich war im Grunde genauso unfrei wie als Kind. Es schien mir, als ob ich mir die Freiheit von diesen inneren Zwängen erst gänzlich neu erwerben müsse und daß dies ein langer Weg werden würde.

These:

- Auch Sie müssen Freiheit erst noch erwerben!

Den in meinen Augen interessantesten aktuellen Ansatz zum Thema persönliche Freiheit/Unfreiheit entfaltet Ste-

phen Wolinsky in seinem Buch »Die alltägliche Trance«. Er geht dem von mir oben als »Alltagshypnose« bezeichneten Phänomen weiter auf den Grund.
Wolinsky geht dabei von zwei grundsätzlich unterschiedlichen Zuständen aus, in denen wir uns befinden können.

- Im ersten Fall befinden wir uns mit unserer vollen Aufmerksamkeit in der Gegenwart. Wir sind hellwach, registrieren alles, was sich um uns herum abspielt, und reagieren spontan. In diesem Zustand, sozusagen dem natürlichen Urzustand, haben wir Zugang zu allen unseren Fähigkeiten.
- Im zweiten Bewußtseinszustand hingegen nehmen wir die gegenwärtige Umgebung nur eingeschränkt und häufig verzerrt wahr. Unsere Aufmerksamkeit ist teilweise oder ganz mit mentalen Vorgängen beschäftigt. Diesen Zustand bezeichnet er als »Trance«.

Es gibt dabei leichte Alltagstrancen, die harmlos sind und sogar recht erfrischend sein können. Wir alle erleben sie regelmäßig. Sie befinden sich etwa dann in diesem Trancezustand, wenn Sie tagträumend am Schreibtisch sitzen oder wenn Sie »automatisch« gedankenverloren Auto fahren.
Daneben gibt es die schwereren und problematischen Trancen. Wolinsky stellt hierzu fest, daß jeder, der von Beschwerden, Problemen oder sonstigen Negativsymptome beherrscht wird, sich in einem eingeengten Bewußtseinszustand, der sogenannten »Problemtrance«, befindet.

These:

■ Jeder, der ein Problem hat, befindet sich in Trance.

Die Problemtrance zeichnet sich insbesondere durch drei Eigenschaften aus:

- Die Aufmerksamkeit wird eingeengt oder fixiert.
- Die Trance wird als etwas erlebt, was wie von selbst geschieht.
- Es zeigen sich Phänomene innerhalb dieses Zustands, die auch in der Hypnose bekannt sind.

All das führt dazu, daß jemand in seinem Problem gefangen bleibt und keinen Gebrauch von den Ressourcen macht, die ihm normalerweise zur Problembewältigung zur Verfügung stehen. Wenn jemand sich in der Problemtrance befindet, ist das Schädliche nicht die Trance an sich, sondern ihre Zwanghaftigkeit. Sie bricht über ihn herein und er kann sich nicht gegen sie wehren. Er verliert seine Flexibilität und ist diesem blockierten Zustand hilflos ausgeliefert.
So läuft beispielsweise bei jemandem, der Angst vor der Zukunft hat, folgendes ab: Er führt sich mit inneren Bildern eine mögliche Katastrophe plastisch vor Augen, während er gleichzeitig seine Fähigkeiten ausblendet. Mittels Suggestionen (»Das wird nie funktionieren! Nichts wird helfen!«) verstärkt er das negative Erleben. Gleichzeitig verschärft er dieses Gefühl noch, indem er die Zeitwahrnehmung verzerrt und so das atemlose Gefühl hat, daß ihm die Zeit fehlt, eine Lösung zu finden.

These:

■ Die wesentliche Aufgabe für jeden ist es, sich zu ent-hypnotisieren.

Wahlfreiheit ist entscheidend: Will ich jetzt in diesem Problemzustand aufgehen oder lieber in der Gegenwart blei-

ben? Es ist im Regelfall kein sinnvolles Ziel, lediglich eine negative Trance durch eine positive zu ersetzen, die genauso automatisch abläuft. Ziel ist es, alle Lerninhalte und Zustände in freier Wahl zur Verfügung zu haben. Anstatt zu erleben, wie die Trance über einen kommt, kann man in die Trance gehen, muß es aber nicht.
Problemzustände, die heute automatisch im Leben des Erwachsenen ablaufen, können fast immer auf Kindheitserlebnisse zurückgeführt werden. Sie sind eine Reaktion auf Erfahrungen, die das Kind damals überforderten. Weil das Kind schlimme Erfahrungen nicht ganz fühlen oder verarbeiten kann, friert es seinen Körper ein, indem es seine Muskeln anspannt und den Atem anhält.
Es zieht sich so zurück und flüchtet aus der Gegenwart.

Selbst unsere fest verankerten Vorstellungen darüber, wie und wer wir sind, versteht und beschreibt Wolinsky ebenfalls als Trancezustände.
Drei verschiedene Arten dieser Identitäten lassen sich nach Wolinsky hierbei unterscheiden:

- soziale Rollen,
- der Beruf,
- das Selbstbild und das Gegenteil-Selbstbild.

Jeder steckt in Rollen der sozialen und familiären Funktionen wie Vater, Ehemann, Vereinsmitglied usw. Entscheidend ist, ob ich zwanghaft ein »guter Vater« sein muß oder inwieweit ich das Vatersein als Rolle sehe, an die bestimmte Erwartungen gestellt werden (die ich erfüllen kann, wenn ich will, aber nicht immer muß).
Der jeweilige Beruf gibt jedem von uns eine Arbeits- und Karriereidentität. Wichtig ist, wie leicht wir die Rolle aufnehmen und ablegen können. Wenn Sie Ihre Berufsrolle nicht ablegen können, sind Sie darauf zu sehr fixiert und

brauchen verzweifelt diese Identität, um sich wohl fühlen zu können.
So neigt z. B. jemand dazu, aus seiner Berufsrolle heraus komplett zum »Manager« zu werden. Sein Selbst fließt wie durch einen Trichter in diese Identität, die ihn begrenzt, aber auch schützt, denn er kann sich gleichzeitig immer hinter der Rolle verstecken.
Diese angenommene Rolle läuft irgendwann automatisch, das heißt sehr zügellose und unkontrolliert, im Leben des hier beschriebenen Charakters ab.
Vom Nachbarn, von der Verwandtschaft, ja möglicherweise sogar von seiner Ehefrau und seinem Kind möchte er ganz und gar als »Macher« und »Manager« gesehen werden. Er fühlt sich zudem dazu gezwungen, jedem die Gegenrolle des »Gemanagten« aufzudrängen.

These:

- Sie können unmöglich in Ihrer Persönlichkeit wachsen, wenn Sie ganz und gar zum Manager werden.

Tatsächlich benötigen Menschen, nachdem sie das Büro verlassen haben, oft mehrere Stunden, um ihre Arbeitsrolle loszulassen. Andere brauchen gar Drogen wie Alkohol, um aus diesem Streß herauszukommen.
Am deutlichsten tritt die Wichtigkeit dieses durch die Identifikation mit dem Beruf erworbenen inneren Gerüstes zutage, wenn die Rolle wegfällt. Da steht dann nach der Pensionierung statt des imponierenden Wirtschaftsführers nur noch ein nervöses graues Männchen vor uns, und aus dem strahlenden Politiker wird nach der Abdankung ein bemitleidenswerter Privatmann ohne Privilegien.

Rechtsanwalt Schmidt ist abends nach dem Büro oft abge-

spannt. Gerade dann kommt immer wieder sein dreijähriger Sohn Michael und löchert ihn mit Fragen.
Häufig knurrt der Vater lediglich ungeduldig zu Michael: »Laß mich jetzt in Ruhe. Das verstehst du sowieso nicht.«
Klein Michael gerät durch die Zurückweisungen in einen Zustand von Verwirrung. Er wird extrem introvertiert, verengt seine Aufmerksamkeit und schafft allmählich das Selbstbild: »Ich verstehe nie etwas. Ich bin dumm.« Weil einem Menschen dieses Bild von sich selbst auf Dauer zu schmerzhaft ist, folgt die Erschaffung eines ausgleichenden Gegenteil-Selbstbilds: »Ich muß alles verstehen. Ich bin klug.«
Michael bringt es in der Schule und im Studium zu Höchstleistungen. In dem Unternehmen, in dem er eingestellt wird, macht er schnell Karriere.

Das Selbstbild ist die hartnäckigste Form der Tranceidentität. Es spiegelt unsere Kernanschauungen über unsere Leistung und unseren Wert als Mensch wider. Hauptsächlich kommt es dabei durch elterliche Einflüsse zustande.
Das Selbstbild enthält die Annahmen und Überzeugungen des Kindes: »So sollte ich sein ... so sollte ich nicht sein ... so bin ich«. Ob die Sätze nun lauten: »Ich bin ein Versager« oder: »Ich bin überall die Nr. 1«, in beiden Fällen wird die eigene Erfahrung deutlich eingeschränkt.
Immer dann, wenn ein Selbstbild negativ oder unbehaglich ist, formt das Kind zum Ausgleich zusätzlich ein gegensätzliches Bild. Beide Identitäten bilden in der Folge eine Einheit wie eine Münze mit zwei Seiten.
Viel von dem Antrieb zu der erfolgreichen Karriere des Erwachsenen Michael kommt aus der Lösung, die Klein Michael als Reaktion auf den Schmerz des Selbstbilds »Ich bin dumm« geschaffen hat.
Diese Lösung (die Identität »Ich bin klug«) erfordert aber gleichzeitig immer die Erinnerung an die Vergangenheit.

Im Erwachsenen-Michael bleibt daher der Klein-Michael stets wach, der als verletztes und unsicheres Kind versucht, alles zu verstehen. Der erfolgreiche Michael muß sich das Bild dieses unwürdigen Zustands vor dem geistigen Auge gegenwärtig halten, um sich selbst zu versprechen, niemals so zu sein.
Psychotherapiesitzungen sind angefüllt mit Menschen, die auf dem einen oder anderen Gebiet zum Erfolg getrieben werden, sich jedoch, auch wenn sie Erfolg haben, immer noch schlecht fühlen. Das kommt daher, daß sie noch nicht erkannt haben, aus welcher negativen Grundeinstellung der innere Karriereantrieb herrührt.

Ursprünglich ist die Identitätsbildung ein kreativer Prozeß, der dazu dienen soll, kommende Situationen zu meistern. Alle diese aus diesem Prozeß hervorgehenden Ideen und Rollen haben eines gemeinsam: Sie sind von *Ihnen* geschaffen. Hinter diesen ganzen Ideen muß es also ein größeres kreatives Selbst geben. Es ist jedoch sehr einfach, das zu vergessen, wenn man in einer Rolle gefangen ist.
Wenn Sie davon sprechen, daß Sie mit sich *selbst* in Einklang sein wollen, sprechen Sie dieses größere Selbst an. Wie Wolinsky schreibt:

»Wenn Sie sagen würden: ›Ich habe einen Füllfederhalter‹, dann würden Sie sich nie mit dem Füllfederhalter identifizieren. Der Füller ist etwas, was Sie haben; Sie sind mehr als der Füller. Dasselbe Prinzip trifft bei hypnotischen Identitäten zu – mit der Ausnahme, daß der Habende und das Gehabte in Ihnen sind. Bezeichnenderweise glauben wir, daß das, was wir erfahren, definiert, wer wir sind. Dabei sind wir in Wirklichkeit mehr und größer als alles, was wir an Erfahrung haben.«

Die Sehnsucht danach, »Sieger« zu sein

Mit dieser Auffassung ist die Brücke zu der östlichen Sicht von Meditation geschlagen. Danach kommen und gehen Trancezustände in kontinuierlicher Folge. Der Zweck des Meditierens liegt darin, zu lernen, einen Teil des Bewußtseins so zu entwickeln, daß es den Fluß der Trancezustände und den Fluß des Bewußtseins beobachten kann.
Worin liegen nun die Möglichkeiten, auch ohne Hilfe eines Therapeuten den Automatismus dieser Trancezustände aufzulösen?
Ein wesentlicher Schritt besteht darin, die Auslöser und inneren Mechanismen dieser Prozesse zu erkennen. Aufmerksamkeit ist der Weg dahin.
Wie sie eingesetzt werden kann, haben Sie in diesem Buch bereits lesen können.

- Alltagshypnose: Wenn Sie erkennen, welche *Worte* Ihres Chefs bei Ihnen ungewollte automatische Reaktionen auszulösen vermögen, können Sie diese Reaktionen in Zukunft abstellen.

Eine zusätzliche Übung kann Sie dabei unterstützen, Trancezustände besser zu identifizieren:

Methode: Abstand und Kontrolle gewinnen

Übung 1

① Setzen oder legen Sie sich bequem hin.
② Beobachten Sie Ihr Bewußtsein genau. Achten Sie darauf, wie es Ideen, Gedanken, Bilder und innere Dialoge schafft.
③ Lösen Sie sich, und beobachten Sie einfach das Kommen und Gehen der Ideen, Gedanken, Bilder und inneren Dialoge.

Übung 2
Gehen Sie durch die ersten 3 Schritte, und schließen Sie dann den 4. Schritt an:
④ Ordnen Sie dann jeden Gedanken, jedes Bild oder jede Idee einer bestimmten Kategorie zu. Finden Sie die Gemeinsamkeiten. Hilfreich ist es, wenn Sie mit hypnotischen Kategorien vertraut sind, von denen ich hier einige wichtige nenne: sich an die eigene Vergangenheit erinnern (Altersregression), Phantasiebilder machen (Halluzination), innere Stimmen hören (Suggestionen), sich ausklinken (Dissoziation).

Übung 3
Gehen Sie durch die ersten 4 Schritte, und schließen Sie dann den 5. Schritt an:
⑤ Erzeugen Sie bewußt und absichtlich das Phänomen, das gerade Ihr Bewußtsein beherrscht. Wenn Sie beispielsweise eine innere Stimme hören, die sagt: »Das Leben ist hart«, ordnen Sie diese Stimme den Suggestionen zu. Nun erschaffen Sie mehrmals absichtlich die Stimme, die sagt: »Das Leben ist hart.« Dann lassen Sie sie los. Wenn jetzt ein Bild aus der Vergangenheit auftaucht, erzeugen Sie gedanklich mehrere Kopien dieses Bildes, und dann lassen Sie es los. Wenn Sie bemerken, wie Ihr Bewußtsein zu phantasieren beginnt, erschaffen Sie nun mehrmals bewußt diese Phantasie.

Das Ziel dieser Übungen ist ein umfassendes Verständnis, daß Sie mehr als Ihre Trancephänomene sind. Sie haben sie ursprünglich zur Verteidigung geschaffen und dann »auf Automatik« gestellt. Durch die absichtliche Erschaffung gewinnen Sie die Kontrolle darüber zurück, worauf die Phänomene allmählich verschwinden. Das, womit Sie nach dieser Übung zurückbleiben, sind *Sie:* der Beobachter und Schöpfer Ihrer eigenen Erfahrung.

Anpassung, Gehorsam und Zivilcourage

Im folgenden möchte ich ein drastisches Beispiel schildern, das die Macht der »Trance« verdeutlicht, die durch Rollenannahme ausgelöst werden kann:

Philip Zimbardo, Sozialpsychologe an der Stanford-Universität in Kalifornien, suchte durch eine Anzeige Studenten zur Teilnahme an einem Experiment. Von den Bewerbern wurden 21 junge Männer, die nach den vorherigen Untersuchungen psychisch gesund waren, ausgewählt. Man teilte ihnen mit, daß einige für 14 Tage die Rolle von Gefangenen, andere die Rolle von Aufsehern übernehmen sollten. Eine Befragung der Männer bezüglich ihrer Rollenpräferenz ergab: Alle wollten am liebsten die Rolle des Häftlings. Die Rollen wurden dann ausgelost.

Ein wichtiger Bestandteil des Experiments war die realistische Atmosphäre von Anonymität. Die Häftlinge erfuhren, daß sie wegen eines Verbrechens verhaftet wurden. Nach der körperlichen Durchsuchung brachte man sie in Handschellen zum »Gefängnis«. Dort mußten sie sich ausziehen und wurden entlaust. Sie erhielten gleichförmige Kittel mit einer hinten und vorne aufgenähten Erkennungsnummer. Sie wurden in der Folge nur noch mit ihrer Häftlingsnummer angeredet. Anstelle einer Kahlschur mußte jeder eine Kappe aus Nylon tragen. Sie wurden in 3-Mann-Zellen untergebracht.

Die Aufseher trugen eine Uniform und zur Erhöhung ihrer Anonymität eine reflektierende Sonnenbrille. Als Zeichen ihrer Macht besaßen sie einen Schlagstock, eine Trillerpfeife, Handschellen sowie die Zellenschlüssel. Ihr Auf-

trag lautete, für Ordnung zu sorgen. In der Behandlung der Gefangenen hatten sie einen erheblichen Spielraum. Jede Anwendung von Gewalt war ihnen jedoch vom Versuchsleiter untersagt.
Die erstaunlichen Beobachtungen beim Experiment ergaben: Die Aufseher zeigten keinerlei Gesten der Freundlichkeit oder Hilfsbereitschaft.
Das Aufstellen in der Reihe zum Abzählen wurde von anfänglich 10 Minuten auf bis zu 2 Stunden verlängert, wobei die Gefangenen kräftig beschimpft wurden. Gelegentlich weckten die Aufseher nachts Gefangene, um sie z. B. zu zwingen, pausenlos ihre Nummer herzusagen. Die Häftlinge mußten des weiteren in anderen Situationen auf Anordnung lachen, ein Lied singen oder sich gar gegenseitig beschimpfen und verspotten. Man ließ sie sogar die Toilette mit bloßen Händen reinigen.
Nach einer anfänglichen Meuterei, die mit aller Härte beendet wurde, verhielten sich die Gefangenen nur noch passiv, unterwürfig und schwermütig. Während der ersten 5 Tage mußten 4 von 10 Gefangenen vorzeitig entlassen werden. Die Gründe waren unkontrolliertes Weinen, Wutausbrüche, heftige Angstzustände, Denkstörungen und schwere Depressionen.
Schließlich mußte das gesamte Experiment am 6. Tag abgebrochen werden. Seine Fortführung schien unverantwortlich, da auch die restlichen Gefangenen der psychischen Belastung durch die Behandlung der Aufseher nicht mehr gewachsen waren.

Frage an Sie:

■ Angenommen, Sie hätten an diesem Experiment teilgenommen: Für wie stabil halten Sie sich? (In jeder der beiden Rollen!)

Von allen anerkannt sind die »gesellschaftlichen Autobahnen«. Das sind Wege, die einem durch die Eltern, die Schule, die Zeitungen, das Fernsehen und die Unternehmen vermittelt werden. Man(n) hat etwas zu leisten, nach Möglichkeit Karriere zu machen, ein Haus zu bauen und eine Familie zu gründen, sie in Wohlstand leben zu lassen, um dann in den Kindern weiterzuleben. Brüche und Sprünge sind in dieser Biographie nicht vorgesehen.

These:

- Wenn Sie den eigenen Weg gehen wollen, brauchen Sie Mut und Zivilcourage.

Überlicherweise gilt: Leistung bringt Erfolg. Erfolg bringt Geld und Ansehen. Beides gibt Sicherheit, vor allem auch die Sicherheit, es richtig zu machen. Mut und Zivilcourage sind rare Tugenden.

»Die Deutschen haben in ihren zahlreichen Kriegen viele Helden hervorgebracht, aber die Zivilcourage ist in diesem Volk nicht weit verbreitet. Es fällt uns scheinbar leichter, den Heldentod zu sterben, als uns mit einer unpopulären persönlichen Meinung hervorzuwagen.

Dieser Mangel an Zivilcourage, die Feigheit, die sich hinter einer falsch verstandenen Pflichterfüllung versteckt, der Hang, mit den Wölfen zu heulen und gegen jeden zu intrigieren, der gegen den Strom schwimmt, die ängstliche Gefallsucht, die beflissene Botmäßigkeit, mit der wir die Mächtigen besänftigen, hat nicht nur den Nazismus möglich gemacht. Die Symptome der Angst vergiften auch das Klima in unseren Betrieben und höhlen unsere menschlichen Beziehungen aus« (Elten).

Frage an Sie:

- Wie schätzen Sie sich ein? Haben Sie weniger Zivilcourage als der Durchschnitt Ihrer Arbeitskollegen, genausoviel oder mehr?

Was unseren Charakter betrifft, so machen wir uns in den meisten Fällen eine ganze Menge vor. Wir tragen ein Bild von uns mit herum, das geschönt ist und der Realität nicht entspricht. Mut und Zivilcourage sind rare Ausnahmen – aber jeder glaubt von sich selbst, daß er eine dieser Ausnahmen ist.

Wenn wir im Alltag genau hinsehen würden, könnten wir eine Menge über unsere Schattenseiten wie Anpassung, Feigheit, Neid, Unehrlichkeit usw. erfahren. Aber wir blenden diese Wahrnehmungen lieber aus.

Wie groß unsere Selbsttäuschung ist, zeigte das Anfang der 70er Jahre in den USA durchgeführte bekannte Experiment von Stanley Milgram über den Gehorsam gegenüber Autoritäten. Ich halte diesen Versuch für eines der bemerkenswertesten Experimente der Sozialpsychologie. Denn es konfrontiert uns auf brutale Weise mit einer Realität, von der wir nichts wissen wollen.

Ausgangspunkt war ein angebliches Lernexperiment, bei dem die Wirkung von Strafe auf das Lernen erforscht werden sollte. Ein Schauspieler spielte die Rolle desjenigen, der lernen (und bestraft werden) sollte. Der echten Versuchsperson wurde ein elektrischer Schockgenerator gezeigt, bei dem es 30 Kippschalter für die Stromstärke von 15 bis 450 Volt gab. Zusätzlich waren pro 4 Schalter Beschreibungen angebracht, die von »Leichter Schock« bis zu »Sehr schwerer Schock« (315 bis 360 Volt), »Gefahr: Bedrohlicher Schock« (375 bis 410 Volt) reichten. Die letzten 2 Schalter mit 435 und 450 Volt trugen noch die Markierung »XXX«.

Zu Beginn erhielt die Versuchsperson einen leichten Stromschlag von 45 Volt, um sich von der Schmerzhaftigkeit zu überzeugen. Die falsche Versuchsperson wurde an einen Stuhl gefesselt, eine Elektrode befestigt und Elektrodensalbe aufgetragen, »um Blasen und Verbrennungen zu vermeiden«. In der ersten Versuchsanordnung wurde das Opfer in einen anderen Raum gebracht, nur seine Antworten wurden signalisiert. Bei 300 Volt allerdings dröhnten die Wände des Labors, wenn das Opfer protestierend dagegenhämmerte.
Der anwesende Versuchsleiter gab die Anweisung, jeweils nach einem Fehler um eine Schockstufe zu erhöhen. Wenn die Versuchsperson bei der 30. Schockstufe (450 Volt) angelangt war, wurde ihr befohlen, unter Anwendung dieser Maximalspannung mit den Aufgaben fortzufahren. Nach zwei weiteren Versuchen brach der Versuchsleiter den Versuch ab.
Der Versuchsleiter äußerte während des Experiments eine Reihe von anspornenden Bemerkungen, falls die Versuchsperson zögerte oder abbrechen wollte:

Ansporn 1: »Bitte machen Sie weiter!«
Ansporn 2: »Das Experiment erfordert, daß Sie weitermachen!«
Ansporn 3: »Sie müssen unbedingt weitermachen!«
Ansporn 4: »Sie haben keine Wahl, Sie müssen weitermachen!«

Frage an Sie:

■ Ganz gleich, ob Sie das Experiment kennen oder nicht: Falls Sie selbst als nichtsahnende Versuchsperson an diesem Experiment teilgenommen hätten – bis zu welcher Stromstärke wären Sie vermutlich gegangen?

Vor der Durchführung des Experiments wurden 110 Psychologen, Studenten und Erwachsene der Mittelschicht befragt, wann sie abbrechen würden. Jeder einzelne der Befragten behauptete, er würde dem Versuchsleiter an irgendeinem Punkt der Befehlsreihe den Gehorsam verweigern.
Die meisten Abbrüche wurden bei der Schockstärke von 150 Volt angegeben, viele gaben an, das Experiment bereits vorher abbrechen zu wollen. Die gleichen Werte wurden auch für das Verhalten von anderen vorausgesagt. Nur ungefähr eine von 1000 Versuchspersonen würde den höchsten Schock der Skala anwenden.
Die tatsächlichen Ergebnisse der Experimente:
65 Prozent aller Versuchspersonen führten das Experiment bis zum Schluß durch!
Wenn wir dieses Ergebnis auf unsere vorherige Befragung übertragen, dann ist zu vermuten, daß Sie, lieber Leser, ebenfalls davon ausgegangen sind, daß Sie das Experiment an irgendeiner Stelle abbrechen würden. Jedoch muß angenommen werden, daß mehr als die Hälfte von Ihnen trotzdem auf Anweisung des Versuchsleiters bis zum lebensgefährlichen Schock weitergemacht hätten.
Das heißt: Möglicherweise sind Sie felsenfest davon überzeugt, Sie würden zu den Ausnahmen gehören. »Wenn es ernst wird«, gehören Sie dennoch zu den Gehorsamen. (Diesen Schuh kann ich mir natürlich selbst genauso anziehen.)

Fragen an Sie:

- Falls Sie nach wie vor überzeugt sind, daß Sie abgebrochen hätten –
  - Woher nehmen Sie die Sicherheit?
  - Kennen Sie keine Situation, in der Sie auf Anweisung einer Autorität anderen geschadet haben?
  - Kennen Sie vergleichbare Situationen, in denen Sie sich einer Autorität widersetzt haben?

Das Experiment ist realitätsnah, enthält es doch eine bestimmte Struktur, die sich leicht auf Situationen des Alltags übertragen läßt:

- Es gibt eine Autorität, der ein anderer untergeordnet ist (im Experiment freiwillig und nur für eine bestimmte Dauer).
- Die Autorität gibt bestimmte Anweisungen, die Dritten schaden oder sie verletzen können.
- Derjenige, der die Anweisungen erhält, würde so nie aus eigenem Antrieb heraus handeln, tut es jedoch, weil er der Anweisung folgt.

Wenn wir etwas tun sollen, war wir eigentlich nicht wollen, kommen wir in einen inneren Zwiespalt. Weil Angst da ist, sich der Autorität zu widersetzen, versuchen wir unser Handeln zu rechtfertigen. Wir erfinden Ausreden und täuschen uns selbst mit Pseudoargumenten. Dann können wir die kleinen (und großen) üblen Handlungen des Alltags mit gutem Gewissen ausführen. Die folgenden Denkprozesse sind hierfür typisch:

Frage an Sie:

- Wo erkennen Sie die nachfolgenden Denkprozesse in Ihrem beruflichen Alltag?

① *Sich nicht verantwortlich für die eigenen Handlungen fühlen.*
Der Handelnde betrachtet sich nur als Werkzeug. Eine typische Antwort: »Ich selber hätte das ja nicht gemacht. Ich habe nur gemacht, was man mir gesagt hat.«
Da die Handelnden unfähig sind, sich der Autorität zu widersetzen, übertragen sie alle Verantwortung auf die Autorität. Sie selbst glauben von sich: »Ich tu' ja nur meine Pflicht.«

② *Sachzwang.*
Manche behandeln Systeme menschlichen Ursprungs, als existierten sie über und jenseits irgendeines menschlichen Verursachers. Das menschliche Element wird geleugnet. Wenn der Versuchsleiter sagt: »Das *Experiment* verlangt, daß Sie weitermachen!«, bekommt dieser Befehl ein größeres Gewicht als eine bloß menschliche Anordnung.
Die naheliegenden Fragen: »Wessen Experiment? Wieso muß ich gehorchen, wenn das Opfer leidet?« werden nicht gestellt. Eine Versuchsperson sagte immer wieder: »Es *muß* doch weitergehen.« Sie konnte sich nicht klarmachen, daß da ein Mensch wie sie selbst war, der wollte, daß es weitergeht. Das Experiment hatte eine eigene, unpersönliche Macht gewonnen.
(Kennen Sie nicht auch die Sätze, die so anfangen: »Das Unternehmen braucht ...«?)

③ *Aufgehen im technischen Aspekt der Sache.*
Jemand gibt den Überblick über die Konsequenzen auf. Im Experiment werden die Versuchspersonen von den Prozeduren in Anspruch genommen: Sie lesen die Wortpaare mit vorzüglicher Aussprache und drücken die Schalter sehr sorgfältig. Die moralische Sorge verlagert sich auf die Überlegung, wie gut man den Erwartungen der Autoritätsperson entspricht und seine Pflicht erfüllt. (Für den Soldaten zählt auch nur noch die »gute« oder »schlechte« Bombardierung.)

④ *Setzen der Handlung in einen positiven Zusammenhang.*
Die Bedeutung der Handlung läßt sich ändern, indem man sie in einen anderen Zusammenhang setzt. Eine Bombardierung wird dann gerechtfertigt, wenn sie einem »edlen« Zweck dient. Im Experiment sahen die meisten Versuchspersonen ihr Verhalten in einem größeren positiven Zusammenhang: Das Experiment sei gesellschaftlich und wissenschaftlich nützlich.
Mit dieser Denkweise gewinnt eine Handlung, die isoliert böse erscheint, eine völlig andere Bedeutung.
Will man freiwilligen Gehorsam erreichen, ist die ideologische Rechtfertigung von entscheidender Wichtigkeit.

⑤ *Abwertung des Opfers.*
Im Experiment werten die Versuchspersonen die Opfer ab: »Er war so dumm, sich freiwillig an dem Experiment zu beteiligen, so daß er die Schocks verdiente.« Die systematische Herabwürdigung des Opfers ist eine Maßnahme der psychologischen Rechtfertigung und läßt sich stets als Begleiterscheinung bei Massenmord und Kriegen feststellen.
(Aber so weit müssen wir gar nicht gehen, wenn man

Die inneren Barrieren überspringen

die Debatte über die angeblich so vielen betrügerischen Sozialhilfe- und Arbeitslosengeldempfänger ansieht.)

⑥ *Innere Distanzierung:*
Viele Versuchspersonen waren gegen das, was sie taten und protestierten. Sie hatten aber nicht die Fähigkeit und den Mut, ihre Überzeugungen in ihr Handeln umzusetzen. Andere gaben sich, wie sie später zugaben, lediglich mit ihren gedanklichen Einwänden zufrieden.
Damit macht sich derjenige vor, er selbst hätte ja (innerlich) auf der Seite des Guten gestanden. Und dieses Denken zähle mehr als seine Handlungen.
Ihm ist nicht klar, daß seine Gefühle unwesentlich sind, solange sie nicht in Aktion umgesetzt werden.
Willkürherrschaft wird von unsicheren Menschen aufrechterhalten, die nicht genügend Mut besitzen, ihre Überzeugungen in Handeln umzusetzen.

Zur weiteren Illustration eine Beobachtung aus dem Prozeß gegen den Naziverbrecher Adolf Eichmann in Jerusalem. Stundenlang konnte Eichmann mit unbewegtem Gesicht die Aufzählung seiner Verbrechen gegen die Juden anhören. Nur ein einziges Mal kam er aus dem Gleichgewicht und war schuldbewußt und verunsichert. Das war, als er aus Versehen nicht aufgestanden war, als er den Präsidenten des israelischen Gerichts anredete. Während er deshalb gerügt wurde, wurde er rot und verlegen. Es war ihm also sichtbar peinlich, daß er seinem aktuellen Vorgesetzten nicht gehorcht hatte!
Milgram versucht die erschreckenden Ergebnisse begreifbar zu machen, indem er feststellt, daß es so etwas wie einen »Gehorsamszustand« gibt, in dem jemand den Willen eines anderen ausführt und sich selbst nicht mehr

als verantwortlich ansieht. (Es fällt nicht schwer, in diesem Gehorsamszustand einen der schon beschriebenen Trancezustände wiederzufinden.)
Ein Kind lernt diesen Gehorsamszustand schon früh. Wenn ihm sein Vater befiehlt: »Du darfst keine kleinen Kinder hauen«, sind es eigentlich zwei Befehle: 1. »Nicht hauen« und 2. »Gehorche mir!« Diese Gehorsamsforderung ist das einzig durchgehende Element, das sich durch jede Erziehung in Elternhaus und Schule zieht. Wer gehorcht, wird belohnt, und wer nicht gehorcht, wird bestraft. Die Gehorsamsforderung kann dabei später mit jedem beliebigen moralischen Inhalt gefüllt werden.
Solange die Versuchsperson gehorchte, war sie eingefügt in eine wohlgeordnete soziale Ordnung. Mit den ersten Protesten fing sie an, aus dieser Ordnung auszubrechen. Viele Versuchspersonen empfanden Furcht vor den Folgen ihrer Verweigerung, häufig gefärbt von Vorstellungen von einer undefinierten Vergeltung seitens der Autorität.
Der Weg bis zum Bruch geht dabei vom ersten Aufkommen eines inneren Zweifels zum Äußeren des Zweifels. Dann kommt die Äußerung der eigenen negativen Auffassung, dem sich die Drohung anschließt, daß Experiment abzubrechen. Schließlich erfolgt die Gehorsamsverweigerung. Dieser Weg ist lang und beschwerlich, und nur wenige Versuchspersonen waren fähig, ihn bis zum Ende zu gehen. Denn Gehorsamsverweigerung bedeutet eine Neuformulierung der Beziehung zwischen der Versuchsperson und der Autorität.
Der Preis der Gehorsamsverweigerung ist ein nagendes Gefühl, treulos gehandelt zu haben. Obwohl die Person die moralisch richtige Handlung gewählt hat, bleibt sie doch weiterhin beunruhigt wegen der Durchbrechung der sozialen Ordnung. Sie kann das Gefühl nicht ganz abstreifen, Deserteur in einer Sache zu sein, zu deren Un-

terstützung sie sich verpflichtet hatte. Die ungehorsame Person – und nicht die gehorsame – erlebt somit die Bürde ihrer Aktion!

Wie Milgram sagt: »Für die Versuchsperson läuft alles auf das Problem hinaus, die Kontrolle über ihre Fähigkeit zur Selbststeuerung zurückzugewinnen, die sie zuvor dem Willen des Versuchsleiters preisgegeben hatte. Der Widerstand, mit dem ein Mensch dabei zu kämpfen hat, ist das schmerzliche und fast tragische Element in unserer Versuchsanordnung.

Denn nichts ist so trostlos wie der Anblick eines Menschen, der in einer für ihn bedeutsamen Situation die Kontrolle über sein eigenes Handeln erringen will und es immer nur beinahe schafft.«

Wir und die Welt: Frösche im Kochtopf

Hauptthema dieses Buchs ist die eigene »Nabelschau«. Die Fragen richten sich an uns selbst: Wer bin ich? Was will ich? Wie kann ich mehr mit mir in Einklang kommen? Innen und außen sind miteinander verbunden. Gerade deshalb ist es sinnvoll, zwischendurch einen Blick nach außen, auf die Welt, in der wir leben, zu richten.

Die letzten Jahrhunderte wurden getragen von einem grundsätzlichen Optimismus und Vertrauen in die Wissenschaft, daß dank der Vernunft und unseres immer vollständigeren Wissens die Menschheit goldenen Zeiten entgegengehe.

Heute zeigt sich, daß diese Hoffnung ein Irrglauben war. Der Weg hat vielmehr in eine Sackgasse geführt. Wenn noch wie in den Zeiten des Alten Testaments Flammenschriften am Himmel Botschaften übermitteln würden, so stünde heute mit riesigen Buchstaben im Blau über uns: »So nicht!«

Die heutige Welt wird immer schneller, verrückter, chaotischer und unberechenbarer. Sie wird gefährlicher. Der Boden, der die Menschheit eine Zeitlang zuverlässig getragen hat, wird brüchig. Zunehmend gerät er ins Schwanken. Weitaus größere Beben beginnen sich abzuzeichnen. Auf der Erdbeben-Richter-Skala befinden wir uns jetzt in der Höhe von 2 bis 3 und registrieren die ersten leichten Erdstöße. Alle Anzeichen deuten jedoch darauf hin, daß dies nur kleine Vorwarnungen sind und die nächsten Erdstöße mit viel größerer Gewalt hereinbrechen und Zerstörungen anrichten werden. Die Vernichtung einer lebenswerten Umwelt nimmt lebensbedrohende Ausmaße an. Faszinierend an dieser Entwicklung ist dabei, wie schnell wir uns insgesamt daran gewöhnen.
Nehmen wir ein kleines – oder soll ich besser sagen: ein ungeheuerliches – Beispiel. Einer dieser schönen Sommertage in diesem Jahr, bei dem jeder, der kann, die frische Luft genießen und sich in der heißen Sonne baden möchte.
Stopp! Damit ist es vorbei! Zum ersten Mal in der Geschichte der Menschheit ist dieser an sich so harmlose Kontakt mit der Natur gefährlich. Das Reizgas Ozon wirkt sich schädlich aus: Die Menschen bekommen Atemprobleme, Husten, Asthma und Kreislaufstörungen.
Kein Gedanke daran, daß ein Aufschrei des Entsetzens erfolgt und jede nur mögliche radikale Maßnahme ergriffen wird, um diese Gesundheitsgefahren in Zukunft zu verhindern. Nein, wir gewöhnen uns scheinbar gleichgültig daran, daß es von Jahr zu Jahr schlimmer wird.
Denn wir können doch unserer Regierung und Wirtschaft vertrauen, daß – vielleicht?! – die Urenkelkinder wieder ohne Maske an die frische Luft können!
Oder betrachten wir das dramatische Waldsterben, ein Gradmesser für die Umweltzerstörung insgesamt. Es ist inzwischen selbstverständlich. Man hat sich daran ge-

wöhnt. Immer mehr Bäume verlieren ihre Nadeln und Blätter, von einer Besserung keine Spur. Zwei Drittel aller Bäume waren Ende 1992 krank. In den alpinen Regionen Bayerns ist praktisch kein Baum mehr gesund. Einzelne Baumsorten sind besonders sensibel: So sind 93 Prozent aller Tannen mehr oder minder krank. (Aber um das Wahlvolk nicht mit den Horrormeldungen zu verunsichern, soll die Waldschadensbilanz von 1994 an nur noch alle drei Jahre veröffentlicht werden.)
Es gibt da die Geschichte von Experimenten mit Fröschen, die die Ursachen unserer schleichenden Gleichgültigkeit plastisch verdeutlicht. Wirft man einen Frosch in einen Topf kochendes Wasser, so hüpft er sofort heraus und kommt mit dem Leben davon. Anders dagegen, wenn man ihn in einen Topf kalten Wassers setzt und dieses Wasser langsam erhitzt und so zum Kochen bringt.
Der Frosch bleibt im Wasser, gewöhnt sich an die steigende Temperatur und ist irgendwann verkocht.

These:

- Die »Temperatur« steigt für uns Menschen gerade so langsam an, daß wir uns daran gewöhnen.

Wie Sie sehen, können wir Einsichten über die menschliche Natur durch Experimente mit Fröschen gewinnen. Wir können aber auch von Ratten und Mäusen lernen.
Eine Fülle von Experimenten hat etwa die Wirkung der Bevölkerungsvermehrung bei Ratten und Mäusen untersucht.
Solange genügend Raum und Platz vorhanden ist, leben die Tiere friedlich zusammen. Wächst die Zahl der Tiere aber immer mehr an, dann kippt irgendwann das ganze bisherige Gleichgewicht.
Das soziale Zusammenleben löst sich auf, Aggressionen

brechen aus. Dazu kommen Krankheiten und kollektive Anfälle von Verrücktheit.
Dieser letztgenannte Zeitpunkt scheint inzwischen auch auf dem Globus gekommen zu sein. Wenn ich die Ergebnisse dieser Experimente übertrage, scheint es mir verständlich, warum neue Konflikte fast gleichzeitig überall in der Welt aufbrechen. Überbevölkerung, Zerstörung der Umwelt – das Chaos hat seine Wurzeln in der Lebensgefahr, in der sich die Menschheit als Ganzes befindet.
Vor zwei Jahren noch, als gerade in der unmittelbaren Nähe aus dem friedlichen Vielvölkerstaat Jugoslawien der Hexenkessel von Krieg und Morden wurde, schien Deutschland noch eine friedliche Insel mitten im stürmischen Ozean.
»Wie lange noch?« fragte ich mich damals.
Nicht sehr lange! Was überall in der übrigen Welt zu wuchern beginnt, hat Deutschland nicht lange verschont. Inzwischen sind Nachrichten über Gewalt gegen Ausländer (vor zwei Jahren noch nahezu unvorstellbar!) selbstverständlich geworden. Das Chaos, so scheint es, nimmt auch uns stückweise gefangen.
Anfang 1993 reiste ich in einem Zug durch Indien nach Bombay.
Soldaten mit schußbereiten Gewehren patrouillierten auf und ab und sicherten den Zug gegen drohende Überfälle. Mein indischer Nachbar fragte mich: »Wie ist es möglich, daß es in Deutschland zur Zeit zu solchen Gewalttätigkeiten gegen Ausländer kommt?« Ich antwortete ihm: »Das ist so ähnlich wie hier in Indien die Kämpfe zwischen Moslems und Hindus.«
Das leuchtete ihm ein.
Wir reagieren seismographisch auf die wachsende Bedrohung.
Eine Möglichkeit besteht darin, den Blick eisern auf eine positive Zukunft zu richten. Wir verpflichten uns dem un-

gebrochenen Fortschrittsglauben und schauen begeistert auf alle Veränderungen, die die moderne Wissenschaft uns bringt. Alle unerwünschten Wahrnehmungen werden ausgeklammert.
Ich jedoch meine: Dieser ungebrochene plakative Fortschrittsglaube tut in seiner Naivität manchmal nur noch weh!

Frage an Sie:

■ Wo stehen Sie? Wie sehen Sie Zukunft?

Innen und außen sind miteinander verbunden.
Führen wir nicht in uns die gleichen Kriege wie außerhalb?
Überlassen wir nicht innen unserem Verstand bereitwillig die Verantwortung, so wie in der Außenwelt der Wissenschaft?
Zerstören wir nicht unsere innere Natur genauso wie die äußere?
Das Äußere ist ein Spiegel des Inneren, das Innere ist ein Spiegel des Äußeren. Denn *wir* alle sind für das äußere Chaos verantwortlich, da es ein Spiegel des inneren ist.

Kapitel 8

Entscheidungen fallen lassen – statt sie zu fällen

Reinhard Müller quält sich seit Monaten, ob er sich von seiner Frau trennen soll oder nicht. Beide sind seit 12 Jahren verheiratet. Die letzten 3 Jahre bestanden hauptsächlich aus Streit und Unfrieden, unterbrochen von wenigen Momenten, in denen beide erschöpft waren und sich versöhnten.
Aber kurze Zeit später flammten die alten Zwistigkeiten doppelt stark wieder auf. Das, was früher an Gemeinsamkeit da war, ist lange vergessen. Bei einem offenen Gespräch, das beide vor einiger Zeit führten, fanden beide heraus, daß es eigentlich besser sei, sich zu trennen.
Seitdem quält sich Reinhard Müller. Er findet, es sei jetzt an der Zeit, den nächsten konsequenten Schritt zu tun und die Scheidung einzureichen. Aber irgendwie schafft er es nicht. Ständig geht es in seinem Kopf hin und her. Vielleicht hat die Beziehung ja doch noch eine Chance? Aber jede Begegnung mit seiner Frau zeigt ihm die Entfremdung. »Dann soll sie doch den ersten Schritt tun«, sagt er sich dann ärgerlich.
Aber eigentlich ist die Trennung doch klar. Warum zögert er also noch? So entscheidungsunfähig kennt er sich doch sonst nicht!

Frage an Sie:

- Was würden Sie Reinhard Müller raten?

Ratschläge zu geben ist einfach. Sie anzuwenden manchmal erheblich schwieriger! »Trennen Sie sich doch endlich!« läßt sich leicht sagen. Es zu tun scheint manchmal fast unmöglich.
Im Berufsleben werden ständig kompetente Entscheidungen erwartet. Wenn Sie in einer verantwortlichen Position stehen, werden Tag für Tag Entscheidungen an Sie herangetragen, die Sie treffen müssen. Sie haben gelernt, die Situationen zu analysieren. Zusätzlich setzen Sie Ihren Instinkt, »Ihre Nase«, ein. Sie wissen, daß immer ein Risiko mit im Spiel ist. Schließlich treffen Sie Ihre Entscheidung. Tagtäglich üben Sie die Fähigkeiten in der Praxis. Zusätzlich vermitteln Seminare und Trainer das notwendige Wissen.
Es ist eine spezielle Kunst, diese Art von Entscheidungen zu treffen. Aber es gibt eine zweite Kunst, die genauso wichtig ist:
Das ist die Kunst, Entscheidungen »fallen zu lassen«. Diese Kunst wird leider kaum gelehrt und nur selten aktiv geübt.
Sie ist bei den Entscheidungen erforderlich, die uns persönlich berühren. Ob Sie Maschine X oder Maschine Y kaufen, berührt Sie nicht in Ihrer Lebensführung. Aber ob Sie beispielsweise Vater werden oder nicht, eine solche Entscheidung berührt Sie und gibt Ihrem Leben eine neue Ausrichtung.
Eine gute persönliche Entscheidung ist dabei wie ein reifer Apfel. Ein Apfel fällt vom Baum, wenn er reif ist. Mancher Apfel hat von außen gesehen die richtige Größe, ist ausgewachsen und besitzt zudem die richtige gelbrote Farbe. Aber dennoch dauert es noch Tage, bis er – in einem unerwarteten Augenblick – sich löst und zu Boden fällt.

These:

- Wenn eine Entscheidung nicht endgültig vollzogen wird, dann deshalb, weil sie noch nicht reif ist. Sie ist dann wie ein Apfel, der zwar äußerlich »fertig« erscheint, aber es dennoch nicht ist.

Der ungeduldige Bauer, der möglichst rasch seinen Ernteertrag erzielen will, mag den Apfel abreißen. Der Bauer ist stärker als der Apfel, und deswegen funktioniert die gewaltsame Methode.
Wie dieser Bauer, der den Apfel gewaltsam vom Baum reißt, würden wir auch gern unsere Entscheidungen fällen. Aber es klappt – meistens – nicht. (Und wenn es klappt, tut es sehr weh.) Irgendeine Seite in uns wehrt sich dann gegen die Entscheidung. Sie ist noch unreif und will sich noch nicht lösen.
Wenn wir eine Entscheidung zwingen wollen, erschöpfen wir uns oft in den ständigen vergeblichen Versuchen, sie durchzusetzen. Wir wissen, was wir – eigentlich! – wollen, aber trotzdem tun wir es nicht. Ja, es scheint im Gegenteil sogar so, als ob die Entscheidung beginnt, sich um so hartnäckiger zu wehren, je mehr wir an ihr herumanalysieren.
Wir drehen uns im Kreis. Wir durchdenken unsere Entscheidung immer wieder neu, überlegen hin und her. Wir holen uns Hilfe bei Freunden, sprechen uns aus, holen ihren Rat. Manchmal sind wir wild entschlossen, endlich konsequent zu sein, und versuchen, unsere Entscheidung durchzuhalten. Und fallen dann doch wieder um. Anschließend werfen wir uns diesen Rückfall dann erbarmungslos vor!
Schlimmer sind da oft die Entscheidungen, die durchgesetzt werden! So gibt es z. B. eine typische Erfahrung, die

sich bei Beziehungstrennungen zeigt: Wenn ich mich gewaltsam löse, also das Band zwischen mir und dem anderen durchschneide, dann schneide ich mich gleichzeitig von der eigenen Energie ab, die mich mit dem anderen verbunden hat. Da fühlt jemand bei einer Person ganz stark sein Herz. Er fühlt sich weich und liebevoll. Aus irgendwelchen Gründen bricht er widerwillig den Kontakt ab und schneidet sich damit selbst von seiner Zartheit und Verletzlichkeit ab.

Manchmal kommt jeder in eine Situation, in der eine Entscheidung noch nicht reif ist. Dann gilt:

- Es ist überflüssig, ständig im Kopf Pro und Kontra abzuwägen.
- Es ist überflüssig, sich ständig innerlich motivieren zu wollen.
- Es ist überflüssig zu hoffen, daß ich die Entscheidung verwirkliche, wenn ich nur intensiv genug darüber nachgedacht habe.

Merke: Der Apfel fällt allein vom Baum, wenn seine Zeit gekommen ist. Er braucht keinen Bauern, der daran zieht.

Der wichtigste Rat, den man einem Menschen im Entscheidungskonflikt geben kann, ist der:

- Hören Sie auf, sich zu quälen!
- Denken Sie nicht ständig über Ihre Entscheidung nach, sondern lassen Sie sie ruhen!
- Haben Sie Geduld!
- Vertrauen Sie sich selbst!

Irgendwann ist das Hin und Her plötzlich beendet. Die Entscheidung ist gefallen. Sie ist jetzt klar. Reinhard Mül-

Entscheidungen fallen lassen – statt sie zu fällen

ler weiß dann, daß die Beziehung vorbei ist und daß die Trennung ansteht.
Handeln wird leicht und selbstverständlich. Konsequenzen, die vorher schwierig und erschreckend waren, werden als notwendig akzeptiert und in Kauf genommen.

Sich entscheiden für »Ja« oder »Nein«?

Vielleicht ist Ihnen aus dem Verkauf die Technik der »Ja-Straße« bekannt. Sie sieht so aus, daß der Verkäufer jede Frage an den Kunden vermeidet, die ein »Nein« als Antwort haben könnte. Statt dessen stellt er bewußt nur solche Fragen, die ein »Ja« als Antwort haben (»Sie möchten doch sicherlich einen möglichst günstigen Kauf machen?«) Im Idealfall endet diese »Straße« für den Verkäufer mit dem letzten »Ja« des Kunden auf die entscheidende Frage: »Sie kaufen also mein Produkt?«
Der psychologische Hintergrund dabei ist: Das Wort »ja« erzeugt einen bestimmten inneren Zustand. »Ja« beinhaltet Zustimmung und Offenheit. »Ja« öffnet die eigenen Grenzen.
Ein »Nein« hingegen beinhaltet Abgrenzung. Das verneinende Kopfschütteln rührt daher, daß bereits das Baby, das keine Milch mehr von der Mutterbrust will, den Kopf abwendet. Im Trotzalter lernt das Kleinkind, mit dem »Nein« seinen eigenen Willen durchzusetzen und sich von Mutter und Vater zu lösen und abzugrenzen.
Wer oft in seinem Leben »nein« sagt, der verneint viele Angebote und Möglichkeiten. Damit sagt er gleichzeitig auch zu Veränderung und vielen neuen Erfahrungen »nein«.
Es gilt aber:

These:

■ Persönliches Wachstum erfordert häufig ein »Ja«.

»Nein« macht uns enger, ist aber gleichzeitig sicherer. Viele Manager lieben trotz aller entgegenlautender Gerüchte die Sicherheit. Sicher fühlen sie sich dann, wenn sie bereits vor einer Entscheidung mit hoher Wahrscheinlichkeit wissen, wie hinterher das Ergebnis aussehen wird.

Typisch dafür sind die Schwierigkeiten, die das Management heute damit hat, neue Formen der Team- und Gruppenarbeit einzuführen und zu akzeptieren. Denn das Besondere an dieser Form der Zusammenarbeit ist, daß die Führungskraft mehr Verantwortung an die Gruppe abgibt. Damit verliert der Vorgesetzte gleichzeitig aber Kontrolle über Arbeitsprozesse. Das Resultat ist nicht wie zuvor von vornherein klar abseh- und berechenbar. Diese Unsicherheit macht die Geschäftsführer, die Abteilungsleiter, die Meister in vielen Fällen unsicher und widerborstig.

»Ja« schafft Raum und führt uns in Neuland. Wir wissen nicht genau, wo wir hingelangen. Damit fühlen wir uns unsicher; Angst ist damit verbunden. Aber wir können nicht ewig in den vergangenen Strukturen festhängen. Alles ist in ständigem Wandel. Wenn wir mit dem Wandel gehen wollen, ist ein »Ja« erforderlich!

Wenn Sie »ja« zu neuen Erfahrungen sagen wollen, testen Sie die »innere Ja-Straße«, wenn Sie z.B. bei Ihrer nächsten Entscheidung zwei Alternativen zur Auswahl haben.

Methode: Die innere Ja-Straße.

① Machen Sie es sich bequem, und stellen Sie sich die Alternativen vor.

② Dann sagen Sie halblaut langsam den Satz: »Wenn ich *ja* sage, dann entscheide ich mich dafür, daß ... Fahren Sie mit der Alternative fort, die Ihnen spontan in den Kopf kommt!

③ Testen Sie auch das Gegenteil, und sagen Sie anschließend den Satz: »Wenn ich *nein* sage, dann entscheide ich mich dafür, daß ... Fügen Sie wiederum die Alternative ein, die Ihnen spontan einfällt!

Sie wissen nun, welche Alternative Sie weiter und welche Sie enger macht.
Nun entscheiden Sie, in welche Richtung Sie gehen wollen!
Ein zusätzliches Kriterium kann Ihnen zeigen, ob Sie die innere Ja-Straße gegangen sind: Die Nein-Entscheidungen sind in der Regel die vernünftigen. Sie wissen, wofür Sie sich entschieden haben. Sie gehen auf Nummer Sicher und vermeiden Risiken.

These:

■ Ja-Entscheidungen scheinen unvernünftig.

Wer »ja« zum Leben sagt, läßt sich auf ein Abenteuer ein – und Abenteuer sind nun einmal unvernünftig (vor allem für diejenigen, die nichts lieber tun, als sich hinter dem warmen Herd bzw. dem kühlen Fernseher in Sicherheit zu bringen oder die streng geplante Karriereleiter emporzuklettern).

Wenn also Ihre Freunde, Verwandten und Bekannten den Kopf über Ihre Entscheidung schütteln, gratulieren Sie sich. Die Chancen stehen gut, daß Sie eine Ja-Entscheidung getroffen haben.

Fragen an Sie:

① Wenn Sie wichtige Entscheidungen in Ihrem Leben anschauen – welches waren klare Ja-Entscheidungen?

② An welche Nein-Entscheidungen in Ihrem Leben können Sie sich erinnern?

③ Wie würde sich Ihr Leben ändern, wenn Sie mehr »ja« sagen würden?

④ Was wäre der Preis dafür? Was müßten Sie aufgeben an materiellen Vorteilen oder an Einstellungen und Ideen?

Vernünftig sein gilt als lobenswert. Wozu dann überhaupt Ja-Entscheidungen?

Thesen:

- Ja-Entscheidungen führen Sie ins Unbekannte.
- Ja-Entscheidungen setzen deshalb neue Energie in Ihnen frei.
- Ja-Entscheidungen lassen Sie neue Seiten an sich entdecken.
- Ja-Entscheidungen wecken mehr und mehr Ihr Potential.

Wenn Sie immer auf Nummer Sicherheit gehen, wird Ihnen – möglicherweise und hoffentlich! – nichts Schlimmes in Ihrem Leben passieren. Und vermutlich auch wenig Aufregendes.
Aber in Einklang mit sich werden Sie so sicherlich *nicht* kommen.
Denn dazu müssen Sie ab und zu – und mit der Zeit immer öfter – »ja« sagen und dem Wunsch, der hinter Ihrem Ja steht, folgen.

Entscheiden Sie sich, wenn es Ihnen gutgeht!

Jede Entscheidung kann nur so gut sein, wie der innere Zustand, in dem sie getroffen wurde.
Anders ausgedrückt: Wenn es Ihnen gutgeht, werden Sie in der Regel gute Entscheidungen treffen. Wenn es Ihnen hingegen schlechtgeht, besteht eine große Gefahr, daß Sie nicht die optimale Entscheidung treffen.

Herbert Kunze möchte ein Haus kaufen. Er hat zwei Angebote. Das erste Haus findet er in Ordnung, auch vom Preis her liegt es für ihn günstig.
Das zweite Haus ist ein Traumhaus, bei dem er ins Schwärmen kommt. Allerdings ist der Preis auch entsprechend. Er würde es auf der einen Seite liebend gern kaufen, auf der anderen Seite ist er unsicher, ob er diese Verpflichtung eingehen soll. Oder soll er einfach noch weitersuchen?
Tage- und nächtelang grübelt er, bekommt Ränder unter den Augen und wird immer gedrückter und unsicherer. Je mehr Herr Kunze sich unter Entscheidungsdruck setzt, desto schlechter geht es ihm. Als ihn schließlich seine Arbeitskollegen auf den schlechten Zustand ansprechen, sagt er:
»Erst muß ich mich richtig entscheiden, dann geht es mir wieder gut.«

Erst die richtige Entscheidung, und dann kehrt (automatisch) die gute Stimmung zurück? Ist das der richtige Weg, die richtige Reihenfolge?

Dies ist genau die falsche Reihenfolge! Mit dieser Methode werden Sie kaum gute Entscheidungen treffen!

> These:
>
> ■ Wenn Sie eine wichtige Entscheidung zu treffen haben, ist es empfehlenswert, in einem guten Zustand zu sein.

Das ist oft leichter gesagt als getan, denn wir haben die Tendenz, uns in die Entscheidung zu »verbeißen«. Es gibt dann nichts Wichtigeres in unserem Kopf, als diese Entscheidung zu treffen, die wir im Geiste permanent hin und her abwägen.
Das ist falsch. Grübeln und Nachdenken helfen nur bis zu einem bestimmten Punkt. Dann fangen die Gedanken an, sich im Kreis zu drehen, und die Entscheidungsfindung kostet wertvolle Energie.
Deshalb:

- Sammeln Sie diese Energie für sich!
- Lösen Sie sich aus diesem Entscheidungsdruck, schalten Sie ab.
- Sorgen Sie dafür, daß Sie entspannen und sich wohl fühlen.
- Dann entscheiden Sie sich!

Wenn Sie nicht wissen, wie Sie aus dem Entscheidungsdruck herauskommen sollen, fragen Sie sich: Was kann ich *jetzt* tun, damit es mir bessergeht?
Sie werden Antworten finden.

Herr Kunze bemerkt, daß er sich immer mehr in sein Entscheidungsdilemma hineinsteigert. »Stopp!« sagt er sich. »Das bringt mich nicht weiter.«
Glücklicherweise steht ein langes Wochenende vor der Tür. Er beschließt, einmal von allem abzuschalten, und verabredet sich mit zwei Freunden zu einer längeren Radtour. Herbert Kunze genießt die Bewegung in der frischen Luft, entspannt sich von Stunde zu Stunde mehr und vergißt langsam alles andere. Erst am Sonntag abend, als er wieder – von der Sonne leicht braun geworden – zu Hause ist, erinnert er sich wieder.
In aller Ruhe geht er noch einmal alle Alternativen und Konsequenzen durch. »Was will ich wirklich?« ist seine Frage. Und mit dieser Frage ist ihm nach einer Stunde seine Entscheidung klar.

Ein nachträglicher »Check« für Entscheidungen: Im guten Zustand schätzen Sie das, was Sie zu Neuem führt. Wenn Sie aber mißmutig sind, bereuen Sie es und lieben die ängstlichen Entscheidungen. Beurteilen Sie Ihre Entscheidungen deshalb nur, wenn es Ihnen gutgeht!

Die gesunde Entscheidung: Weg vom Streß

»Weg vom Streß« ist ein anderes meiner persönlichen Entscheidungskriterien.
Bewußt entschieden habe ich mich nach dem 40. Geburtstag. Mit 40 tauchte der Gedanke auf: Das ist jetzt die »Lebensmitte«. Ich zog Bilanz der ersten Hälfte.
Wenn ich mein Leben überschaute, war sehr viel bestimmt durch die Frage: Was kann ich leisten? Wieviel Energie habe ich? Wo sind meine Grenzen?
Um die Frage zu beantworten, hatte ich eine Menge Kraft und Anstrengung eingesetzt. Das Ergebnis: Ich erbrachte Leistungen, auf die ich stolz war. Ich hatte mir etwas bewiesen.

(Die Entscheidung:) Weg vom Streß

Für mich tauchte nun die Frage auf, was ich in der zweiten (und letzten) Hälfte erreichen wollte. Wie lange wollte ich mir weiter etwas beweisen? Sollte es einfach so weitergehen?
Der Gedanke an die Lebensmitte gab den Ausschlag. Ich kam zu dem Schluß, daß ich mir – grundsätzlich! – genug bewiesen hatte.
Erstrebenswert für die zweite Hälfte schien mir das Ziel, zu lernen, entspannter zu leben. Also weg vom Streß!
Damit war jedoch nicht gleichzeitig gemeint: weg von Leistung und Anstrengung. Existiert doch bekanntlich der gesunde (Eu-)Streß, von dem ich hier nicht spreche. Gesund ist es, wenn wir zwischen unseren Leistungsintervallen immer wieder alle Kräfte mobilisieren und einsetzen. Hinterher kommt dann eine natürliche Phase der Entspannung. Dieser Rhythmus ist in der Lage, die eigene Spannkraft zu erhalten.
Was ich hier als »Streß« bezeichne, ist die *ungesunde Überspannung*.
Nun kann zumeist kein Mensch von außen beurteilen, welche Spannung gesund oder ungesund für ihn ist. Entscheidend dafür ist die eigene Einstellung zu der jeweiligen Leistung.

Müller und Maier sind Kollegen. Sie führen beide ihr eigenes Steuerbüro. Beide sind mit Aufträgen überlastet und sitzen jeden Werktag bis spätabends in ihrem Büro.
Müller blüht auf und erzählt alten Freunden, für die er leider im Moment ganz wenig Zeit hat, begeistert von seiner Arbeit.
Maier dagegen wirkt jeden Tag abgekämpfter und bekommt nach zwei Monaten Magenbeschwerden.
Was macht den Unterschied?
Müller verwirklicht seinen Traum von der Selbständigkeit und freut sich über jeden neuen Auftraggeber. Er will sein Bestes geben und setzt sich voll dafür ein.

Maier dagegen hätte eigentlich lieber noch Jura studiert, als gleich das Steuerbüro seines Vaters zu übernehmen. Immer wieder kommen ihm die Gedanken an dieses Ziel, das er aufgeben mußte.

Wir setzen dann alle Kräfte für eine Leistung ein, wenn wir die Leistung gern und freiwillig erbringen – und nicht unter Druck.
Druck kann von außen kommen oder aus uns selbst, von innen. Innerer Druck erzeugt ungesunde Spannung. Maier setzt sich selbst unter Druck. Er fühlt sich verpflichtet, das Steuerbüro seines Vaters zu übernehmen, obwohl er lieber studieren würde.
Aber auch für Herrn Müller bleibt die Situation nicht ewig gleich:

Fast drei Jahre lang genießt Steuerberater Müller den Aufbau seines Klientenstamms. Fast jedes Wochenende sitzt er noch über seinen Akten. Nach drei Jahren stellt er fest, daß die Begeisterung an der ständigen Arbeit schwindet. Gerade am Wochenende wird die Arbeit allmählich zur lästigen Pflicht.
Müller möchte wieder mehr Zeit für sich, aber es geht nicht. Er fühlt sich in der Zwickmühle. Was tun?

Steuerexperte Müller hat grundsätzlich zwei Möglichkeiten:

- Er kann versuchen zu lernen, seine Arbeit wieder so gern und begeistert wie früher zu tun.
- Er kann seinen Arbeitseinsatz verringern, geht damit aber das Risiko ein, Klienten zu verlieren.

Müller überlegt hin und her. Wie kann er zu mehr Freizeit kommen und weiter das gleiche leisten? Schließlich stellt er einen weiteren Steuerberater als Unterstützung ein.

Aber er muß feststellen, daß seine Klienten ihn weiterhin als Ansprechpartner erwarten.
Die Arbeit wird ihm immer unangenehmer. Sein Kaffeekonsum nimmt mittlerweile ein ungesundes Maß an. Schließlich erkennt er, daß er entscheiden muß, was ihm wichtiger ist: mehr Zeit für sich oder der größtmögliche Verdienst.
Er beschließt, mehr Zeit für sich haben zu wollen, und überträgt deshalb Klienten an seinen Mitarbeiter – auf das Risiko hin, daß sie sich einen neuen Steuerberater suchen. Als er diesen Schritt getan hat, fühlt er sich befreit. Und eine zusätzliche Überraschung für ihn: Die Arbeit macht ihm wieder Spaß.

Herr Müller hat zunächst mit der ersten Möglichkeit experimentiert: Wie läßt sich die gleiche Arbeit effektiver leisten? Welche kreativen Möglichkeiten gibt es, Dinge so zu ändern, daß er zufriedener ist?
Aber manchmal genügt halbherziges Experimentieren nicht. Der Streß bleibt trotzdem bestehen.
Meine persönliche Erfahrung hat mir gezeigt, daß es eine einfache und natürliche Richtung weg vom Streß gibt: Lassen Sie los, verzichten Sie!
Was loslassen? Auf was verzichten? Das hängt von dem Auslöser ab, der Ihnen den Streß bereitet.
Streß hat meiner Erfahrung nach in der Regel zwei mögliche Auslöser:

- Sie haben sich ein Ziel gesetzt, das Sie nun unbedingt erreichen müssen. Beispiel Steuerberater Herr Müller.
- Sie haben einen inneren Anspruch an sich, dem Sie unbedingt genügen wollen. Beispiel Herr Maier.

Oft klaffen Anspruch und Wirklichkeit weit auseinander. Auf irgendeine Art müssen Sie aber beides in Deckung bringen.

These:

■ Streß verschwindet, wenn Sie Ziele loslassen oder auf Ansprüche verzichten.

Sie haben zwei Möglichkeiten:
Entweder Sie üben noch stärkeren Druck auf sich aus, sich in die Form zu pressen, damit Sie Ihren Ansprüchen gerecht werden (so wie Müller).
Oder Sie hören auf sich zu zwingen.

Dann sieht der Weg so aus:

- Geben Sie Ihr ursprüngliches Ziel auf.
- Verringern Sie den Anspruch an sich selbst.
- Werden Sie ein Stück bescheidener – und damit realistischer.

Das ist nicht angenehm.
Denn wer macht schon gern Abstriche von seinen Zielen oder dem Idealbild, das er gern darstellen möchte? Aber anders geht es nicht. Sie haben den Preis für die neugewonnene Freiheit und die Entspannung zu bezahlen.

Fragen an Sie:

■ Erleben Sie zur Zeit in irgendeinem Bereich Streß?

■ Wenn ja –

Was müßten Sie loslassen oder aufgeben, damit der Streß verschwindet?

Wenn Sie dazu neigen, alles 150prozentig zu tun oder haben zu wollen, mögen zusätzlich die Überlegungen des

Pareto-Prinzips aus dem Zeitmanagement für Sie nützlich sein. *Pareto* war ein italienischer Volkswirtschaftler, der bei seinen Untersuchungen feststellte, daß 20 Prozent der Bevölkerung 80 Prozent des Vermögens im Besitz hatten. Das Verhältnis von 20 : 80 läßt sich als Erfahrungsregel ebenfalls in anderen Bereichen, etwa der betrieblichen Praxis, beobachten.
Zum Beispiel: 20 Prozent der Fehler verursachen 80 Prozent des Ausschusses. 20 Prozent der Kunden bringen 80 Prozent des Umsatzes.

Auf die eigene Arbeit übertragen hieße das:

- 20 Prozent des Einsatzes bewirken 80 Prozent der Ergebnisse.
- Die restlichen 80 Prozent des Einsatzes dienen lediglich dazu, um die letzten 20 Prozent Ergebnisse zu erzielen!

Fragen an Sie:

- Läßt sich das *Pareto-Prinzip* auf Ihre Arbeit übertragen?
- Wenn ja –
  Worin bestehen die 20 Prozent Ihres Einsatzes, die 80 Prozent Ihrer Ergebnisse erzielen?

Sie haben nun die Wahl: Wenn Sie auf 20 Prozent Ihrer Ergebnisse verzichten, dann sparen Sie 80 Prozent Ihres Einsatzes. Eine interessante Überlegung, nicht wahr? Gleichzeitig verschwindet damit Ihr Streß, und Sie haben viel Zeit und Energie übrig für anderes, was Sie gern tun möchten.

Ein Schwenk zurück zum Kollegen Maier, der ursprünglich Jura studieren wollte, aber das Steuerbüro von seinem Vater übernehmen mußte.
Herr Maier hat versucht, seine Arbeit so in den Griff zu bekommen, daß er sie gern macht. Aber es ist ihm nicht geglückt. Er kann sich einfach nicht für sie erwärmen!
Irgendwann hat er sich überlegt, das Büro abzugeben und seine ursprünglichen Studienpläne zu verwirklichen. Aber dann bekam er es mit der Angst zu tun. Wer weiß, ob ihm das Studium wirklich Spaß machen würde? Und ob er jemals soviel verdienen würde wie mit seinem Steuerbüro?
»Nein«, sagte er sich, »man muß im Leben Kompromisse machen.«
Die Folge: Herrn Maiers Magenbeschwerden sind inzwischen chronisch. Aber seit neuestem hat er einen guten Arzt.

Ein jeder hat jederzeit die freie Wahl. Mehr Spannung? Mehr Entspannung? Mehr Sicherheit? Mehr Freiheit? Wenn Sie bei Ihren Entscheidungen den Streß und inneren Druck berücksichtigen, ist das ein hilfreiches Kriterium für Ihre Entscheidungen auf dem Weg zum Einklang mit sich selbst.

Kapitel 9
Sich selbst vertrauen

These:

■ Um in Einklang mit sich zu kommen, sind Weg und Ziel identisch: das Vertrauen in sich selbst.

Der Einklang mit sich selbst kommt nicht von allein:

- Er wird einem nicht geschenkt, weil man die richtige berufliche Position erreicht hat.
- Er fällt einem nicht in den Schoß, weil man die richtige Frau geheiratet hat.
- Er kommt nicht automatisch mit dem Ruhestand, weil man alt genug geworden ist.
- Er läßt sich auch durch eisernes Üben von Autogenem Training nicht erlangen.

Frage an Sie:

■ Wie sehr trauen Sie sich selbst?

Wenn Sie überzeugt sind, daß Sie sich selbst trauen, gibt es einen zusätzlichen Test. Sie erkennen an den Antworten auf die nächsten beiden Fragen, ob Ihre erste Antwort mit der Wirklichkeit übereinstimmt oder ob Sie sich nur etwas vormachen.

Fragen an Sie:

- Wie spontan sind Sie?
- Wieviel Sicherheit und Sicherheiten brauchen Sie?

These:

- Je mehr Sie sich vertrauen,
  - desto spontaner können Sie sein, und
  - desto weniger Sicherheit brauchen Sie.

Nur wenn Sie sich vertrauen, können Sie Ihren inneren Impulsen augenblicklich und ohne Rückversicherung folgen. Wenn Sie dagegen einem inneren Aufpasser gehorchen, der Ihnen ständig ins Ohr flüstert: »Nein, das besser nicht!«, »Das auf keinen Fall!«, »So nicht!«, dann ist es mit Ihrem Vertrauen nicht weit her.
Sie sind dann gespalten, und diese Spaltung ist das Gegenteil von Einklang.
Ein Leben, ohne auf den inneren Aufpasser zu hören? Vielleicht erscheint Ihnen dieser Gedanke absurd, weil Sie sich ein solches Leben gar nicht mehr vorstellen können. Schreckliche Phantasien mögen Sie plagen, was ohne diese Kontrollinstanz geschehen könnte. Vielleicht sprengen Sie Ihre Firma in die Luft. Oder Sie fangen ein – oder zwei – Verhältnisse mit den Vorzimmerdamen an. Oder Sie sagen dem Vorstandsvorsitzenden endlich einmal Ihre ehrliche Meinung. Oder Sie fangen eine Schlägerei mit dem Rivalen aus der Nachbarabteilung an. Oder ...
Alle diese Phantasien repräsentieren unterdrückte Impulse. Weil Sie diese Impulse schon lange unterdrücken, gewinnen sie in Ihrer Vorstellung immer monströsere Formen.

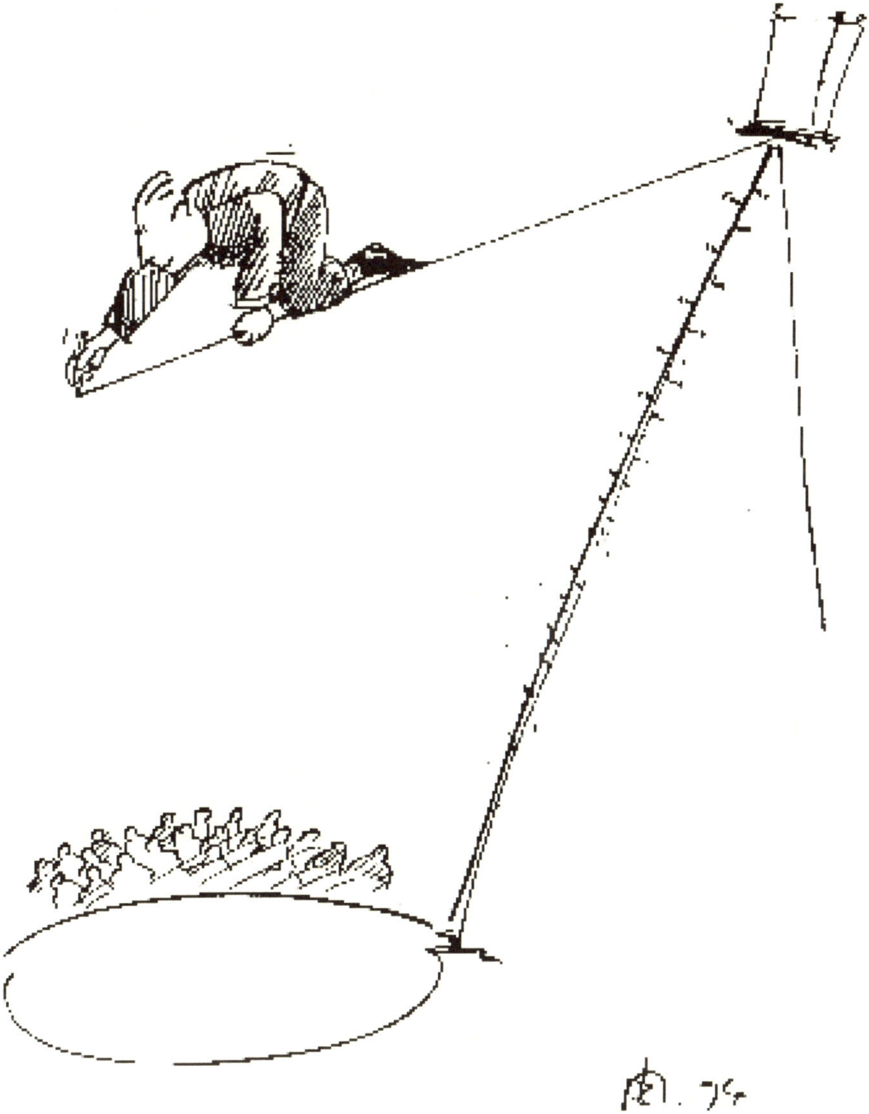

Sich selbst vertrauen

Deshalb müssen Sie sie dann noch mehr unterdrücken. Ein Teufelskreis!

Je mehr Sicherheit Sie benötigen, desto weniger wollen Sie sich dem Fluß des Lebens, seinen Chancen und Gefahren anvertrauen. Kein Wunder, daß Sie sich selbst dann ebenfalls nicht über den Weg trauen!
Wenn Sie sich selbst vertrauen, brauchen Sie wenig äußere und innere Sicherheiten. Sie müssen nicht für alles und jedes die genauesten Pläne aufstellen, weil Planen Ihr Sicherheitsbedürfnis stillt. Sie müssen auch noch nicht mit 35 die genaue Höhe Ihrer Altersrente wissen.
Dieses Bedürfnis nach Sicherheit prallt in der heutigen Wirtschaft direkt mit der Forderung zusammen, den einzelnen Mitarbeitern mehr Verantwortung zu überlassen. Wie will eine Führungskraft, die sich selber zwanghaft kontrollieren muß, Vertrauen zu Mitarbeitern haben? Die heutigen Veränderungs- und Umstrukturierungsprozesse kann nur derjenige in die Wege leiten, der einen Teil Unsicherheit akzeptieren und Risiken eingehen kann. In den vielen Seminaren, die innerbetriebliche Organisationsthemen wie den »Kontinuierlichen Veränderungsprozeß« begleiten, muß daher ein wesentliches Element sein, das Vertrauen der Führungskräfte in sich und die Mitarbeiter zu stärken!
Vielleicht spricht daher erst jetzt jeder von der »Chaostheorie«, weil zum ersten Mal populärwissenschaftlich (und wir Deutschen glauben nun halt nichts ohne wissenschaftlichen Beleg!) aufbereitet wird, daß man nicht alles kontrollieren kann und muß. Selbst Unordnung hat danach ihren höhren Sinn, und auch der Manager kann ein Stück gelassener damit umgehen. Er darf nun ein Stückchen loslassen – denn es ist ja »chaostheoretisch« abgesichert.

These:

- Begründetes Selbst-Vertrauen wächst nur über Erfahrungen und Risiken.

Vertrauen, das ich einmal verloren habe, wird einem nicht einfach geschenkt. Nur dann kann ich zu anderen und mir selbst Vertrauen entwickeln, wenn ich Risiken eingehe.

Jedes kleine Risiko bringt mir eine neue, wertvolle Erfahrung, nämlich die: War das Risiko gerechtfertigt? Kann ich mir und meinem Urteil jetzt mehr vertrauen?

Mißtraut beispielsweise ein Geschäftspartner seinem Gegenüber, dann wäre es eine völlig falsche Strategie, ihm das Mißtrauen ausreden zu wollen. So nach dem Motto: »Mir können Sie vertrauen. Ich bin doch ein ehrlicher und vertrauenswürdiger Mensch!« Wenn Sie so auf ihn zugehen, wird dies sein Mißtrauen nicht mindern, sondern eher erhöhen.

Viel sinnvoller und angemessener wäre es, ihm zu sagen: »Man muß heutzutage wirklich auf der Hut sein. Testen Sie mich und meine Vertrauenswürdigkeit deshalb ruhig. Und bilden Sie sich dann Ihr eigenes Urteil!« So demonstrieren Sie Verständnis für die Vorbehalte: Ihr Partner wird akzeptiert und verstanden. Sie lassen ihm sein Recht auf das Mißtrauen. Gleichzeitig weisen Sie zudem auf die Möglichkeit der Einstellungsveränderung hin – aber nur durch Erfahrungen.

So wie mit diesem Geschäftspartner müssen Sie lernen, mit sich selbst umzugehen. Werfen Sie sich deshalb selbst nicht vor, daß Sie zuwenig Vertrauen zu sich selbst haben. Bis Sie zu sich selbst mehr Vertrauen gewinnen, brauchen Sie Zeit.

- Gehen Sie kalkulierte Risiken ein!
- Erwarten Sie von sich keine großen Sprünge, sondern seien Sie mit kleinen Schritten zufrieden.
- Haben Sie Geduld mit sich.

Mit jedem kleinen Schritt, den Sie erfolgreich gehen, wächst das eigene Vertrauen in sich selbst. Lassen Sie sich die Zeit, die das Selbst-Vertrauen zu seinem Wachstum braucht.

Leistung und Freude

Wenn Sie mit sich in Einklang leben wollen, dann müssen Sie Ihre Arbeit mögen.

Frage an Sie:

■ Mögen Sie Ihre Arbeit?

Oder tun Sie Ihre Arbeit lediglich aus anderen Gründen?

- Weil Sie an der Spitze stehen wollen.
- Weil Sie Ihnen viel Geld bringt.
- Weil Sie durch sie eine Menge Anerkennung bekommen.
- Weil Sie sich Personen oder Ideen verpflichtet fühlen.

Sollten Sie eine oder gleich mehrere dieser Fragen mit »Ja« beantworten, dann muß ich Ihnen zum meinem Bedauern mitteilen:
Sie gehen an einem wesentlichen Teil Ihres Lebens vorbei.
Offene oder versteckte Unzufriedenheit sind die natürliche Folge.

Hierzu ein persönliches Beispiel: Als ich Ende 20 war, absolvierte ich meinen Referendardienst als Jurist, während ich parallel dazu noch Psychologie studierte. Es war der Anfang der Selbsterfahrungsgruppen, und mit ein paar Freunden trafen wir uns regelmäßig einen Abend in der Woche, um Übungen aus einem Buch, dem »Schwäbisch/Siems«, zu machen.
Eine einfache Übung bestand darin, einen Kreis zu zeichnen und ihn in Segmente aufzuteilen, so wie wir meinten, daß wir unsere Energie in unserem Leben aufteilen. Zu jedem Segment schrieben wir hin, für was genau wir die Energie brauchten, z. B. Arbeit, Hobbys, Beziehungen usw. Das war unser »Energieverteilungskuchen«. Ich stellte hierbei fest, daß ich eine Menge Energie für Jura aufwandte und nur verhältnismäßig wenig für mein zweites Fach Psychologie.
Als nächstes zeichneten wir den »Liebesverteilungskuchen«, wieder einen Kreis, aber diesmal aufgeteilt nach der Verteilung unserer Zuneigung. Zu meiner Überraschung fand ich nicht die geringste Liebe für Jura, aber viel für Psychologie.
Da hatte ich nun die beiden Kreise vor mir und konnte sie vergleichen. Ich sah, daß ich viel Energie für den Bereich aufbrachte, in dem ich ehrgeizig war, eine Menge leistete und für den ich Zukunftspläne hatte. Den Bereich, den ich aber vom Herzen her nicht mochte! Daneben gab es ein anderes Gebiet, das ich sehr mochte, für das ich aber wenig Energie übrig hatte.
Wollte ich so weitermachen? An diesem Abend fiel bei mir die Entscheidung, in Zukunft meine Energie in die Arbeit zu stecken, die mir am Herzen lag.

Vielleicht mögen Sie sich einmal selbst ein Bild machen, was Sie tun und was Sie mögen:

Methode: Verteilungskuchen.

① Zeichnen Sie einen Kreis, Ihren *Energieverteilungskuchen*. Teilen Sie ihn in die Segmente auf, in die Sie Ihre Energie verteilen.

② Zeichnen Sie jetzt einen neuen Kreis, Ihren *Liebesverteilungskuchen*. Teilen Sie ihn in die Segmente auf, in die Sie Ihre Zuneigung verteilen.

③ Vergleichen Sie beide Kreise.

Dazu noch zwei Stimmen von Leuten, die jeder auf seinem Gebiet bereits herausragende Leistungen vollbracht haben.
Reinhold Messner und Gerd Binnig.
Gipfelstürmer Reinhold Messner berichtet von einer Diskussion, die er mit dem Europachef eines großen Unternehmens nach einem Vortrag hatte:

»Das war ein Mann Mitte Fünfzig, und der hat dann auf der Bühne zu mir gesagt, er opfere sich dieser Firma. Ich ließ ihn lange ausreden und antwortete ihm dann: ›Ich habe das Gefühl, Sie sitzen an der falschen Stelle. Sie sollten sich einen anderen Job suchen.‹ Da war es zuerst mäuschenstill im Saal, dann hat er mich angeschaut, und ich sagte: ›Wenn Sie sich opfern, dann machen Sie sich kaputt. Wenn Sie das nicht mit Leib und Seele tun, dann müssen Sie was anderes tun. Es ist völlig Wurscht, was Sie tun. Nur das müssen Sie mit Leib und Seele tun. Sie dürfen mir nicht kommen und sagen, Sie opfern sich.‹ Das diskutierten wir vielleicht eine Minute, aber dann standen die Leute am Tisch, seine eigenen Leute gegen ihn. Irgendwo hatte ich den Nerv getroffen.«

Gerd Binnig, Erfinder des Tunnelmikroskops und jüngster Nobelpreisträger der Physik, auf die Frage: Was ist für Sie kreative Forschung?

»Das kann ich nur emotional beantworten. Wenn ich irgendwie kreativ arbeite, dann empfinde ich etwas dabei.
Für mich ist es dann wirklich so etwas wie ein Abenteuer.
Da geht man in ganz neue Gebiete hinein und läßt einfach Gedanken zu. Gedanken, die man noch nicht mit jemand anderem ohne weiteres diskutieren kann, ohne gleich eines übergebraten zu kriegen. Und man bahnt sich einen Pfad durch unbekanntes Gebiet ... Es ist immer eine ganze, ewig lange Kette von Gedanken. Man braucht einen langen Atem dazu.
Vor allen Dingen aber braucht man Spaß daran. Es ist ein Prozeß, ein evolutionärer Prozeß. Den überhaupt zu durchleben, dazu braucht man sehr viel Zeit und die Fähigkeit, dabei Spaß zu empfinden. Wer die Freude an diesem Prozeß nicht hat, der hört nach zwanzig, dreißig Schritten auf und kommt nie an, nie an irgendein Ziel ... Glücklicherweise trifft man aber manchmal Leute, die selbst ein bißchen freier denken können und nicht nur in den alten Bahnen. Die auch Spaß daran haben, eingefahrene Denkweisen zu verlassen. Das sind eigentlich so spielerische Leute. Die Freude daran haben zu spielen. Ich sehe mich selbst ein bißchen als Spieler, ehrlich gesagt.«

Lassen Sie uns gemeinsam noch einen Blick auf die Leistungsmotive des Spitzensports werfen.
Spitzensportler zeichnen sich dadurch aus, daß von ihnen im Moment des Wettbewerbs immer wieder Höchstleistungen verlangt werden. Und zwar nicht nur zwei- oder dreimal im Jahr, sondern regelmäßig über das ganze Jahr verteilt.

Dadurch lastet ein enormer Druck auf dem Wettkämpfer. Sportler, die dauerhaft Höchstleistungen erzielen, gehen offensichtlich besonders gut mit diesem Druck um und profitieren vielleicht sogar für ihre Leistung davon. James Loehr, Trainer von vielen US-Spitzensportlern, ist bei seinen Befragungen zu faszinierenden Ergebnissen gekommen. Wie er herausgefunden hat, herrschen völlig falsche Vorstellungen über die Bedeutung von Druck und innerem Zwang im Hochleistungssport.

These:

- Druck ist keine Voraussetzung ausgezeichneter Leistung, ja nicht einmal eine Unterstützung für sehr gute Leistung!

Er kommt zu der Erkenntnis, daß niemand – auch die Superstars nicht – unter Druck gut spielen. Geübte und erfahrene Wettkämpfer spielen deshalb gut in Situationen, in welchen sie unter Druck stehen, weil sie es schaffen, sich innerlich von dem Druck freizumachen.
Die Sportler beschreiben dabei sowohl Zustände von hoher als auch von geringer Energie. Hohe Energie kann positiv oder negativ erlebt werden; positiv wird sie als Freude und Begeisterung, negativ als Druck und Angst empfunden. Von 50 sportlichen Höchstleistungen ereigneten sich alle 50 – ohne Ausnahme (!) – im Bereich der »hohen positiven Energie« von Freude und Begeisterung.
Durch die Befragungen ergab sich folgendes Bild: Negative Energie ist zwar besser als gar keine Energie. Jedoch liegt die beste Leistung aus dem Bereich hoher negativer Energie nur bei 60 Prozent, also bei etwas mehr als der Hälfte des geschätzten Leistungspotentials eines Athleten! Mit vorwiegend negativem Energiefluß ist also nur eine Leistung knapp über dem Durchschnitt möglich.

Übertragen wir diese Ergebnisse auf Leistungen in einem Unternehmen: Der optimale Leistungszustand entsteht in einem Klima von hoher positiver Energie, das heißt: Freude und Begeisterung. Sie sind die Voraussetzungen, um das eigene Potential und das der Mitarbeiter auszuschöpfen.

- Sie haben dann die besten Erfolge bei Ihren Aufgaben, wenn Sie inneren Druck abbauen und die Arbeit mit Freude und Begeisterung tun!
- Suchen Sie sich Aufgaben, die Sie mit Freude tun!

Druck und Selbstvertrauen

Das Thema Druck und Selbstvertrauen fasziniert mich bereits seit längerer Zeit. Die Auseinandersetzung damit ist ein ständiges Experimentierfeld. Stelle ich doch immer wieder an mir selbst fest, wie sehr ich es gewöhnt bin, mich selbst unter Druck zu setzen.
So machte ich mich schon mit 15 auf die Suche nach Methoden, um mich und mein Arbeiten zu disziplinieren. Stolz war ich dann, wenn ich es neben der Schule schaffte, ganz allein nur mit einem Kärtchenabfragesystem ein spanisches Lehrbuch durchzuarbeiten. Ich merkte, wie gut ich mittels schriftlicher Kontrolle lernen konnte, und nutzte das immer weiter.
Die inneren Kontrollsysteme haben die Eigenschaft, sich zu verselbständigen. Als ich – ursprünglich zum Spaß – das Joggen begann, fing ich ganz automatisch an, mir die Zeiten und Strecken zu notieren. Natürlich wollte ich immer schneller und besser werden. Der anfängliche Spaß war bald nebensächlich – jetzt ging es um Leistung!

Frage an Sie:

■ Wieweit nutzen Sie bei Ihrer Arbeit und in der Freizeit Kontrolle?

Viele Menschen benötigen den Druck als notwendigen Antrieb für ihre Arbeit. Sie können dringende Arbeiten etwa nur unter Streß und auf die letzte Minute erledigen. Dies Verhalten scheint auf den ersten Blick sehr unökonomisch. Die meisten werden es vorziehen oder überhaupt für sinnvoll halten, die Arbeit zu portionieren und nicht »auf den letzten Drücker« zu erledigen. Das ist sicherlich *ein* mögliches Vorgehen. Es scheint ökonomisch und vernünftig. Zu unserem eigenen Bedauern sind wir nicht immer vernünftig. Statt dessen suchen wir uns Herausforderungen.
Wenn wir eine Arbeit erst zum letztmöglichen Zeitpunkt anfangen, dann sind wir ab diesem Moment voll und ganz gefordert. Wir müssen unsere ganze Energie auf einen Schlag mobilisieren – anstatt sie stückweise abzurufen. Darin liegt ein Reiz.
Wir staunen über Bergsteiger, die gefährliche Touren unternehmen, welche ihre ganze Konzentration und den vollen Einsatz ihrer Kraft verlangen – sonst stürzen sie ab!

These:

■ In diesen Arbeiten auf den »letzten Drücker« liegen die Klettertouren des Büromenschen.

Die Erfahrung, die wir Büromenschen bei diesen waghalsigen Klettertouren machen, ist dann häufig der Streß. Plötzlich geht uns die Zeit aus, die Aufgabe scheint uns

zu überfordern. Es schwindelt uns vor den Horrorphantasien, die Wirklichkeit werden könnten. »Mein Gott, diese Katastrophe, wenn das Projekt nicht rechtzeitig fertig werden würde!«
Wenn wir in diesen Zeiten höchster Anstrengung Streß erfahren, dann nicht deshalb, weil wir unsere Zeit schlecht eingeteilt hätten! Nein. Streß erfahren wir deshalb, weil wir unseren Fähigkeiten (noch) nicht genügend vertrauen. Dieser selbsterzeugte Streß ist jedesmal eine neue Gelegenheit zu üben, uns zu entspannen und der eigenen Kraft zu vertrauen. Auch der Kletterer, der an der bisher noch nicht bestiegenen Steilwand in die Höhe schaut, bekommt einen Moment lang Angst vor der eigenen Courage. Bis er dann doch energisch alle Kräfte zum Aufstieg einsetzt.
Deswegen folgende Ermutigung: Wenn Sie zu denjenigen gehören, die alles aufschieben, um es erst im letzten Moment zu erledigen:

- Stehen Sie zu Ihrem persönlichen Stil!
- Quälen Sie sich nicht mehr unnötig!
- Gehen Sie auf Risiko!
- Experimentieren Sie!
- Entspannen Sie sich bei diesem Experiment!

Denn wenn Ihr Stil funktioniert – warum sollten Sie sich dagegen wehren? Nur weil irgendwelche Arbeitsmethodiker ihre Systematik als alleinseligmachend preisen?!
Experimentieren Sie selbst mehr mit Ihrer eigenen Arbeitsweise! Dazu müssen Sie sich lösen von den Regeln, die Ihnen andere eingeimpft haben. Finden Sie heraus, was für Sie ideal ist.
Vielleicht machen Sie die Erfahrung, daß Sie wichtige Arbeiten ganz unbesorgt an die Seite schieben können. Irgendwann treten Sie dann massiv in den Vordergrund

und nehmen Ihren ganzen Arbeitseinsatz in Anspruch, so daß Sie die Arbeit auf einer Welle von Energie mit totalem Einsatz in der schnellstmöglichen Zeit erledigen. Warum suchen sich Bergsteiger die höchsten Gipfel? Weil sie die Herausforderung lieben! Liegt nicht eine ähnliche Herausforderung in diesem Arbeitsstil? Betrachten Sie Ihre Arbeit als Abenteuer – auch wenn das unseren braven Lehrern und Professoren den Angstschweiß in den Nacken treibt.

Die große Kraft, die sich aus dem eigenen individuellen Arbeitsstil entwickelt, ist die:

- Ich lernen mehr und mehr, mir zu vertrauen.
- Ich muß mich nicht zwingen und subtil quälen.
- Ich kann anfangen, mehr und mehr den Druck wegzunehmen, dem ich mich so lange selbst ausgesetzt habe.

Von diesem ganz persönlichen Standpunkt aus ist es verständlich, daß ich Experimentierfreude auch anderen wünsche. Mich erschreckt es, wenn jemand begeistert berichtet, daß ihm anscheinend die totale Kontrolle über sich gelungen ist. Wenn Sie zu diesen – je nach Blickwinkel glücklichen oder bedauernswerten – Menschen gehören, möchte ich Sie auf etwas aufmerksam machen.

Thesen:

- Wenn Sie sich kontrollieren, muß es einen Teil geben, der kontrolliert und damit unterdrückt wird.
- Dieser Teil, den Sie so vollständig zu unterdrücken suchen, ist weiterhin am Leben und kämpft gegen die vollständige Kontrolle und Beherrschung. Sie können ihn nicht austilgen.

Fragen an Sie:

- Wo hat sich bei Ihnen der rebellische Teil, der sich nicht kontrollieren lassen will, versteckt?
- Wie macht er sich Ihnen bemerkbar?

Es gibt viele Symptome, an denen Sie diesen Teil identifizieren können:

- Macht er Sie manchmal »aus unerklärlichen Gründen« mißgelaunt und unzufrieden?
- Kommt er vielleicht nur manchmal in Alpträumen hoch?
- Oder verlagert er sich in körperliche Beschwerden, vom Herzrasen angefangen über Rückenschmerzen bis hin zu Magenbeschwerden?
- Oder zeigt er sich in regelmäßigen Anfällen von Depression nach einer längeren Hochdruckphase?

Prüfen Sie meine Thesen nach. Je mehr Sie sich in jungen Jahren diszipliniert und unterdrückt haben, desto stärker will der verdrängte Teil später zu seinem Recht kommen.
Irdendwann kommt für jeden die Zeit, sich mit diesem Thema auseinanderzusetzen!

Die inneren Barrieren überspringen

Negative Gedanken und Gefühle wie Unzufriedenheit, Frust und Depressionen entstehen oft, weil ich bestimmte Dinge *nicht* tue.
Jeder von uns trägt eine Reihe von Programmen in sich, die ihn ganz automatisch in alten Mustern festhalten.

Neue Impulse und neues Verhalten werden dadurch gestoppt oder gar nicht erst zugelassen.
Meist sind die Programme in Form von Sätzen und/oder Bildern recht alt. Sie wurden in der Kindheit erlernt und hatten damals die sinnvolle Funktion, vor Strafen, Ermahnungen, Niederlagen und Verletzungen zu schützen. Für den Erwachsenen sind diese Programme als »vollautomatische Stopper« jedoch nicht mehr angemessen!

Frau und Herr Müller sitzen vor dem Fernseher und schauen begeistert Steffi Graf und Boris Becker beim Tennisspielen zu. Fast gleichzeitig entsteht bei beiden der spontane Wunsch: »Das ist so schön. Tennis spielen möchte ich auch!«
Automatisch kommen die »Stopper«. Bei Frau Müller ist es der Satz: »Da bist du schon viel zu alt dafür!« Herr Müller nutzt ein anderes Stopp-Programm: »So gut wie die wirst du nie. Da laß es lieber gleich sein, bevor du dich lächerlich machst!«
Plopp! Gestoppt!! Der Gedanke, selbst Tennis zu spielen, hatte beide plötzlich eine Sekunde lang wach und munter gemacht. Jetzt ist der Impuls zu mehr Lebendigkeit wieder wirksam unterdrückt.
Sie lehnen sich – leicht frustriert – zurück in die Fernsehsessel und machen eine neue Packung Erdnüsse, eine Schachtel Pralinen und eine Flasche Wein auf.

Herr und Frau Müller lassen sich automatisch von diesen Sätzen bremsen. Jeder von uns hat solche Sätze verinnerlicht. Ihre *Bremswirkung* läßt sich aber auflösen:

- Der erste Schritt, um sich davon zu lösen, geht dahin, aufmerksam wahrzunehmen, welche Sätze diese Wirkung haben.
- Der zweite Schritt führt uns zu neuen Sätzen und Gedanken, die die Stopp-Wirkung aufheben. Das sind die

»Anti-Stopper«, Sätze, die eine Gegenkraft zu dem »Stopper« bilden und ihn aufheben und überwinden.

Frau und Herr Müller haben sich mit ihren »Stoppern« und »Anti-Stoppern« in einem Kurs auseinandergesetzt. 2 Monate später sitzen sie wieder vor dem Fernseher und bewundern Steffi und Boris. Und die Lust kommt wieder, doch selber einmal den Tennisschläger zu schwingen.
Frau Müller hört ihre vertraute Bremse: »Da bist du doch zu alt dafür!« Aber sofort danach hört sie sich innerlich sagen: »Das wäre doch gelacht! Das wollen wir doch erst einmal sehen.«
Und Herr Müller läßt sich plötzlich nicht mehr durch den Satz aufhalten: »So gut wirst du nie! Laß es lieber gleich sein!«; sondern er hört die Sätze: »Du mußt ja nicht gleich der Größte werden. Die Hauptsache, es macht Spaß!«
Beide richten sich gleichzeitig auf. »Ob Tennisspielen nicht was für uns wäre?« – »Doch, das müßten wir einfach einmal probieren. Das ist in jedem Fall besser, als es immer nur in der Glotze zu sehen!« Und beide nehmen sich vor, in der nächsten Woche eine Probestunde zu nehmen.

Finden auch Sie Ihre »automatischen Stopper«, und suchen Sie Ihre ganz persönlichen »Anti-Stopper«!

Methode: Stopper – Anti-Stopper

① Welches sind die *Stopper*, die Sie davon abhalten, etwas Neues zu beginnen?

Welches sind die *Anti-Stopper*, die Ihnen die Kraft geben, trotzdem das neue auszuprobieren?

② Welches sind die *Stopper*, die Sie davon abhalten, mit unbekannten Leuten, die sie interessieren, Kontakt aufzunehmen?

Welches sind die *Anti-Stopper*, die Ihnen die Kraft geben, trotzdem den Kontakt aufzunehmen?

③ Welches sind die *Stopper*, die Sie davon abhalten, Ihren Standpunkt gegen andere (auch Autoritäten) zu vertreten?

Welches sind die *Anti-Stopper*, die Ihnen die Kraft geben, trotzdem Ihren Standpunkt zu vertreten?

- Gehen Sie bei jedem Abschnitt innerlich einen Schritt in die Zukunft, und erleben Sie, wie Sie eine konkrete Situation mit dem *Anti-Stopper* bewältigen.
- Stellen Sie sich vor, wie Sie das neue Verhalten erfolgreich ausführen.
- Wiederholen Sie diese Sequenz dreimal!

Lösungen für Probleme suchen wir oft in den alten bewährten und damit eingefahrenen Bahnen. Damit bauen wir zugleich den Käfig, der die Freiheit unseres Handelns behindert. Wir scheuen die Ideen, die jenseits dieser Barrieren liegen. Und wenn wir dennoch einmal mit solchen Ideen in Kontakt kommen, dann legen wir sie sofort als ungeeignet zur Seite. Diese Zensur kommt aus dem Bauch – denn Neues macht angst.
Damit Sie mögliche innere Barrieren erkennen, hier eine kleine Übung zur geistigen Flexibilität:

Methode: Flexibilität.

Denken Sie an eine aktuelle Schwierigkeit, die Sie mit einer anderen Person haben.
Es geht hierbei allein um Ihr eigenes Verhalten (nicht um Lösungen, die der Zufall bringt)!

- Welches ist Ihre übliche Lösung?
- Welches wäre die Ihnen sympathischste Lösung?
- Welches wäre die egoistischste Lösung?
- Welches wäre die altruistischste Lösung?
- Welches wäre die Ihnen am fremdeste Lösung?
- Welches wäre die kreativste Lösung?
- Welches wäre die mutigste Lösung?
- Welches wäre die verrückteste Lösung?

Auf die innere Stimme hören

Wie gerade dargestellt, besteht ein Bereich unseres Denkens aus den inneren Stimmen, die uns ständig durch den Kopf gehen. Sie sind uns so vertraut, daß wir sie gar nicht mehr mit voller Aufmerksamkeit registrieren, sondern meist nur noch mechanisch auf sie reagieren. Es entspricht dem Verhalten eines erfahrenen Autofahrers, der die Verkehrsschilder um sich herum wahrnimmt, automatisch Gas und Bremse betätigt, während er sich gleichzeitig mit seinem Nachbarn unterhält. Viele der inneren Sätze entsprechen diesen Verkehrsschildern, auf die wir ohne weitere Überlegung automatisch reagieren: »Paß auf!«, »Streng dich mehr an!«, »Du kannst doch nicht jetzt schon Feierabend machen!«
Es gibt eine neuere Therapierichtung, den sogenannten »Voice Dialogue«, die sich nur mit diesen inneren Stim-

men auseinandersetzt. Denn interessanterweise lassen sich die unterschiedlichen Sätze recht eindeutig unterschiedlichen Teilen unserer Persönlichkeit zuordnen.
Die interessante Frage lautet: Gibt es in diesem Gewirr von Teilpersönlichkeiten so etwas wie eine »Originalpersönlichkeit«? Oder scheint es unser Schicksal zu sein, ohne festen Halt hin- und hergerissen zu werden zwischen den vielen inneren Tendenzen?

Fragen an Sie:

- Haben Sie schon Entscheidungen getroffen, bei denen Sie die »wahre« innere Stimme deutlich vernommen haben?
- Woran erkennen Sie, was Ihre »wahre« innere Stimme ist?

An dieser Stelle möchte ich Ihnen eine sehr einfache und gleichzeitig wirksame Methode vorstellen, mit der eigenen inneren Wahrheit in Kontakt zu kommen. Diese Technik ist von Eugene T. Gendlin entwickelt worden. Seit über 20 Jahren wird sie als *Focusing-Technik* bei der Lösung persönlicher Probleme genutzt.
Ausgangspunkt für die Entwicklung dieser Methode war eine Untersuchung von erfolgreichen und nicht erfolgreichen Therapieklienten. Erstaunlicherweise ließen sich schon nach den ersten beiden Sitzungen die erfolgreichen und die erfolglosen Klienten voraussagen.
Zukünftig erfolgreiche Klienten verhielten sich von Anfang an anders. Sie besaßen eine bestimmte Fähigkeit, die sie möglicherweise während der Therapie noch verbessern konnten. Die erfolglosen besaßen die Fähigkeit dagegen überhaupt nicht und erreichten sie niemals durch Psychotherapie allein.

Auf die innere Stimme hören

Worin liegt nun diese Fähigkeit? Sie besteht darin, mit einer besonderen Art inneren körperlichen Bewußtseins Kontakt aufzunehmen. Es geht dabei weder um eine Konfrontation mit den Gefühlen, noch ist es ein intellektueller oder analytischer Prozeß. Manche lernen sehr schnell, diesen Kontakt aufzunehmen, andere benötigen Wochen oder Monate, um zu experimentieren und geduldig in sich hineinzuhorchen.
Was genau ist dieses Körpergefühl, um das es geht? Eine kleine Übung mag Ihnen helfen, dieses kennenzulernen: Denken Sie an zwei Personen, eine, die Sie mögen, und eine, die Ihnen unangenehm ist.
Stellen Sie sich die erste Person vor, und nehmen Sie dieses vage Gefühl in Brust und Bauch wahr. Stellen Sie sich dann die andere Person vor, und registrieren Sie das neue unterschiedliche Gefühl in Kopf und Bauch.

Eine wichtige Voraussetzung, um das *Focusing* anzuwenden, ist ein entspannter Ausgangszustand. Sie werden keinen Erfolg damit haben, wenn Sie gestreßt sind oder sich im Moment sehr problembeladen fühlen.
Der erste Schritt ist also: Schaffen Sie sich Abstand und Entspannung. Sie können dazu alles nutzen, was Ihnen abschalten hilft.
Eine hilfreiche Technik von Gendlin, um diesen Abstand zu erreichen, arbeitet mit inneren Bildern: Sie ist hilfreich, wenn alles problematisch und verworren scheint und Sie in der Menge der Schwierigkeiten, die gleichzeitig auf Sie einströmen, zu ertrinken drohen. Oder Probleme rücken Ihnen so dicht auf den Leib, daß sie Ihnen keine Ruhe mehr lassen und Sie Tag und Nacht beschäftigen.

Methode: Abstand schaffen.

① Spüren Sie in Ihren Körper hinein, und nehmen Sie die Spannung wahr, die Ihre Probleme in Ihnen verursachen.

② Suchen Sie ein Problem, das Sie zur Zeit häufig belastet. Geben Sie dem Problem einen Namen! (z. B. das Problem mit XY).

③ Sie haben jetzt zwei Alternativen:
- Sie stellen sich vor dem inneren Auge vor, wie Sie das Problem in einen Sack, eine Kiste o. ä. packen und diesen Behälter an einen schönen Platz stellen, der dem Problem guttut. Spüren Sie in den Körper hinein, um wieviel leichter Sie sich jetzt fühlen.
- Manchmal ist es einfacher, sich tatsächlich einen passenden Gegenstand symbolisch für das Problem zu nehmen, z. B. eine Schere, ein Streichholz o. ä. Legen Sie den Gegenstand so nahe an sich heran, wie Sie ihn als Problem in Ihrer Nähe spüren. Dann rücken Sie ihn in einen Abstand, der angenehm ist.

Spüren Sie in den Körper hinein, um wieviel leichter Sie sich jetzt fühlen.

④ Benennen Sie jetzt das nächste aktuelle Problem, und rücken Sie es wieder in einen Abstand.
Fahren Sie damit fort, bis Sie alle Probleme benannt und in einen angenehmen Abstand gerückt haben.
Fühlen Sie in Ihrem Körper den inneren Raum und die Entspannung, die Sie jetzt gewonnen haben.

⑤ Werfen Sie jetzt einen Blick auf alle von Ihnen angesprochenen Probleme, und entscheiden Sie, welches Sie als erstes mit der *Focusing-Methode* anpacken wollen.

Methode: Focusing – Nach innen gehen.

① Denken Sie an ein Problem, das Sie belastet, und fühlen Sie in Ihrem Körper an die Stelle hin, an der Sie Spannungen spüren.

Weiten Sie dann Ihre Aufmerksamkeit aus, und versuchen Sie, das ganz besondere Gefühl zu entdecken, das sich durch dieses Problem in Ihrem ganzen Körper ausbreitet.

Spüren Sie ihm nach von den Zehen bis zur Stirn. Versuchen Sie, das Gemeinsame, sozusagen den »Geschmack«, die »Aura« des Problems, herauszufinden.

Strengen Sie sich dabei nicht an, sondern seien Sie nur neugierig!

② Fragen Sie sich nun: Was ist das Schlimmste an diesem Problem?

Spüren Sie dabei in Ihren Körper, welche Empfindung besonders in den Vordergrund rückt.

③ Spüren Sie jetzt in Ihre Körpermitte, in den Bauch, etwa 2 cm unterhalb des Nabels, so als ob sich hier das ganze Problem gesammelt hätte. Nehmen Sie sich dazu 2 Minuten Zeit.

④ Finden Sie ein Wort oder ein Bild, das zu diesem Gefühl paßt.

⑤ Fragen Sie sich jetzt: Was ist die Lösung?

Warten Sie auf Antworten und Signale aus Ihrem Inneren! Das können Worte, Bilder oder Körperempfindungen sein.

Warten Sie geduldig. Sie werden eine Antwort bekommen!

Das Wichtigste dabei: Lassen Sie sich Zeit!
Warten Sie geduldig auf Antworten und Signale aus Ihrem Inneren. Sind Sie nicht sicher, ob sie gerade eine Antwort erhalten haben, tun Sie so, als ob der Impuls gerade die Antwort war.
Mit Druck werden Sie keine Antworten erhalten! Falls Sie sich unter Druck setzen, nehmen Sie zunächst den Druck, den Sie sich machen, als das Problem, um einmal exemplarisch die Schritte durchzugehen.

Für manche ist es schwer, allein mit inneren Bildern zu arbeiten. Die Konzentration läßt nach, und die Aufmerksamkeit driftet ab. Eine Hilfe, um sich zu sammeln, ist die Arbeit mit Papier und Farben. Dazu muß jemand nicht malen können. Im Gegenteil, ein künstlerischer Anspruch würde den Prozeß sogar stören.
Sie denken an das belastende Problem und spüren das ganz besondere Gefühl, den »Geschmack« des Problems. Greifen Sie jetzt zu einem Zeichenblock und Farben, und drücken Sie abstrakt mit Farben und Formen dieses bestimmte Gefühl aus.
Wenn Sie Antworten und Signale aus Ihrem Inneren bekommen, malen Sie diese genauso spontan als Farben und Formen auf das Papier.
Halten Sie sich nicht zurück, sondern vertrauen Sie Ihren Eingebungen, was immer Ihnen auch einfällt.
Meine persönlichen Erfahrungen mit dem Focusing-Prozeß sind sehr gut. Das Besondere daran ist, daß es nicht darum geht, etwas manipulieren oder verändern zu wollen. Es geht vielmehr um das Erforschen dessen, was sich in einem versteckt und blockiert. Die Lösung kommt aus dem eigenen Inneren. Eine ausführliche praktische Einleitung dazu liefert das Buch von Martin Siems »Dein Körper weiß die Antwort«. Wie ich festgestellt habe: Die Wirkungen lassen sich noch weit stär-

ker im Rahmen einer Gruppe und mit geschulter Begleitung erfahren.

Jenseits der Programmierungen

Inwieweit ist Ihr Leben vorprogrammiert? Nach kurzem Überlegen werden Sie sicherlich antworten, daß vieles von dem, was Sie erreicht und erlebt haben, alleine auf Ihre eigene Initiative hin geschehen ist.
Wobei Sie selbstverständlich das Gefühl haben, frei gewählt zu haben. Denn das ist ja gerade das Vollendete an den inneren Programmierungen, daß sie zunächst als eigene Wahl erscheinen.
Hat Ihr Elternhaus, die Schule und Universität das, was Sie jetzt machen, die Art, wie Sie jetzt leben, bestimmt? Oder haben Sie sich etwa als Gegenreaktion zu diesen Einflüssen so entwickelt?

Frage an Sie:

- Haben Sie frei gewählt, was für Ihr Leben Sinn macht und was nicht?

Wenn Sie mit »Ja« antworten – wie haben Sie es geschafft, sich von den Programmierungen, denen wir alle ausgeliefert sind, zu lösen? (Sie einfach nicht wahrhaben wollen ist ein ungültiger Spielzug und gilt nicht).
Als ich Ende 20 war, begann ich, mich für die unterschiedlichsten therapeutischen Richtungen und Schulen zu interessieren. Zunächst war ich unsicher, ob die praktische Beschäftigung damit für mich persönlich nützlich sein könnte. Einen entscheidenden Durchbruch zu neuen Einsichten erlebte ich auf meinem ersten einwöchigen Seminar zur Gestalttherapie auf Mallorca.

Nach dieser Woche zog vor meinem inneren Auge die Bilanz meines bisherigen Lebens vorbei. Ich erkannte, daß bei mir zwei unterschiedliche Persönlichkeiten nebeneinander existierten.
Die eine war der von außen programmierte Teil. Ich stellte mir vor, daß es irgendwann einen ausgeklügelten Computer mit psychologischen Programmen geben könnte, den »Konditionierungscomputer«. In diesen Computer würde man alle Daten der eigenen Anlagen, der Eltern, Familie, Umgebung, Schule usw. eingeben. Zum Beispiel: Beruf des Vaters, Zeit, die dieser mit der Familie verbringt, Charaktereigenschaften, typische Verhaltensmuster, Kinderzahl, Geschlecht der Kinder, Geschwisterreihenfolge usw.
Mit diesen Daten und der entsprechenden Software könnte dieser Computer vorhersagen, wie der jeweilige Mensch programmiert ist und wie seine zukünftigen Reaktionen ausfallen werden. Er könnte vorhersagen, welche Schritte dieser Mensch tun und welche Ergebnisse er erzielen wird.
Bei mir z. B. erschienen rückblickend gute Schulleistungen, Abitur, Studium und Promotion durch all diese Daten vorprogrammiert. Bei genauerem Hinsehen konnte ich erkennen, daß diese Programmierungen noch weit darüber hinausreichten und sich in alle Lebensbereiche hineinzogen. Mein Ehrgeiz, meine Kontakte, meine Vorlieben und Abneigungen – alles schien ein Teil dieser Programmierungen.
Ganz schwach konnte ich daneben einen anderen Teil meiner Persönlichkeit entdecken. Das war der, der sich bei mir nur in größeren Abständen regte, mich dann jedoch jedesmal in Neuland führte. Diesen Teil hatte ich zum ersten Mal bewußt wahrgenommen, als er mich als 16jährigen zum Schüleraustausch nach Galizien in eine spanische Familie führte.

Damals hatte ich zunächst Lust auf das Neue und das Abenteuer gehabt. Als ich dann im Zug saß, kamen die Zweifel und die Furcht, einen Fehler begangen zu haben. (»Wärst du doch lieber daheim geblieben. Da ist es so schön angenehm und gemütlich!«) Und schließlich, im nachhinein, konnte ich erkennen, daß ich durch diese Situation dazugewonnen hatte und reicher geworden war. Bei der Analyse konnte ich klar erkennen, woher die Programmierungen meines ersten Charakterteils rührten. Hier war die ganze Umgebung – die Eltern, Schule, Bücher, Zeitungen und das Fernsehen – prägend beteiligt.

Die nächste Frage, die in mir auftauchte, war das Rätsel: Was ist nun dieser andere Teil?

Rückblickend hatte ich ihn in verschiedenen Situationen entdecken können, die mich immer persönlich bereicherten. Ich versuchte herauszubekommen, wie ich in diese Situationen geraten war. Da gab es, wie es mir schien, eine Art »Instinkt«, der mich immer wieder in Bewegung setzte. So als ob ich eine »innere Spürnase« mit einer ganz feinen Witterung hätte, die mich zum verlockenden Unbekannten führte. Dieser Instinkt hatte mich, so stellte ich ebenfalls erstaunt fest, noch kein einziges Mal getäuscht. Jedesmal hatte es sich für mich gelohnt, ihm zu folgen. Ich wurde reicher dadurch, entdeckte neue Seiten meiner Persönlichkeit, kam mehr in Einklang mit mir selbst.

Ausgelöst durch diese Erkenntnis, reifte der Entschluß in mir: Ich wollte in Zukunft in mir mehr nach diesem Instinkt suchen und mehr auf ihn vertrauen.

Fragen an Sie:

- Wo sehen Sie die eigenen Programmierungen?
- Kennen Sie den von mir beschriebenen Instinkt? (Oder finden Sie dieses Phänomen als Körpergefühl, als Ahnung, als Vision oder eher als innere Stimme?)
- Welche Erfahrungen haben Sie gemacht, wenn Sie diesem Instinkt gefolgt sind?
- Oder haben Sie sich daran gewöhnt, den Drang nach Neuem zu übertönen und ihm auszuweichen?

Die Erschütterungen, die dieses einwöchige Seminar in mein bis dahin festgefügtes Gedankengebäude gebracht hatte, reichten noch tiefer in die Fundamente.
Eine andere Frage tauchte auf: Woher kommt dieser »Instinkt«, der zum Unbekannten führt? Die Antwort: »Das bin eben ich« befriedigte nur einen Moment.
Denn dann kamen die nächsten Fragen: Wer ist dieses »Ich«? Wer bin i c h?
Die Idee blitzte auf: Das ist eine religiöse Frage.
»Religiös?« Bei diesem Wort sträuben sich ja erst einmal die Nackenhaare. Deswegen war ich selbst über dieses seltsame Wort erstaunt, das in mir auftauchte.
Aber ich spürte, daß dieses »religiös« eine andere Bedeutung und Qualität hatte als die christlichen Lehren, die bis dahin ein Teil meiner Programmierungen geworden waren. Denn auf diese Frage »Wer bin ich?« hat die christliche Lehre nur platte Erklärungen parat, an die einer dann glauben kann oder nicht.
Mein Instinkt sagte mir, daß ich vielleicht Einsichten und Anregungen in östlichen Lehren wie Zen und Buddhismus finden könnte. Mein weniges Wissen sagte mir, daß hier

andere Antworten auf die Frage »Wer bin ich?« gegeben wurden. Antworten, die nicht vorgekaut waren, sondern zu Erfahrungen und Einsichten führten.
Ein Begriff wie »Meditation« schien mir dem des »Katechismus« total entgegengesetzt. Beide Begriffe verkörpern verschiedene, diametral entgegengesetzte Auffassungen von der menschlichen Persönlichkeit. Meditation ist nur über die eigene Erfahrung zu begreifen, während ein Katechismus von Autoritäten festgelegt wird.
Das Wort »religiös« gewann mit der Blickrichtung nach Osten eine neue Farbe und verlor das Abgehobene, Weltfremde, Überflüssige.
Plötzlich erwies es sich als eine Ermunterung, eigene Erfahrungen zu machen.

Sich Unterstützung holen

In früheren Zeiten war die Familie, die Dorfgemeinschaft oder die Gemeinschaft der Frauen und Männer für viele wie ein Netz, das immer wieder in der Lage war, den einzelnen aufzufangen, wenn er aus dem Gleichgewicht geraten war. Der einzelne konnte über Probleme und Schwierigkeiten mit anderen, Erfahreneren reden. Er wurde gehört, erhielt die Möglichkeit, sich auszusprechen.
Menschen brauchen die Gemeinschaft. In der Gemeinschaft mit anderen finden Sie Verständnis, Austausch, Anregung und Nähe.
Heute breiten sich Abkapselung und Distanz in den zwi-

Frage an Sie:

■ Lösen Sie alle Ihre Probleme allein?

schenmenschlichen Beziehungen aus. Die Isolation vor dem Fernseher, allein oder zu zweit, ersetzt viele, viele Gespräche. Dabei sind die Bedürfnisse nach Nähe genauso stark wie früher. Im Gegenteil: Weil die Bedürfnisse heute so kärglich befriedigt werden, ist der Hunger danach um so größer.
Da dieser Hunger so wenig gestillt wird, setzt eine natürliche Trotzreaktion ein, die der Spruch »Aus der Not eine Tugend machen« treffend beschreibt. Gerade *weil* jemand nicht genügend Unterstützung, Wärme und Freundschaft findet, beschließt er: »Unterstützung ist überflüssig. Das ist etwas für Schwächlinge. Ich löse meine Probleme allein!«
Diese Schlußfolgerung ist kurzsichtig!

These:

■ Wenn Sie alle Ihre Probleme allein lösen wollen, machen Sie aus der Not eine Tugend.

Ich möchte Sie zu einer anderen Einstellung ermutigen: »Wann immer ich das Bedürfnis nach Unterstützung und Hilfe habe, hole ich sie mir. Wenn ich Sie von Freunden oder meiner Partnerin bekommen kann – gut! Wenn ich sie mir bei Fachleuten gegen Bezahlung holen muß – auch gut! Aber in jedem Fall hole ich mir bei Bedarf Unterstützung.«
Ich spreche dabei aus eigener Erfahrung. In vielen Jahren habe ich in Seminaren und im Einzelcoaching Menschen ermutigt, ihre Kräfte für die Lösung ihrer Probleme zu wecken und zu nutzen. Gleichzeitig habe ich während der ganzen Zeit immer wieder für mich gesorgt, indem ich mir bei eigenen Problemen stets Hilfe geholt habe. So hatte ich eine Zeitlang mit einem befreundeten Psychologen die Vereinbarung, daß wir dem anderen jede Woche abwechselnd

eine Stunde als Coach zur Verfügung stehen. Als dann meine Zeit knapper wurde, ich aber die Stunde Coaching für mich persönlich weiterhin sehr wertvoll fand, habe ich die Leistung meines Freundes dann bezahlt.
Meine Haltung dazu: »Ich hole mir alle Unterstützung, die mir guttut!«
Deshalb mein Vorschlag an Sie: Gönnen Sie sich Unterstützung. Holen Sie sich bei Problemen Hilfe, privat oder/und professionell.
Wenn Sie sich Hilfe bei einem Profi, also bei einem Berater, Coach oder Therapeuten holen, sind die entscheidenden Auswahlkriterien:

- Habe ich zu diesem Menschen Vertrauen?
- Traue ich ihm zu, daß er gerade für mein spezielles Problem fähig ist, mich zu unterstützen?
- Fühle ich mich von ihm verstanden und akzeptiert?

Die Höhe des Honorars, das jemand verlangt, ist kein Kriterium für die Qualität der Beratung. In diesem mitmenschlichen Rahmen gelten die üblichen marktwirtschaftlichen Gesetze nur bedingt.
Wenn Sie ein teures Auto kaufen, können Sie im Regelfall sicher sein, bessere Qualität zu erhalten, als wenn Sie ein Billigangebot wahrnehmen. Ob jemand aber 20, 100 oder 1000 DM für eine Beratungsstunde verlangt, sagt nichts über den Wert und die Qualität aus, den der Kontakt mit dieser Person für Sie hat.
Wie also den richtigen Berater finden? Das Sinnvollste ist, mehrere zu testen, um den geeignetsten herauszufinden. Diesen Test können Sie am objektivsten in einer Situation durchführen, in der Sie Hilfe *nicht* notwendig brauchen. Der richtige Zeitpunkt ist dann, wenn Sie sich mit einem aktuellen Problem herumschlagen, das Sie auch allein lösen werden. Das ist die ideale Testsituation.

Bilanz ziehen: Wo stehe ich? Wo geht es hin?

Sie vereinbaren eine einstündige Sitzung mit dem professionellen Coach oder Berater. Am besten jemand, der Ihnen empfohlen worden ist oder notfalls auch jemand aus dem Telefonbuch. Testen Sie mit dem gleichen oder mit dem nächsten ähnlich gelagerten Problem einen weiteren Coach. Vertrauen Sie Ihrem Urteil. Wenn Sie sich wohl fühlen, dann wissen Sie, daß Sie auch im Notfall jemand haben, auf den Sie sich verlassen können.
Sie tun sich viel schwerer, den für die Beurteilung notwendigen Abstand zu finden, wenn Ihnen wirklich einmal das Wasser bis zum Hals steht. Dann ist man geneigt, erst einmal nach jedem Strohhalm zu greifen – obwohl vielleicht ein Rettungsring in der Nähe liegt.
Durch den rechtzeitigen Test sorgen Sie für Notzeiten vor. Darüber hinaus erkennen Sie möglicherweise, wie angenehm und hilfreich es manchmal sein kann, wenn einem ein unbefangener Außenstehender bei der Problemlösung zur Seite steht.

Bilanz ziehen: Wo stehe ich? Wo geht es hin?

Wir bleiben oft in Umständen stecken, die unbefriedigend oder gar schädlich für uns sind, weil wir nur eine kurzfristige Perspektive einnehmen. Der augenblickliche Druck setzt uns dann so zu, daß wir nicht genügend Abstand zu diesen Situationen schaffen können.
Wir fragen uns deshalb nicht: »Will ich das, was ich tue, wirklich?« Oder: »Wenn ich auf der Bahn, die ich zur Zeit verfolge, weiterlaufe – was wird das Ergebnis sein?« Um Antworten zu finden, könnten wir in die *nahe* Zukunft blicken: »Wie wird mein Leben in einem Jahr sein, wenn ich so weitermache?« Oder in die *fernere*: »Wie wird es in zehn Jahren sein?«
An dieser Stelle möchte ich Ihnen vorschlagen, einmal den

Versuch zu wagen, noch weiter in die Ferne zu gehen. Warum nicht einmal eine ganz ungewöhnliche Perspektive einnehmen?
Eine solche Perspektive könnte darin bestehen, sich vorzustellen, wie es sein wird, alt zu sein. Fühlen Sie sich unwohl bei der Vorstellung? Oder nähern Sie sich dem Gedanken an diese zukünftige Realität entspannt und neugierig?

Fragen an Sie:

- Was für eine Art Mensch wollen Sie mit 70 sein?
- Haben Sie mit 70 an Weisheit gewonnen – oder sind Sie lediglich alt geworden?
- Haben Sie erfüllende, liebevolle Kontakte?
- Können Sie als alter Mann Ihre verbleibenden Jahre genießen?
- Sind Sie zufrieden, wenn Sie auf Ihr Leben zurückblicken?
- Was sind die Werte, die Sie bei diesem Rückblick als entscheidend ansehen?

In welche Richtung bewegen Sie sich? Wie es ist, deprimiert seinen Lebensabend zu fristen, können wir täglich beobachten.
Wir sehen verknitterte, frustrierte Gesichter. In den Falten haben sich jahrzehntelang heruntergeschluckter Ärger und Enttäuschung verborgen. Aus den verkniffenen Mundwinkeln spricht die Einsamkeit. Nicht alle, aber viel zu viele.
Was ist Ihre Perspektive? Wie sieht Ihr Idealbild des 70jährigen aus?

Welche Schritte stehen heute und morgen an? Worum geht es Ihnen wirklich?
Hier noch ein paar Anstöße aus einer ähnlichen Perspektive. Es ist die Übung »Nachruf« aus dem »Persönlichen Erfolgsprogramm« von Lasko.

> **Methode: Nachruf.**
>
> Stellen Sie sich vor, Sie seien gerade gestorben. Beantworten Sie sorgfältig, langsam und ehrlich die folgenden Fragen.
>
> - Wer wird zu Ihrer Beerdigung kommen? Warum?
> - Wer wird *nicht* zu Ihrer Beerdigung kommen? Warum?
> - Wer wird wirklich trauern? Warum?
> - Wer wird aus dem engsten Kreis *nicht* trauern? Warum?

Eine weitere Übung, die mir klarmachte, wie eindimensional ich mein Leben führte, geschah in meiner ersten Therapiegruppe.
Zur Nachmittagssitzung empfing uns der Seminarleiter mit der Aufgabe zu überlegen, wie alt wir wohl würden. Nach diesem Einstieg konfrontierte er uns mit der Aussage: »Heute ist euer Todestag. Heute abend werdet ihr alle sterben. Nehmt diese Idee einfach als wahr, und laßt sie an euch heran. Denn irgendwann wird euer Tod sowieso kommen. Ein solcher Unfall kann jeden Moment überraschend passieren, also warum nicht heute abend. Das sind die letzten Aufgaben: Schreibt euren Nachruf, und packt eure Sachen, damit ihr Ordnung hinterlaßt. Ansonsten könnt ihr tun und lassen, was ihr wollt. Es sind eure letzten Stunden. Heute abend werdet ihr sterben. Wer wollte euch da noch Vorschriften machen?«

Dieser Gedanke – ein Schock! Plötzlich die Zeitperspektive: Heute abend ist *alles* vorbei.
Was hat in diesen Momenten noch Wert? Was will ich von den letzten Stunden?
Während ich sonst in meiner Freizeit immer über Büchern saß, war das plötzlich sinnlos. Statt dessen zog es mich hinaus in die Natur. Ich wollte noch einmal sehen, hören und spüren, was Leben ist. Und stellte fest, daß es mir fast unmöglich war, unmittelbar wahrzunehmen und zu erfahren – zu sehr war ich mit meinen Gedanken beschäftigt. Da sah ich das Blatt eines Baumes – und sofort kamen Assoziationen auf, Erinnerungen, Ideen. Was dabei geschah: Ich sah das Blatt nicht mehr, weil die Gedanken das Bild überdeckten. »So blind und taub laufe ich also durch mein Leben«, stellte ich fest. Erst als ich versuchte, alles unbefangener, ja mehr mit der Neugierde eines Kindes anzuschauen, spontan in den Wald hineinging, die Dinge berührte, an ihnen roch, fand ich das, was ich in den letzten Stunden suchte.

An dieser Stelle möchte ich gerne einen Abschnitt aus einer bereits 100jährigen russischen Novelle zitieren. In ihrer Substanz ist sie jedoch immer noch aktuell. Es ist die 1886 von Tolstoi verfaßte Geschichte »Der Tod des Iwan Iljitsch«. Hierin erleidet ein erfolgreicher Beamter einen kleinen Unfall, sein Zustand verschlimmert sich immer mehr, bis er stirbt. Tolstoi beschreibt präzise die letzten Wochen, Tage und Stunden. Der folgende Auszug enthält die Gedanken von Iljitsch, als er endgültig erkannt hat, daß er bald sterben muß.

»›Was willst du?‹ war der erste klare, mit Worten auszudrückende Satz, den er hörte. ›Was willst du? Was willst du?‹ wiederholte er. ›Was? Nicht leiden, leben!‹ antwortete er. Und

wieder war er ganz Ohr und so gespannt, daß ihn nicht einmal der eigene Schmerz ablenkte. ›Leben? Wie Leben?‹ fragte die Stimme der Seele. ›Ja, so leben, wie ich bisher gelebt habe: gut und angenehm.‹ – ›Und wie war das: gut und angenehm?‹ fragte die Stimme. Und er begann in der Erinnerung die besten Augenblicke dieses seines angenehmen Lebens durchzugehen. Und merkwürdig, diese Augenblicke des angenehmen Lebens schienen ihm jetzt ganz und gar nicht das zu sein, wofür er sie bisher gehalten hatte. Alle – mit Ausnahme der ersten Kindheitserinnerungen. Damals, in der Kindheit, da war noch etwas wirklich Angenehmes, mit dem man leben könnte, wenn es wiederkehren wollte! Aber der Mensch, der dieses Angenehme erfahren hatte, der war nicht mehr. Es war gleichsam die Erinnerung an einen anderen Menschen. Da aber das begann, dessen Ergebnis er jetzt war, der Iwan Iljitsch von heute, da schmolz alles, was ihm einst Freude zu sein schien, vor seinen Augen zusammen und verwandelte sich in etwas Nichtiges und Widerwärtiges.

Und je weiter sie von der Kindheit entfernt waren, je mehr sie sich seinem jetzigen Zustand näherten, um so nichtiger und zweifelhafter wurden die Freuden. Das begann schon in der Rechtsschule. Damals war noch manches Gute da. Damals gab es Freuden, gab es Freundschaften, gab es Hoffnung. Aber schon in den höheren Klassen wurden diese Augenblicke seltener. Später, in den ersten Dienstjahren beim Gouverneur, gab es wieder gute Augenblicke. Es war die Erinnerung an Frauenliebe. Später verwirrte sich aber auch das, und des Guten gab es noch weniger und immer weniger. Und je weiter er kam, um so weniger.

Die Heirat ... und dann so plötzlich die Enttäuschung. Der Geruch aus dem Mund der Frau, die Sinnlichkeit, die Heuchelei! Und dieser geisttötende Dienst, und diese Sorgen um das Geld, und so ein Jahr, zwei Jahre, zehn Jahre, zwanzig Jahre, immer ein und dasselbe. Und je weiter er kam, um so geisttötender. ›Es ist, als wäre ich einen Berg heruntergegangen und hätte mir eingebildet, ich ginge ihn hinauf. So war es auch. In der Meinung der Gesellschaft ging ich den Berg hinauf, und gerade unter mir weg floh das Leben. Jetzt bin ich zu Ende ... Jetzt stirb!‹

›Wie ist das nur? Warum? Es ist nicht möglich. Es ist nicht möglich, daß das Leben so sinnlos, so ekelhaft ist! Und wenn es wirklich so ekelhaft und sinnlos ist, warum sterben, warum unter diesen Leiden sterben? Etwas ist da nicht richtig!‹

›Vielleicht habe ich nicht gelebt, wie ich leben sollte?‹ kam ihm plötzlich in den Sinn. ›Aber ich habe doch alles getan, was man tun soll‹, sagte er sich und wies diese einzige Lösung des ganzen Rätsels von Leben und Tod von sich fort, als wäre das ganz und gar unmöglich.

›Was willst du jetzt? Leben? Wie leben? Leben, wie du im Gerichtssaal lebst, wenn der Gerichtsdiener verkündet: ›Das Gericht kommt!‹ – ›Das Gericht kommt!‹ wiederholte er.

›Das ist das Gericht. Ja, aber ich bin nicht schuldig‹, schrie er im Zorn. ›Worfür?‹ Und er hörte auf zu weinen, kehrte das Gesicht zur Wand und dachte immer nur an das eine: ›Warum, wofür dies Entsetzliche?‹

Doch wieviel er auch nachdachte, er fand keine Antwort. Und wenn ihm der Gedanke kam – er kam ihm immer wieder –, daß alles davon komme, daß er nicht richtig gelebt habe, fiel ihm sofort ein, daß sein Leben doch ganz in der Ordnung gewesen wäre, und er wies diesen sonderbaren Gedanken abermals von sich.«

Frage an Sie:

- Wenn Sie die Perspektive von Iwan Iljitsch einnehmen – wie würden Sie Ihr Leben rückblickend betrachten?

Jetzt oder nie! Lernen Sie genießen!

Werner Schnitzer hat mit 35 Jahren seine erste Million an der Börse gemacht. Damit hat er sein Ziel erreicht, das er sich mit 20 Jahren vorgenommen hat, als er seine Banklehre begann. Fast hätte er vergessen, seinen Erfolg zu feiern, denn seine Geschäfte halten ihn voll auf Trab!

Aus welchen Gründen wird sich Werner Schnitzer sein Ziel damals gesetzt haben?
Spekulieren wir doch einmal über die möglichen Motive: Vielleicht war sein Ziel, ein reicher Mann zu werden, und sein Traum, »im Geld zu schwimmen«. Wir kennen zwar von Dagobert Duck, daß allein schon das Baden in Goldstücken ekstatische Gefühle bereiten kann. Für Schnitzer war vermutlich mehr die Vorstellung von einem reichen Mann, sorglos Geld auszugeben und Wohlstand und Luxus zu genießen. Vereinfacht gesagt: »Lebensqualität« war sein Wunsch.
Vereinfacht gesagt: »Lebensqualität« auf sehr hohem Niveau war sein Wunsch.
Manchmal geschieht es, daß wir etwas, um das wir uns lange bemüht haben, endlich in Händen haben. Aber bedauerlicherweise erleben wir trotzdem nicht die Lebensqualität, derentwegen wir das Ziel so lange verfolgt haben.
So ergeht es auch Schnitzer. Er hat jetzt mehr Geld zur Verfügung als die meisten seiner früheren Nachbarn. Er gibt auch entsprechend mehr Geld aus. Er fährt ein teures Auto und besitzt eine großzügige Wohnung.
Doch das große »Aber« kommt, wenn man ihn fragt, wie er sich im Unterschied zu früher nun eigentlich fühle. Seine Antwort ist: »Früher habe ich mich eigentlich wohler gefühlt.« Und dann fängt er an zu schwärmen von der Zeit als junger Mann, von den Aufbaujahren und

von dem intensiven abwechslungsreichen Leben, das er damals geführt habe. Gerade als er angefangen hat, das erste Mal mehr zu verdienen, hat er es sehr genossen, und das sei eigentlich die schönste Zeit gewesen. Mehr Geld als früher habe er zwar, aber nicht mehr Lebensqualität!
Irgend etwas scheint schiefgelaufen zu sein ...
Die Konzentration auf den beruflichen Erfolg richtet das Auge auf einen Punkt und läßt das restliche Blickfeld als nebensächlich am Rande. Wer diese Perspektive einnimmt, rückt damit lediglich einen sehr kleinen Ausschnitt des Lebens in den Vordergrund.
Was ist der Preis? Alle anderen lebenswerten Dinge werden zunächst an die Seite gestellt.
Typisch ist die späte Einsicht, möglicherweise etwas bei Frau und Kindern verpaßt zu haben:

»Das ist das einzige, was ich möglicherweise im Leben anders machen würde, etwas mehr Zeit für meine Kinder und meine Frau reservieren« (Unternehmensberater Roland Berger in einem Interview zum Thema Erfolg).

Der Genuß wird aufgeschoben. Er wird geplant und vorbereitet.
Genießen? Ja! Aber nicht sofort!!

These:

- Die alltägliche Situation des Managers:
  Genuß wird aufgeschoben.

Frage an Sie:

① Wie schätzen Sie Ihren aktuellen Lebensgenuß auf einer Skala von 0 bis 100 ein?

② Wann wollen Sie auf dieser Skala 100 erreichen?
- Nie?
- Im Ruhestand?
- In 5 Jahren oder später?
- In den nächsten 2 bis 3 Jahren?
- Im nächsten Urlaub?
- Nächste Woche?
- Am Wochenende?
- Morgen?
- Wann sonst?

③ Was könnten Sie bereits heute tun, um Ihren Genuß zu erhöhen?

In einem meiner Seminare erzählte eine ältere Teilnehmerin hierzu folgende Geschichte aus ihrer Vergangenheit: Sie war 1940 frisch verheiratet, als ihr Mann als Soldat in den Krieg mußte. Dann hatte er seinen ersten Fronturlaub von zwei Wochen. Die Zeit des Urlaubs litt die Frau unter der bevorstehenden Trennung. Sie weinte jeden Tag und hatte Angst vor der Zukunft, wenn er wieder weg sein würde. Er fuhr – und fiel wenige Wochen später.
Und der Frau wurde klar, daß sie die letzten beiden Wochen, die sie gemeinsam erlebt hatten, durch die Angst vor der – tatsächlich eingetretenen furchtbaren – Zukunft kaputtgemacht hatte.

Vielleicht gehören auch Sie zu denen, die in jedem Fall genießen wollen, jedoch stets vorher immer noch einige wichtige Ziele erreichen müssen. Dabei verkennen die zukünftigen Genießer etwas Wichtiges.

Da sitzt irgendwo eine Art mentaler »Genußmuskel«. Der muß regelmäßig trainiert werden, sonst verkümmert er.

These:

■ Genießen ist eine Tätigkeit, die trainiert werden muß.

Ist der Muskel dann verkümmert und will einer plötzlich – z.B. im Ruhestand – genießen, dann hat der Muskel keine Kraft. Der Manager gibt sich alle Mühe, strengt sich an, will mit zusammengebissenen Zähnen genießen. Aber es geht nicht. Statt dessen ist er unzufrieden, rastlos und ruhelos. Kein Wunder. Denn er hat in seinem bisherigen Leben zuwenig geübt, wie er erfüllt genießen kann.
Statt dessen hat er nur berufliche Fähigkeiten perfektioniert, nämlich sich anstrengen und durchhalten.

Frage an Sie:

■ Halten Sie durch?

Manche Leute sagen voll Stolz »Ich habe durchgehalten«, als ob Durchhalten ein Wert in sich selbst wäre. Dabei kommt es darauf an, ob Durchhalten sinnvoll ist!
Durchhalten ist zu schätzen, wenn ein Mensch eine Katastrophe oder ein Konzentrationslager überstanden hat. Aber in einer schwierigen und unangenehmen Situation die Zähne zusammenzubeißen und alles erdulden, wenn es genauso möglich wäre, die Situation zu verlassen und es sich leichter und angenehmer zu machen?

These:

■ Das ist nichts anderes als Dummheit!

Oder was sollte daran intelligent sein? Der Satz »Ich habe durchgehalten« verrät etwas über Gegenwart und Zukunft eines Menschen. In Wirklichkeit meint er damit: »Ich halte eine Menge aus. Ich kann in Situationen durchhalten, in denen andere zusammenbrechen würden. Ich bin stärker als andere.« Innerlich klopft er sich dabei selbst auf die Schulter!

Alexander Lowen bringt es auf den Punkt:

»Wenn ein Mensch sich darauf einstellt durchzuhalten, erwartet er kein Vergnügen im Leben und kann mit erfreulichen Ereignissen auch nicht umgehen. Erwartet man denn von einem Ritter in Rüstung, daß er Walzer tanzt? Wenn wir uns auf Katastrophen einstellen, sind wir nicht darauf vorbereitet, das Leben zu genießen.
Das soll nicht heißen, daß Individuen, die sich als ›Durchhalter‹ bezeichnen, kein Vergnügen im Leben wünschen. Aber sich erfreuliche Dinge wünschen und offen dafür sein, ist nicht das gleiche.
Menschen, für die das Leben vor allem eine Frage des Durchhaltens ist, sind nicht offen für schöne Erlebnisse.
Wer sich panzert gegen mögliche Angriffe, ist nicht offen für die Liebe. Er fühlt sich zu verletzlich, um sich dem Leben zu öffnen, und die Angst veranlaßt ihn, sich wieder zu verschließen.«

Sie werden hier vielleicht einwenden: Aber wir brauchen doch die Vorstellung der Zukunft! Wir müssen irgendwo hinwollen. Was wären wir ohne Ziele und Wünsche?!
Eine schreckliche Vorstellung: wunschlos zu sein! Wenn einmal das Thema auf diesen absurden Gedanken kommt, zeigen sich die meisten Diskussionsbeteiligten oft völlig verständnislos. »Dann hätte ich ja überhaupt keinen Antrieb mehr.« – »Das Leben wäre langweilig. Ich läge den ganzen Tag nur noch im Bett.« Solche oder ähnliche Ein-

würfe sind typisch für die Argumentation gegen die »Ziellosigkeit«.

Wir glauben, daß wir Ziele brauchen, um Freude am Leben zu haben.

So existiert im Rajneesh-Neo-Tarot eine Karte für »Wunsch«. Sie zeigt eine leere Schale, aus der Goldstücke in ein Gefäß fließen. Der Text, der zu dieser Karte im Begleitbuch steht, ist folgender:

»Es gibt eine berühmte Sufigeschichte: Ein König trat zu einem Morgenspaziergang aus seinem Palast und begegnete einem Bettler. Er fragte den Bettler: ›Was begehrst du?‹

Der Bettler lachte und sagte: ›Du fragst so, als könntest du mir meinen Wunsch erfüllen!‹ Da fühlte sich der König beleidigt. Er sagte: ›Natürlich kann ich deinen Wunsch erfüllen! Welchen? Du brauchst es nur zu sagen.‹ Und der Bettler sagte: ›Überleg es lieber noch mal, bevor du irgend etwas versprichst.‹ ... Der König sagte: ›Ich werde dir alles erfüllen, worum du mich bittest. Ich bin ein sehr mächtiger Herrscher; was könntest du dir schon wünschen, das ich dir nicht erfüllen könnte?‹ Der Bettler sagte: ›Mein Wunsch ist sehr einfach. Siehst du diese Bettelschale? Kannst du sie mit irgend etwas füllen?‹ Der König sagte: ›Natürlich!‹ Und so rief er einen seiner Wesire herbei und befahl ihm: ›Fülle die Bettelschale dieses Mannes mit Geld.‹ Der Wesir ging davon, holte etwas Geld und schüttete es in die Schale ... und das Geld verschwand darin. Also schüttete der Wesir immer mehr Geld nach, aber sobald es hineinfiel, verschwand es auch schon.

Und die Bettelschale blieb ständig leer.

Der ganze Hof versammelte sich. Schließlich verbreitete sich das Gerücht auch noch in der ganzen Hauptstadt, und eine riesige Menge strömte zusammen. Das Ansehen des Herrschers stand auf dem Spiel. Er sagte zu seinen Wesiren: ›Und wenn das ganze Königreich draufgeht, ich bin bereit zu verlieren, aber ich lass' mich nicht von diesem Bettler schlagen.‹

Diamanten und Perlen und Smaragde ... seine Schatzkammern leerten sich schon. Diese Bettelschale schien bodenlos.
Alles, was man in sie hineinschüttete – alles! – verschwand augenblicklich, hörte auf zu existieren.
Schließlich war es Abend geworden, und die Leute standen in völligem Schweigen da. Der König fiel zu Füßen des Bettlers nieder und gestand seine Niederlage ein. Er sagte: ›Bitte sage mir nur eines. Du bist der Sieger – aber bevor du gehst, befriedige bitte meine Neugierde. Woraus ist die Bettelschale gemacht?‹
Der Bettler lachte und antwortete: ›Sie ist aus menschlichem Geist gemacht. Da gibt es kein Geheimnis ... sie ist ganz einfach aus menschlichem Begehren gemacht.«

Und hier die Konsequenzen, die das Tarotspiel aus dieser Geschichte zieht. Eine Interpretation, die auch Sie vielleicht zum Nachdenken veranlaßt:

»Diese Einsicht verwandelt dein Leben. Untersuche einmal einen deiner Wünsche – was ist sein Mechanismus? Zunächst ist großer Reiz, große Erregung, Abenteuerlust da. Du fühlst dich enorm stimuliert. Etwas wird geschehen, du stehst unmittelbar davor. Und dann hast du das Auto, du hast die Yacht, du hast das Haus, du hast die Frau ... und dann ist dies alles plötzlich wieder sinnlos geworden.
Was ist passiert? Dein Geist hat es materialisiert. Das Auto steht in der Ausfahrt, aber es hat keinen Reiz mehr.
Der Reiz bestand nur darin, es zu bekommen ... du hast dich so berauscht an diesem Wunsch, daß du dein inneres Nichtsein vergessen hast. Jetzt – der Wunsch ist erfüllt, das Auto ist in der Ausfahrt, die Frau im Bett, das Geld auf dem Konto – jetzt ist der Reiz wieder weg.
Und wieder ist die Leere da, bereit, dich zu verschlingen. Und wieder mußt du einen neuen Wunsch erfinden, um diesem gähnenden Abgrund zu entfliehen.

So geht man in einem fort, von einem Wunsch zum nächsten Wunsch. Und so bleibt man ein Bettler. Dein ganzes Leben beweist es immer wieder aufs neue – jeder Wunsch frustriert. Und wenn das Ziel erreicht ist, brauchst du wieder einen neuen Wunsch.

An dem Tag, an dem du verstehst, daß alles Wünschen als solches scheitern wird, kommt der Wendepunkt in deinem Leben. Die andere Reise geht nach innen. Geh nach innen. Komm zurück nach Hause.«

Keiner lebt Ihr Leben – nur Sie!

Sie sind lebendig. Wie können Sie in Kontakt mit dieser Lebendigkeit kommen, mit all den Möglichkeiten, die darin angelegt sind?

Fragen an Sie:

- Was bedeutet Ihr Leben überhaupt für Sie?
  - Eine Aufgabe, die Sie pflichtgetreu erfüllen?
  - Ein Puzzle, das Sie aufzulösen suchen?
  - Ein Irrgarten, der Sie zur Verzweiflung bringt?
  - Ein Marathonlauf, bei dem Sie Sieger werden wollen?
  - Ein Krimi, bei dem es Täter, Opfer und Detektive gibt?
  - Ein Rummelplatz, auf dem Sie Ihr Vergnügen suchen?
  - Eine Steuererklärung, durch die Sie sich hindurcharbeiten?
  - Ein Dschungel, durch den Sie sich hindurchkämpfen?
  - Oder was sonst?

Einen besonderen Blickwinkel nahm Victor Frankl im Konzentrationslager Dachau ein. Zwei Kameraden kommen zu ihm, sprechen von Selbstmord, weil sie nicht mehr weiterleben wollen. Ob er mitmache? Er überlegt, dann schüttelt er den Kopf und sagt: »Was habe ich noch vom Leben zu erwarten? Die Frage ist falsch gestellt. Die richtige Frage ist: Was erwartet das Leben von mir?«

Frage an Sie:

- Was erwartet das Leben von Ihnen?

Mit sich selbst in Einklang –
Wer ist dieses »Selbst«, mit dem Sie in Einklang sein wollen? Haben Sie es schon herausgefunden?
Können Sie mit Ihrem Kopf, einem Teil des Körpers, die Wahrheit über das Ganze, über sich selbst herausfinden? Durch Nachdenken? Und wenn nein, wie anders?
Und wenn Sie schon immer mit sich in Einklang wären und Sie jeden Moment dieses Suchen, Bemühen und Anstrengen aufgeben könnten? Einfach entspannen und ins volle Leben steigen?

Niemand steckt in Ihrer Haut – nur Sie.
Keiner lebt Ihr Leben – nur Sie.
Das hat Konsequenzen, unangenehme und angenehme. Keiner kann Ihnen die Verantwortung für Ihr Leben abnehmen. Sie können diesen Beruf wählen oder jenen, Karriere machen oder aussteigen. Sie können diese Frau heiraten oder jene, sich von ihr trennen, bei ihr bleiben oder Single werden.
Sie können Ideologien anhängen, Religionen wählen, Parteiführern folgen.
Es ist immer Ihre Entscheidung, ganz gleich was Sie tun.

Sie können sich auch willentlich zum Opfer früherer Entscheidungen machen. Sie haben vielleicht die falsche Frau geheiratet, sind in die falsche Firma eingestiegen. Oder Sie sind Beamter geworden und sind jetzt Opfer Ihres Pensionsanspruchs.
Vergessen Sie nicht: Es ist Ihre Entscheidung, sich zum Opfer zu machen!
Und Sie sind auch der einzige, der die Konsequenzen trägt. Nur Sie alleine tragen die Konsequenzen, wenn sich erweist, daß ein Weg in die Irre geführt hat oder ein Ratschlag falsch war und gerade für Sie – im Unterschied zu allen anderen – nicht zu dem erhofften Erfolg geführt hat. Natürlich ist es oft bequemer, im Zeitgeist mitzuschwimmen und zu sehen, wie viele einen rechts oder links begleiten.
Das gibt Sicherheit, auf dem richtigen Weg zu sein. Und die anderen sehen, daß auch Sie mit dabei sind, und fühlen sich genauso bestärkt.
Aber es ist Ihre Entscheidung – und Sie sind der einzige, der die Konsequenzen Ihrer Entscheidung trägt.

Diese Tatsache gibt Ihnen enorme Freiheit. Denn es bedeutet gleichzeitig, daß keiner das Recht hat, über Ihr Leben zu bestimmen – nur Sie selbst. Denn wie kann es sich jemand anmaßen, sich in Ihr Leben zu mischen, wenn Sie der einzige sind, der für die Folgen aufkommt. Nicht umsonst heißt es: Ratschläge sind auch Schläge.
Wenn Sie Fehler machen, sind es *Ihre* Fehler. Sie brauchen sich keine übergroßen Sorgen zu machen, sie zu vermeiden. Sie werden Fehler machen, ganz gleich ob Sie den Ratschlägen anderer folgen oder einzig auf den eigenen Kopf hören. Fehler sind ein notwendiger Bestandteil Ihres Lebens und Lernens. Und halten Sie sich stets vor Augen: Jedes neue Lernen wird die eigene Melodie klarer stimmen, die Töne erweitern, den Einklang vergrößern.

Literaturverzeichnis

Asendorpf, Jens: Angst – ins Gesicht geschrieben. Psychologie heute, 11/1984.

Asgodom, Sabine: Balancing: Beruf und Privatleben im Gleichgewicht. Düsseldorf, Wien 1992.

Benard, Cheryl/Schlaffer, Edit: Ohne uns seid ihr nichts. Was Frauen für Männer bedeuten. München 1992.

Benard, Cheryl/Schlaffer, Edit: Laßt endlich die Männer in Ruhe. Oder: Wie man sie weniger und sich selbst mehr liebt. Reinbek bei Hamburg 1990.

Berger, Roland: zitiert nach Ulsamer.

Binnig, Gerd, zitiert nach Schaffelhuber.

Bly, Robert: Eisenhans. Ein Buch über Männer. München 1991.

Bullen, Leonhard A.: Lebensleiter. Ein Jahresprogramm zur Selbstfindung auf buddhistischer Grundlage. Wien 1991.

Elten, Jörg Andrees: Karma und Karriere: das Märchen von tausendundeiner Angst. Hamburg 1992.

Farrel, Warren: Warum Männer so sind, wie sie sind. München 1990.

Fischer, Erika: Mannhaft. Vernehmungen einer Feministin zum großen Unterschied. München 1990.

Gefken, Michael: Fit an die Spitze. Forbes 6/93.

Gendlin, Eugene T.: Focusing. Technik der Selbsthilfe bei der Lösung persönlicher Probleme. Salzburg 1981.

Gross, Günter F.: Beruflich Profi, privat Amateur? Berufliche Spitzenleistungen und persönliche Lebensqualität. Landsberg/Lech 1989.

Großmann, Karin und Klaus: Ist Kindheit doch Schicksal? Ein Gespräch mit den Wissenschaftlern Karin und Klaus Großmann über die langfristigen Folgen, die eine unsichere Bindung in der Kindheit haben kann. Psychologie heute, 8/1991.

Gruen, Arno: Interview, Brigitte, 15/1993.

Halper, Jan: Quiet Desperation. The Truth about Successful Men. New York 1988.

Hollstein, Walter: Interview. Spiegel 33/1993.
Hollstein, Walter: Der Kampf der Geschlechter. Frauen und Männer im Streit um Liebe und Macht und wie sie sich verständigen können. München 1993.
Lasko, Wolf W./Buchner, Dietrich/Grundmann, Hans-Jürgen: Ihr persönliches Erfolgsprogramm. So finden und erreichen Sie Ihre Ziele. Düsseldorf, Wien 1991.
Leistungsmotivation: Der Schlüssel zum finanziellen Erfolg. Psychologie heute, 7/1993.
Lessing, Lukas: Unser zweites Leben mit 40. Männer Vogue 6/1993.
Levinson, Daniel J.: zitiert nach Weber/Wittenzellner.
Loehr, James E.: Persönliche Bestform durch Mentaltraining für Sport, Beruf und Ausbildung. München 1988.
Lowen, Alexander: Freude. Die Hingabe an den Körper und das Leben. München 1993.
Messner, Reinhold: zitiert nach Schaffelhuber.
Milgram, Stanley: Die gut bekannten Fremden. Interview mit Carol Tavris. Psychologie heute, 10/1974.
Milgram, Stanley: Das Milgram-Experiment. Zur Gehorsamsbereitschaft gegenüber Autorität. Reinbek bei Hamburg 1982.
Moeller, Michael Lukas: Die Wahrheit beginnt zu zweit. Das Paar im Gespräch. Reinbek bei Hamburg 1992.
Naslednikov, Margo Anand: Tantra oder Die Kunst der sexuellen Ekstase. München 1990.
Ogger, Günter: Nieten in Nadelstreifen. Deutschlands Manager im Zwielicht. München 1992.
Plötzlich stand ich am Abgrund. Protokoll von Juliane Schaffrath, Brigitte 15/1993.
Rajneesh, Bhagwan Shree: Goldnuggets. Neue Texte zur Kunst des Seins. Edition Tao, München o. J.
Richter, Horst-Eberhard: Umgang mit der Angst. Düsseldorf, Wien 1993.
Roos, Peter: Die wilden 40er. Porträt einer pubertären Generation. Düsseldorf 1992.
Rossi, Ernest L.: 20 Minuten Pause. Wie Sie seelischen und körperlichen Zusammenbruch verhindern können. Paderborn 1993.
Schaffelhuber, Stefan: Inner Coaching: Konzentration, Selbstbewußtsein, Geistesgegenwart, Entspannung. Frankfurt/M., Berlin 1993.

Schellenbaum, Peter: Das Nein in der Liebe. Abgrenzung und Hingabe in der erotischen Beziehung. München 1986.
Schneider, Wolf: Die Sieger: Wodurch Genies, Phantasten und Verbrecher berühmt geworden sind. Hamburg 1992.
Schwäbisch, Lutz/Siems, Martin: Anleitung zum sozialen Lernen für Paare, Gruppen und Erzieher, Kommunikations- und Verhaltenstraining. Reinbek bei Hamburg 1974.
Siems, Martin: Dein Körper weiß die Antwort. Focusing als Methode der Selbsterfahrung. Eine praktische Anleitung. Reinbek bei Hamburg 1986.
Skynner, Augustus C. Robin: ... Familie sein dagegen sehr: Wege in die Zukunft. Paderborn 1988.
Smothermon, Ron, M.D.: Drehbuch II – Das Mann/Frau Buch – Die Transformation der Liebe. 2. Aufl., Bielefeld 1989.
Tolstoi, Leo N.: Der Tod des Iwan Iljitsch, in: Die großen Erzählungen. Frankfurt am Main 1975.
Tulku, Tarthang: Die innere Kunst der Arbeit. Bewußtheit, Wandlung und Teilhaben: Sanfte Wege zum Erfolg. München 1992.
Ulsamer, Bertold: Erfolgstraining für Manager. Ihr Mentalkurs zur Spitzenleistung. Düsseldorf 1992.
Von der Leyen, Katharina: Ein Herz für Oldies. marie claire, 5/1993.
Weber, Dieter/Wittenzellner, Christiane: Manager um 40: Nicht unter die Räder kommen. Management Wissen 6/1988.
Willi Jürg: Therapie der Zweierbeziehung. Analytisch orientierte Paartherapie/Anwendung des Kollusions-Konzeptes/Handhabung der therapeutischen Dreiecksbeziehung. Reinbek bei Hamburg 1978.
Willi, Jürg: Die Zweierbeziehung. Spannungsursachen, Störungsmuster, Klärungsprozesse, Lösungsmodelle. Reinbek bei Hamburg 1990.
Willner, Gabriele D.: zitiert nach Roos.
Wolinsky, Stephen: Die alltägliche Trance: Heilungsansätze in der Quantenpsychologie. In Zusammenarbeit mit Margaret O. Ryan; Freiburg i. Br. 1993.